BIBLIOTHÈQUE
DE PHILOSOPHIE CONTEMPORAINE

TRAVAUX DE L'ANNÉE SOCIOLOGIQUE
PUBLIÉS SOUS LA DIRECTION DE M. MARCEL MAUSS
Fondateur : ÉMILE DURKHEIM

DANSES ET LÉGENDES

DE LA

CHINE ANCIENNE

PAR

MARCEL GRANET

Chargé de cours à la Sorbonne
Directeur d'études à l'École des Hautes Études

TOME SECOND

PARIS
LIBRAIRIE FÉLIX ALCAN
108, BOULEVARD SAINT-GERMAIN, VIe

DANSES ET LÉGENDES

DE LA CHINE ANCIENNE

CET OUVRAGE A ÉTÉ ACHEVÉ D'IMPRIMER
PAR L'IMPRIMERIE NATIONALE LE XXXI OCTOBRE MCMXXV,
F. TARDIF ÉTANT DIRECTEUR,
H. JACQUOT, CHEF DE L'EXPLOITATION,
ET CH. MULLER, PROTE PRINCIPAL.

TRAVAUX DE L'ANNÉE SOCIOLOGIQUE
PUBLIÉS SOUS LA DIRECTION DE M. MARCEL MAUSS
Fondateur : ÉMILE DURKHEIM

DANSES ET LÉGENDES
DE LA CHINE ANCIENNE

PAR

MARCEL GRANET

CHARGÉ DE COURS À LA SORBONNE
DIRECTEUR D'ÉTUDES À L'ÉCOLE DES HAUTES ÉTUDES

TOME SECOND

PARIS

LIBRAIRIE FÉLIX ALCAN
108, BOULEVARD SAINT-GERMAIN, 108

1926

À MARCEL MAUSS

TROISIÈME PARTIE

SACRIFICE DU HÉROS ET DANSE DYNASTIQUE

TROISIÈME PARTIE.

SACRIFICE DU HÉROS ET DANSE DYNASTIQUE.

CHAPITRE PRÉLIMINAIRE.

LES FONDATIONS DE DYNASTIES.

Yu le Grand est le fondateur de la première dynastie (*Hia*). Il transmit le pouvoir à son fils. Le principe de l'hérédité agnatique fut établi. Les Hia s'étant pervertis, T'ang le Victorieux les détruisit et fonda la dynastie des *Yin* (ou des *Chang*). Quand la Vertu des Yin déclina, le Chef de l'Ouest (le Roi Wen) et son fils, le Roi Wou, fondèrent la dynastie des *Tcheou*, après avoir vaincu les Yin[1].

L'avènement des Hia s'est opéré sans qu'il y ait eu substitution d'une dynastie à une autre. Au contraire, l'avènement des Yin et celui des Tcheou, résultats d'une révolte heureuse contre un tyran, sont exactement comparables. Le récit que

[1] La chronologie traditionnelle fait régner Yu le Grand vingt-trois siècles avant J.-C. L'histoire de son règne est vide : toute l'activité de Yu est rapportée au temps où il fut le Ministre de Chouen. Le règne de K'i, son fils, est illustré par une révolte : le seul souverain des Hia qui ait un semblant d'histoire est le dernier, Kie, qui perdit la dynastie. — La fondation de la dynastie Yin est fixée par la tradition au xviii° siècle avant notre ère. L'histoire des Yin est presque aussi vide que celle des Hia : les seuls faits sont des déplacements de capitales. Les récits abondent, en revanche, sur le dernier des Yin, Cheou-sin qui perdit le pouvoir, d'après l'histoire, en 1122.

les historiens en font se compose des mêmes thèmes, arrangés d'après un canevas identique.

Kie, le dernier des Hia, était cruel, pervers et barbare[1]. Cheou-sin, le dernier des Yin, « était supérieurement doué pour le mal; il entendait et voyait avec beaucoup d'acuité; sa force était surhumaine, avec la main il terrassait des animaux furieux… il intimidait ses vassaux par ses capacités; il s'éleva haut dans l'Empire par sa renommée; de la sorte, il fit que tous étaient sous sa dépendance… il rendit plus terribles les supplices et les châtiments : il y eut la torture de la poutre de métal placée sur le feu[2]. » — A la superbe du Chef néfaste s'oppose la modération du Fondateur. T'ang le Victorieux avait une Vertu qui s'étendait aux oiseaux et aux quadrupèdes; dans ses filets, il prenait seulement les animaux « qui en avaient assez de la vie »[3]. Le Chef de l'Ouest céda à Cheou-sin une partie de ses domaines pour faire abolir le supplice de la poutre[4]. Dans son pays, les laboureurs se *cédaient* les uns aux autres (*jǎng*) au sujet des limites des champs et tous *cédaient* le pas (*jǎng*) aux anciens. De peur de se déshonorer en faisant preuve d'esprit processif, les plaideurs renonçaient à leurs litiges, sans même oser les faire arbitrer. Les seigneurs disaient : « Sans doute, le Chef de l'Ouest a reçu le mandat du Ciel[5]! »

[1] Cf. *S.M.T.*, t. I, p. 180.

[2] Cf. *ibid.*, t. I, p. 199.

[3] Cf. *ibid.*, t. I, p. 180 : « T'ang, étant sorti, vit dans la plaine un filet qu'on étendait des *quatre* côtés, avec une invocation en ces termes : « Que, des « *quatre* lieux du monde, tous entrent dans mon filet ! » T'ang dit : « Oh! on les « prendrait jusqu'au dernier! » Alors, il enleva trois faces du filet et mit une prière en ces termes : « Si vous voulez aller à gauche, allez à gauche; si vous « voulez aller à droite, allez à droite; que ceux qui en ont assez de la vie, « entrent dans mon filet. » Les seigneurs apprirent ce trait et dirent : « La Vertu de T'ang est extrême : elle s'étend jusqu'aux oiseaux et aux quadrupèdes. » Cf. *Li ki*, trad. Couvreur, t. II, p. 396-397.

[4] Cf. *S.M.T.*, t. I, p. 202 et 219.

[5] Cf. *S.M.T.*, t. I, p. 219.

Kie et Cheou-sin aimaient le luxe et la débauche [1]. Kie, sous l'influence de *captives* ramenées d'une expédition militaire, abandonna sur la rivière Lo son épouse principale [2]. Cheou-sin tua la fille du marquis de Kieou, sa femme, qui était belle mais ne se plaisait point à la débauche [3]. Sa favorite, dont tous les ordres étaient obéis et qui aimait assister aux supplices, était Ta-ki, une *captive* prise à la guerre [4]. Cheou-sin fit composer des harmonies lascives, les danses de Pei-li, et Kie inventa des chants de dissipation [5].

Les deux tyrans étaient puissants. Ils remportèrent sur le prince de Min ou les Barbares de l'Est de grandes victoires [6] : mais c'étaient des victoires néfastes qui présageaient la ruine. L'un dépouillait son royaume [7]; l'autre exigeait des redevances et des taxes considérables [8]. Ni l'un ni l'autre n'écoutaient les remontrances. Ils tuaient les vassaux qui les morigénaient. Kie fit exécuter Kouan Long-p'eng [9] et Cheou-sin,

[1] Le thème est surtout développé pour Cheou-sin (cf. *S.M.T.*, t. I, p. 200) qui agrandit sans cesse ses parcs et ses terrasses, y réunit quantité de bêtes et d'oiseaux (cf. plus haut p. 140, les bêtes attirées par le Roi Wen dans son parc) fait un étang de vin, une forêt de quartiers de viande et envoie des hommes et des femmes *nus* se poursuivre dans son parc de Cha-k'ieou.

[2] Cf. *Annales*, 14ᵉ année de Kie. L'épouse rejetée de Kie figure dans le *T'ien wen* à côté de T'ang : le poète semble les plaindre tous deux. Le *Lie niu tchouan* ajoute que Kie recherchait des belles filles dans les Quatre Régions de l'Empire pour en remplir son harem.

[3] Cf. *S.M.T.*, t. I, p. 201.

[4] Cf. *S.M.T.*, t. I, p. 199, n. 2. Cf. *Annales*, 9ᵉ année de Cheou-sin.

[5] Cf. *S.M.T.*, t. I, p. 200, et t. III, p. 289. Quand Cheou-sin fut vaincu, le compositeur des chants lascifs se noya dans la rivière Pou; sur les bords de cette rivière, on pouvait, de nuit, entendre et noter ces airs : mais «qui, le premier, les entend, son royaume est diminué». Cf. Han Fei tseu, chap. 3.

[6] Cf. *Annales*, 14ᵉ année de Kie, et *Tso tchouan*, trad. Couvreur, t. III, p. 183. Sur ce thème de la puissance néfaste, rapp. *Discours des royaumes combattants*, chap. 23 (Wei, 1).

[7] Cf. *S.M.T.*, t. I, p. 182.

[8] Cf. *S.M.T.*, t. I, p. 200.

[9] Cf. *Annales*, 30ᵉ année de Kie.

les marquis de Kicou et de Ngo[1]. Leurs fidèles les délaissèrent et se réfugièrent près de leurs rivaux. Fei Tch'ang quitta Kie pour devenir le cocher de T'ang le Victorieux[2]. De même, Sin-kia, grand officier de Cheou-sin, s'enfuit et devint le grand annaliste des Tcheou[3]. Le grand annaliste des Hia les abandonna pour les Yin[4]. Les Yin furent de même reniés par l'annaliste de l'intérieur[5]. Il apporta aux Tcheou ses livres. Le premier et le second précepteurs s'enfuirent, eux aussi, munis de leurs instruments de musique[6].

La Vertu décadente des Hia et des Yin apparut aux désordres de la Nature. Les vices de Kie firent tomber en pluie les étoiles du ciel[7]; la terre trembla, les rivières Yi et Lo se desséchèrent[8], le Dieu du Feu descendit[9], la montagne Kiu

---

[1] Cf. *S.M.T.*, t. I, p. 201.

[2] Cf. *Annales*, 29ᵉ année de Kie. Fei Tch'ang est un ancêtre de Ts'in et de Tchao. Ngo-lai et Fei-lien, de la même famille, sont des vassaux de Cheou-sin. Ngo-lai périt avec lui. Fei-lien, le bon marcheur, était, au moment de la mort de Cheou-sin sur le Houo t'ai chan, cf. *S.M.T.*, t. II. p. 3. Voir plus haut p. 366, n. 2.

[3] Cf. *Annales*, 39ᵉ année de Cheou-sin. *S.M.T.*, t. I, p. 217 (cf. n. 2) nomme Sin-kia parmi d'autres seigneurs réfugiés auprès des Tcheou.

[4] Cf. *Annales*, 28ᵉ année de Kie.

[5] Cf. *Annales*, 47ᵉ année de Cheou-sin

[6] Cf. *S.M.T.*, t. I, p. 227. On remarquera que ces thèmes mettent en évidence l'importance des archives, c'est-à-dire de la collection des précédents religieux. Noter, de même, l'importance des instruments de musique.

[7] Cf. *Annales*, 15ᵉ année de Kie.

[8] Cf. *ibid.* Cf. *S.M.T.*, t. I, p. 278 et suiv. où est faite la théorie des désordres de la nature. Les tremblements de terre signifient que le Yin opprime le Yang : c'est le cas quand des femmes néfastes dominent le prince. Sur ce thème voir *Fêtes et Chansons*, p. 195.

[9] Cf. *Annales*, 30ᵉ année de Kie. Cf. *Kouo yu*, *Tcheou yu*, t. I. «Au début des Hia, (Tchou-)jong descendit sur le mont Tch'ong; à leur fin, Houei-lou séjourna à Kin-souei. [Houei-lou fut Tchou-jong (voir p. 254, n. 4) : Tchou-jong et Houei-lou sont des génies du Feu. L'avènement et le déclin des Hia sont donc signalés par des génies identiques.] Au début des Chang, T'ao-wou (le Pieu, cf. p. 240, n. 1) séjourna sur le mont P'ei; à leur fin, le Yi-yang se trouva dans la campagne». T'ao-wou et Yi-yang sont-ils du même ordre? T'ao-wou est l'un des

s'écroula[1]. Sous le règne de Cheou-sin, il y eut une pluie de terre[2] ; une femme se changea en homme[3], la montagne Yao s'écroula[4], le Fleuve Jaune se dessécha[5] et un animal divin, le Yi-yang, apparut[6]. A la fin des Hia, comme à la fin des Yin, deux soleils se montrèrent ensemble[7].

Les Vertus nouvelles des deux Fondateurs subirent une épreuve identique. T'ang le Victorieux fut mis en prison dans la tour des Hia la 22ᵉ année de Kie et libéré la 23ᵉ année. La 23ᵉ année de son règne, Cheou-sin emprisonna le Chef de l'Ouest à Yeou-li et le retint jusqu'à la 29ᵉ année[8]. Les deux princes aussitôt délivrés reçurent l'hommage des feudataires[9].

L'un et l'autre réduisirent d'abord au devoir des fauteurs de troubles. T'ang vainquit Kouen-wou, seigneur de la famille des Hia, qui l'avait attaqué[10]. Le Chef de l'Ouest triompha du marquis de Tch'ong qui l'avait calomnié et fait emprisonner[11]. Les Yin et les Tcheou déplacèrent leur capitale[12], réunirent

Bannis, identifié à Kouen, père de Yu. Sur le Yi-yang nous savons seulement que c'était un animal divin et, sans doute, un bélier.

[1] Cf. *Annales*, 30ᵉ année de Kie.

[2] Cf. *Annales*, 5ᵉ année de Cheou-sin. La pluie de terre présage la perte du fief.

[3] Cf. *Annales*, 42ᵉ année de Cheou-sin.

[4] Cf. *Annales*, 43ᵉ année de Cheou-sin.

[5] Cf. *S.M.T.*, t. I, p. 280.

[6] Cf. *Annales*, 48ᵉ année de Cheou-sin.

[7] Cf. *Annales*, 29ᵉ année de Kie et 48ᵉ année de Cheou-sin. Le texte relatif à Kie dit : trois soleils. *Les éditeurs signalent que trois est une erreur pour* deux.

[8] Cf. *Annales*, aux années indiquées. *S.M.T.* ne signale pas l'emprisonnement de T'ang. Sur celui du Chef de l'Ouest, cf. *S.M.T.*, t. I, p. 202 et 218. Il fut libéré quand ses vassaux eurent envoyé des présents à Cheou-sin : une belle femme, des objets merveilleux, des chevaux de prix.

[9] Cf. *Annales*, 23ᵉ année de Kie et 29ᵉ année de Cheou-sin.

[10] Cf. *Annales*, 28ᵉ année de Kie. Cf. *S.M.T.*, t. I, p. 180, et *Annales*, 35ᵉ année de Cheou-sin.

[11] Cf. *S.M.T.*, t. I, p. 217 et 221.

[12] Cf. *Annales*, 15ᵉ année de Kie et *S.M.T.*, t. I, p. 221.

des assemblées de seigneurs[1], proclamèrent l'indignité des tyrans[2], puis entrèrent en guerre et furent victorieux. — Des prodiges avaient proclamé leurs droits[3].

T'ang avait su trouver un sage Ministre en la personne de Yi Yin[4]. Le Chef de l'Ouest découvrit avec Lu Chang « celui qui seconderait un Roi Souverain[5] ». L'Empire se soumit à eux et l'ordre du Monde fut rétabli. « Tcheou était dans la disette : quand il eut vaincu les Yin, la récolte fut abondante[6]. » T'ang, après sa victoire, dut encore lutter contre une sécheresse opiniâtre, mais sa vertu finit par en venir à bout[7].

Les traditions relatives aux deux changements de dynastie sont identiques. Si l'on est enclin à faire passer la critique des textes avant la critique des faits, on sera tenté de soutenir que l'histoire des Yin a été calquée sur celle des Tcheou.

[1] Cf. *Annales*, 28e année de Kie, 21e année de Cheou-sin; cf. 30e année, 36e année.

[2] Cf. *S.M.T.*, t. I, p. 181 et 227, 230.

[3] Par exemple, pour les Yin, l'apparition de T'ao-wou à P'ei chan (cf. n. 24). Cf. pour les Tcheou (*Annales*, 32e année de Cheou-sin) les cinq étoiles rassemblées dans la mansion Fang et l'Oiseau Rouge qui se posa sur le Dieu du Sol de Tcheou.

[4] Les *Annales* ne signalent pas la trouvaille de Yi Yin (voir p. 417 et suiv.). Elles racontent que Yi Yin fut envoyé par T'ang rendre hommage à Kie (17e année); Yi Yin resta trois ans à la cour de Kie, puis revint (20e année) près de T'ang. Cf. *S.M.T.*, t. I, p. 180. *S.M.T.*, t. I, p. 177, donne deux versions : dans l'une, c'est Yi Yin qui recherche T'ang; dans l'autre, c'est T'ang qui, à cinq reprises, envoie à Yi Yin des présents et finit par réussir à se l'attacher.

[5] Cf. *Annales*, 31e année de Cheou-sin. Cf. *S.M.T.*, t. IV, p. 35-36.

[6] Cf. *Tso tchouan*, trad. Couvreur, t. I, p. 322. « Autrefois Tcheou était dans la disette, il battit Yin et la récolte fut abondante. » *Les Annales ne parlent que de la disette*, 35e année de Cheou-sin. — Le trait, qui faisait partie du matériel oratoire, *a été incorporé dans la chronologie, mais une moitié en est tombée*. — Dans le *Tso tchouan*, le thème figure, à titre d'argument, dans un conseil donné par un vassal à son seigneur.

[7] Cf. *Annales*, 19e à 24e année de T'ang. L'année où T'ang est monté sur le trône est comptée la 18e : c'est cette année-là qu'il recouvrit d'un toit le Dieu du Sol des Hia. La sécheresse s'ensuivit immédiatement.

Cette dernière touche à la période historique. Le *Chou king* conserve sur elle des documents nombreux. Sseu-ma Ts'ien la conte en détail. Le même auteur est beaucoup plus bref sur l'avènement des Yin. Les récits qui se réfèrent à cette période reculée de l'histoire chinoise, proviennent surtout des *Annales sur bambou*. Les *Annales* semblent dériver de chroniques de l'État de Wei auxquelles aurait été ajoutée une histoire de la Chine ancienne. On peut être tenté de supposer que l'auteur se servit, pour écrire l'histoire des Yin, des traditions conservées dans le pays de Song où les descendants des Yin régnaient pendant la période féodale. Dès lors, pourquoi ne pas admettre que les Song, quand ils voulurent se constituer des archives, copièrent les Annales des Tcheou, en changeant les noms?

Il est toujours séduisant de tout ramener à une source unique. — Un des rares arguments de fait qu'on pourrait faire valoir en faveur de l'hypothèse est le suivant : selon les *Annales*, *deux* Soleils apparurent avant la victoire des Tcheou et *trois* Soleils avant celle des Yin. La tradition chinoise veut que les deux Soleils en présence aient symbolisé la compétition du Tyran et du Fondateur. Les deux Soleils de l'histoire des Tcheou s'expliquent fort bien. Les trois Soleils des Yin semblent trahir un plagiat maladroit.

Les trois Soleils des Yin sont inexplicables (on peut le soutenir) à titre de symboles. Mais d'où vient la tradition symbolique? Elle s'appuie précisément sur un passage où il est dit que deux Soleils apparurent à la fin des Hia dont l'un, celui du Couchant, représentait le tyran Kie et dont l'autre, celui du Levant, représentait le Fondateur des Yin [1]. Ce récit met en scène

---

[1] Ce passage est cité (par les éditeurs des *Annales*, 29ᵉ année de Kie) comme étant extrait du *Louen heng* où je ne l'ai pas retrouvé : « Kie était sans Vertu (Tao). Deux soleils brillèrent ensemble. Celui de l'Est se levait; celui de l'Ouest s'éteignait. Fei Tch'ang interrogea Ping-yi (ou Fong-yi) [c'est le nom du Comte du Fleuve] : « Lequel est (le Chef des) Yin? lequel est (le Chef des) Hia? » Ping-yi dit : « (Celui de) l'Ouest (représente) les Hia, et (celui de)

Fei Tch'ang lequel consulte, au sujet du prodige, le Comte
du Fleuve, et, la consultation reçue, décide d'abandonner les
Hia pour servir les Yin. Or, les *Annales* signalent, tout juste
après l'apparition des *trois* Soleils, la fuite de Fei Tch'ang
auprès de T'ang le Victorieux. Aussi, les éditeurs supposent-ils
que *trois*, dans les Annales, est une simple faute pour *deux*.
D'autre part, l'Histoire des Deux Soleils des Tcheou est contée
toute nue; elle ne se rattache à rien dans le texte des *Annales*
où on la trouve mentionnée. C'est seulement dans la légende
du Fondateur des Yin que l'apparition des Soleils paraît avoir
un sens symbolique. C'est là seulement qu'elle s'insère dans la
suite des événements. Il serait donc paradoxal de soutenir que
les gens de Song, descendants de T'ang le Victorieux, ont emprunté les Soleils apparus à l'histoire des Tcheou. — Faut-il
par représailles, accuser de plagiat les chroniqueurs des Tcheou?
On accordera, sans doute, que l'apparition des Deux ou des
Trois Soleils n'est pas un fait historique. C'est un thème. Les
thèmes appartiennent au domaine public. Ils s'imposent à tout
le monde.

Les thèmes les plus précieux, ceux qui traduisent des *faits
réels*, je veux dire : des *croyances*, sont précisément ceux qui,
tout en s'imposant aux chroniqueurs, ressemblent si peu à des

Est, les Yin." Sur quoi Fei Tch'ang se réfugia auprès des Yin. — Fei Tch'ang
(cf. *S.M.T.*, t. II, p. 3, où il est donné comme un ancêtre de Tchao et de Ts'in)
est présenté comme un descendant de Po-yi, fieffé à Fei (prononcé Pi). Les
Annales écrivent en effet : Tch'ang, comte de Fei. — La formule du symbolisme est ainsi donnée : «Deux Soleils sortis ensemble : l'Empire est disputé
par (deux) Rois 兩 日 並 出 · 天 下 爭 王.» Une histoire analogue se
trouve au chapitre 15, § 1 du *Lu che Tch'ouen ts'ieou* : ces deux soleils *vus en
songe*, sortent ensemble : c'est un *présage de sécheresse*. Voir plus loin, p. 465,
n. 1. Les soleils multiples indiquent surtout un trouble de la Nature : leur
nombre est un fait secondaire : selon Houai-nan tseu (chap. 15), il en apparut
10 (comme au temps de Yao), et non pas deux, quand le Roi Wou vainquit le
dernier des Yin. Voir p. 377, n. 2.

faits historiques que l'écrivain se sent invité à procéder par transposition. C'est à ce prix seulement qu'il peut les conserver. La transposition paraît-elle impossible? Ces thèmes disparaissent du récit chronologique : on les trouve utilisés pour enrichir des développements oratoires.

Tel est, à peu près, le cas du thème de la restauration de l'Ordre naturel. Les troubles de la Nature accompagnent la décadence des Vertus souveraines. Cette idée a tant de puissance que les prodiges néfastes (l'apparition de soleils multiples est l'un de ces prodiges) ont dû être pris et donnés pour des faits de l'histoire. La famine qui précéda l'expédition des Tcheou, montre de même les effets des Vertus maléficientes : la mémoire en a été conservée par les *Annales*. Celles-ci, en revanche, ne parlent pas de l'abondance qui suivit la victoire du Roi Wou : nous connaissons le fait seulement parce qu'il figure dans un discours. Sans doute, les différents thèmes qui servaient à montrer la restauration du bon ordre, étaient-ils plus délicats à manier et à transposer.

La sécheresse que vainquit après son avènement le Fondateur des Yin, est un événement célèbre. Sseu-ma Ts'ien pourtant le passe sous silence. Les *Annales* en parlent, mais elles ne disent rien des sept années d'inondation subies par le Fondateur des Hia. On trouvait une première difficulté à expliquer pourquoi des Rois évidemment sages avaient été éprouvés par le Malheur. On pouvait à la rigueur se tirer d'affaire en affirmant que les calamités résultaient de l'effet persistant des forces malignes, vaincues, mais non encore éliminées. Il restait à dire comment furent obtenues l'élimination et la victoire définitives.

_ Les *Annales sur bambou* indiquent simplement que la sécheresse prit fin quand T'ang eut fait des prières[1] à la Forêt des Mûriers. Les *Annales* laissent à d'autres ouvrages le soin de

---

[1] 禱 *Annales*, 24e année de T'ang.

nous apprendre que T'ang se dévoua et s'offrit en victime. C'est aussi en se dévouant que Yu arrêta l'inondation, mais le fait n'est donné par aucun récit historique. En revanche, Sseu-ma Ts'ien raconte longuement que Tcheou-kong, frère du Roi Wou, se dévoua au Fleuve Jaune. Il explique que le dévouement du duc de Tcheou eut pour raison une maladie de son neveu, le Roi Tch'eng. — Sans doute s'agit-il du même thème, mais ingénieusement transposé et conté de façon qu'il méritât de figurer dans l'histoire.

Au temps de Yao et de Chouen, les Ministres succèdent au Souverain. Tout Roi Fondateur est aidé d'un Ministre. Tcheou-kong (qui se dévoua) finit, dans l'histoire, par être considéré comme le Ministre-Fondateur des Tcheou. Il est aussi soupçonné d'avoir voulu usurper le pouvoir et il exerça une régence. Yi Yin et (Po-)Yi, Ministres-Fondateurs des Yin et des Hia, eurent, pendant l'interrègne qui suivit la mort du Héros-fondateur, un rôle qui n'est point parfaitement clair. Yi Yin bannit un successeur de son maître; de même le duc de Tcheou exila des princes du sang.

L'étude de la période *Tch'ouen ts'ieou* a pu le montrer : la personnalité du chef et celle du conseiller sont faites des mêmes éléments traditionnels. A mesure que l'on avance dans l'histoire, le rôle du conseiller va grandissant. Plus les faits se présentent sous l'aspect historique, plus apparaît, chez le Ministre, un caractère quasi divin. Davantage que le Roi Wou, Fondateur de la dernière dynastie royale, le duc de Tcheou est un Saint. Or, ce fut Tcheou-kong qui se dévoua. Les récits de Sseu-ma Ts'ien laissent voir la relation manifeste qu'il y a entre le Dévouement de Tcheou-kong et sa Sainteté. Celle-ci fut avérée par des prodiges, une pluie favorable, une bonne moisson[1].

<hr>

[1] Cf. *S.M.T.*, t. IV, p. 100.

Tandis que les Tyrans qui mettent fin à leur race font composer des chants de dissipation, les Fondateurs inventent un hymne et une danse qui signalent la Vertu de leur dynastie. Kao-yao, père de (Po-)Yi, est l'auteur de la musique des Hia, Yi Yin de celle des Chang (= Yin), Tcheou-kong de celle des Tcheou [1]. La Danse dynastique (le fait est certain dans le cas des Chang) est en relation avec le Dévouement.

Il y a des chances que l'on suive une bonne piste si, pour voir en quoi consiste une fondation de dynastie, on étudie le Dévouement du Héros (ou du Ministre) Fondateur.

[1] Cf. *Lu che tch'ouen ts'ieou*, chap. 5, § 5.

CHAPITRE PREMIER.

LE DÉVOUEMENT DU DUC DE TCHEOU.

Tcheou-kong fut, avant Confucius, le patron de l'École de Lou; il passait, de plus, pour l'Ancêtre des princes du pays. Ces faits suffisent à expliquer sa gloire et l'abondance des renseignements que l'on possède sur sa vie.

Confucius, quand il fut le patron de tous les apprentis conseillers d'État, fut appelé un Roi sans royaume. Le duc de Tcheou régna sans être Roi. Les savants de Lou réclamaient pour leurs princes un certain nombre de privilèges royaux[1]. Leurs droits étaient incontestables : le fondement s'en trouvait dans la biographie de Tcheou-kong. La maison royale des Tcheou n'aurait pas réussi à s'établir sans le secours de ce Sage. Ses descendants, en récompense, furent autorisés à sacrifier avec les mêmes rites et à danser sur les mêmes airs que les descendants du Roi Wou, Fondateur des Tcheou.

DROIT AGNATIQUE ET DROIT UTÉRIN.

Tcheou-kong fut un frère dévoué et un oncle d'une abnégation parfaite.

Il seconda le Roi Wou, son aîné, dans sa lutte contre les Yin. A la mort du Roi Wou, « il monta les degrés du trône ».

---

[1] Le document principal est le chapitre *Ming t'ang wei* du *Li ki* (trad. Couvreur, t. I, p. 725 à 741).

C'est «qu'il craignait que l'Empire ne se révoltât», profitant de la jeunesse de son neveu. «Il exerça *provisoirement* le gouvernement[1].» Aussitôt que le fils de son frère fut devenu grand, il lui rendit le pouvoir. Il se tourna face au Nord devant le Roi Tch'eng, son neveu, comme doit le faire un vassal[2].

Vers la fin de la dynastie Tcheou, le principe agnatique était (*au moins en droit*) le fondement unique de la parenté. Le pouvoir se transmettait de père à fils. Le privilège de l'aînesse était reconnu. — Bien que le fils aîné dût, en principe, succéder à son père, il arrivait que la succession se fît de frère à frère. On savait que, souvent, des oncles avaient évincé leurs neveux[3].

Tcheou-kong, patron des ritualistes, n'eut jamais d'arrière-pensées. Sa biographie le prouve. Elle montre aussi que, s'il exerça, par pur dévouement, la régence, son mérite fut incomparable, car il brava la suspicion. Un parent du Roi n'est pas admis à monter sur la même voiture que le Roi et les pires soupçons sont éveillés quand le tuteur est un oncle paternel[4].

Les princes de Lou, descendants du duc de Tcheou, avaient pour rivaux les princes de Ts'i. L'ancêtre de ces derniers est Lu Chang. Ce fut le principal conseiller du Roi Wou. La fille de Lu Chang avait épousé le Roi Wou; le jeune Roi Tch'eng était son fils[5]. Pourquoi donc l'enfance du Roi Tch'eng ne fut-

---

[1] Cf. *S.M.T.*, t. 1, p. 245 et t. IV, p. 92. Le dernier passage est remarquable, car il montre Tcheou-kong justifiant sa conduite auprès de Lu Chang et du duc de Chao.

[2] Cf. *S.M.T.*, t. 1, p. 247, et t. IV, p. 95 : «Il se tourna vers le Nord, et prit la place d'un vassal : il était pénétré de respect et comme saisi de crainte.»

[3] Voir p. 14.

[4] Cf. *S.M.T.*, t. 1, p. 245 : «Ses frères cadets mirent le duc de Tcheou en suspicion». Cf. t. IV, 92 : «Ses frères cadets répandirent des rumeurs dans le royaume, disant : «Le duc de Tcheou sera funeste au Roi Tch'eng.»

[5] Cf. *S.M.T.*, t. IV, p. 361, et *Tso tchouan*, trad. Couvreur, t. III, p. 170 (cf. *ibid.*, p. 257). Cette femme se nommait Yi Kiang. Kiang est le nom de famille des princes de Ts'i. Yi Kiang est, aussi, une constellation.

elle point protégée par Lu Chang, son grand-père, ou par son oncle maternel, le fils de Lu Chang?

Qu'on lise les récits des chroniqueurs : il apparaît clairement que la biographie de Tcheou-kong est nourrie de faits historiques et celle de Lu Chang de faits légendaires.

Le duc de Tcheou est un écrivain dont les œuvres sont célèbres : l'esprit orthodoxe les inspire. «L'établissement du gouvernement», «Les nombreux officiers», «Les officiers des Tcheou» «L'épi offert», «L'épi loué», «Le bois de catalpa», «La proclamation au sujet du vin», «Ne pas se livrer à la volupté», sont, assurément, des écrits *authentiques*[1]. La plupart se retrouvent dans le *Chou king,* l'un des grands livres de l'Ecole de Lou. Sseu-ma Ts'ien en fait des citations abondantes quand il écrit la biographie du duc de Tcheou, ancêtre de Lou. — Il s'en sert aussi (*mais de façon plus brève*) pour étoffer l'histoire de la maison royale : «Ces choses se trouvent, dit-il, dans le chapitre sur le duc de Tcheou[2]. »

«Lu Chang était, SEMBLE-T-IL, pauvre et misérable; il était vieux : c'est en pêchant à la ligne qu'il entra en relation avec le Chef de l'Ouest... SUIVANT UNE AUTRE TRADITION, c'était un *homme d'une science étendue* 博 聞 qui était au service de Cheou-sin. Cheou-sin était méchant. Il le quitta et *alla, de çà et de là, donner des conseils aux seigneurs.* Il ne rencontra personne (qui sût l'apprécier) : c'est alors, qu'en définitive, il se réfugia dans l'Ouest, auprès du Chef de l'Ouest... SUIVANT UNE AUTRE TRADITION, Lu Chang était un *solitaire qui vivait caché* 處 士 隱 *sur les rivages de la mer...* Quoique les récits qu'on fait sur la manière dont Lu Chang servit les Tcheou soient différents, l'essentiel est cependant qu'il fut le PRÉCEPTEUR des Rois Wen et

---

[1] Cf. *S. M. T.,* t. I, p. 246-247 et t. IV, p. 94-99.
[2] Cf. *S. M. T.,* t. I, p. 247.

Wou [1]. » Il fut aussi leur général. « Le Chef de l'Ouest (Roi
Wen)... fit *secrètement* avec Lu Chang des projets sur les
moyens de pratiquer la Vertu en renversant le gouvernement
des Chang (Yin). Cette entreprise demandait une grande puissance militaire, ainsi que des plans très habiles; c'est pourquoi,
dans les générations suivantes, ceux qui ont parlé de la guerre
et de la puissance *secrète* des Tcheou, ont tous vénéré Lu Chang
comme l'instigateur des projets [2]. »

Les seigneurs de Lou travaillèrent à changer les mœurs de
leurs sujets [3]. Lou est le pays des rites. La tradition confucéenne se rattache étroitement à Lou. Les seigneurs de Ts'i
laissèrent les gens du pays « agir selon leurs mœurs » [4]. Sous
les Han, pendant la vie de Sseu-ma Ts'ien « dans *les pays de
Yen et de Ts'i, sur les bords de la mer, les magiciens aux pratiques
étranges* vinrent en nombre toujours plus considérable discou-
rir sur ce qui concerne les dieux [5] ».

Lu Chang, grand-père maternel du Roi Tch'eng, n'exerça
pas la régence. Il vécut dans son fief de Ts'i. Les Barbares

[1] Cf. *S. M. T.*, t. IV, p. 35 et 36. Noter les expressions : *homme d'une
science étendue*, qui peut s'entendre d'un sage confucéen, et : *simple particulier
vivant caché*, qui convient à un sage taoïste.

[2] Cf. *S. M. T.*, t. IV, p. 37.

[3] Cf. *S. M. T.*, t. IV, p. 101.

[4] Cf. *S. M. T.*, t. IV, p. 101.

[5] Cf. *S. M. T.*, t. III, p. 466. La province maritime du Chan-tong est une
de celles où apparurent le plus tôt des communautés bouddhistes et des sectes
taoïstes. On remarquera que les magiciens de l'Empereur Wou provenaient,
en même temps que de Ts'i (pays de Lu Chang), de Yen, pays du duc de
Chao (collègue de Lu Chang) lequel ne joue plus qu'un rôle très effacé dans les
récits du début des Tcheou. Mais, bien que le duc de Chao passe pour un
sage (cf. *S. M. T.*, t. IV, p. 135), Sseu-ma Ts'ien avoue qu'il soupçonna
Tcheou-kong (*S. M. T.*, t. IV, p. 134). Celui-ci ne détourna ses soupçons
qu'en rappelant la conduite des grands ministres et *en particulier celle de Yi
Yin, Ministre-Fondateur des Chang*. — Le duc de Chao est donné, dans sa biographie, comme étant un des Trois-Ducs : il était chargé de l'Ouest. Tcheou-

voisins, ceux de la rivière Houai, se soulevèrent alors. Ce fut
le duc de Tcheou (dit *l'histoire de Lou*) qui « calma les Barbares
de la Houai et de la région orientale; en deux ans il termina
la pacification »[1]. Lu Chang (assure pourtant l'histoire, du
moins *l'histoire de Ts'i*) reçut à l'occasion de cette révolte un
mandat royal qui faisait de lui l'Hégémon de l'Est[2].

L'effacement de Lu Chang est dû au succès de l'esprit confucéen. Il marque la victoire de la morale rituelle sur les doctrines et les arts secrets. Il atteste aussi le triomphe de l'esprit
historique sur l'esprit mystique. Tout autant que des ancêtres
dynastiques de pays rivaux, Lu Chang et Tcheou-kong sont des
patrons d'Écoles opposées. Tcheou-kong est un grand personnage : c'est un personnage historique parce que l'Histoire a
été faite par les gens de Lou et qu'ils l'ont écrite en historiens.
La meilleure part lui est revenue de la gloire réservée à un
Ministre-Fondateur.

Tcheou-kong était membre de la famille Tcheou : le fait lui a
servi auprès d'historiens imbus de droit agnatique. Il vainquit,
et non pas Lu Chang, les Barbares de la Houai. Il exerça la
régence.

Lu Chang était allié aux Tcheou par mariage [3]. Un trait

kong était chargé de l'Est. *Reste le* CENTRE, *pour Lu Chang, dont on ne parle*
pas. Mais, dans la biographie de Lu Chang, S. M. T. (t. IV, p. 40) affirme qu'il
fut chargé de l'Est.

[1] Cf. *S. M. T.*, t. IV, p. 93.

[2] Cf. *S. M. T.*, t. IV, p. 40. Les contradictions de Sseu-ma Ts'ien font apparaître clairement le caractère artificiel de ses reconstructions archéologiques.
On sent aussi que le travail historique a été poussé plus loin pour Tcheou-
kong que pour Lu Chang.

[3] Bien que Lu Chang soit une trouvaille du Chef de l'Ouest, il descend
d'une Race illustre, celle des Quatre-Montagnes, de nom Kiang (cf. *S.M.T.*,
t. IV, p. 34-35). — Depuis longtemps, les Tcheou (nom Ki) s'alliaient par
mariage aux Kiang : T'ai Kiang est la femme de *T'ai-kong*, grand-père du Chef
de l'Ouest. Or, *T'ai-kong-wang* est l'appellation ordinaire de Lu Chang. C'est
en effet T'ai-kong qui prévit (wang) que les Tcheou régneraient grâce à un

qu'il était impossible de faire passer dans l'histoire de Tcheou-kong, put être maintenu dans sa légende. Ce trait est caractéristique d'un Ministre-Fondateur. « Au moment de sortir pour chasser, le Chef de l'Ouest avait consulté les sorts qui lui avaient répondu : « Ce que vous *capturerez*, ce n'est ni un dragon, ni « un Tch'e, ni un tigre, ni un ours; ce que vous *capturerez* 獲, « c'est celui qui secondera un Roi Souverain. » Alors, le Chef de l'Ouest alla chasser, il rencontra en effet Lu Chang au nord de la Wei. Il causa avec lui et y prit plaisir. Il dit : « Déjà, « mon ancêtre T'ai-kong avait dit : « Il doit y avoir un Saint « que rencontreront les Tcheou. Les Tcheou, grâce à lui, s'élè-« veront (comme dynastie royale). » Vous êtes, en vérité, cet « homme... » Il le mit dans son char, revint avec lui et le nomma PRÉCEPTEUR [1] »

Les Tcheou devinrent Rois grâce à l'heureuse capture d'une Influence Sainte. Ce thème permettrait de prêter à Lu Chang l'allure d'un sage caché et d'un expert en sciences ésotériques. Dès l'époque où ces traits parurent convenir à un sage taoïste, la gloire de Lu Chang était condamnée : elle fut éclipsée par celle du duc de Tcheou.

LE SACRIFICE DANS LA BANLIEUE.

Celui-ci, certes, n'est pas moins bien pourvu de Vertu sainte. A sa mort, « en automne, avant que la moisson ne fût

homme rencontré par hasard. Quand le Chef de l'Ouest rencontra Lu Chang, il le nomma T'ai-kong-wang (m. à m. : celui qu'a prévu T'ai-kong) (cf *S. M. T.*, t. IV, p. 36).

[1] Cf. *S. M. T.*, t. IV, p. 35. Le Tch'e est une sorte de dragon analogue au 蜧 Tch'e (dragon du soleil) [on remarquera le fait que le thème de la trouvaille du ministre se raccorde au thème *de la conquête des emblèmes-présages.*] — Une autre tradition veut que Lu Chang ait été au service de Cheou-sin et l'ait abandonné après avoir constaté sa méchanceté. *Il brisa alors son épée* (cf.

mûre, il y eut un *violent orage de vent, de tonnerre et de pluie* : tous les grands arbres furent arrachés. Le royaume des Tcheou fut saisi d'une grande crainte [1] ». Le Roi Tch'eng reconnut que tout cela était le fait du Ciel, lequel « faisait éclater son prestige terrible afin de célébrer la Vertu du duc de Tcheou ». Il sortit de la ville et fit LE SACRIFICE *Kiao* (DANS LA BANLIEUE) : « Alors, le Ciel fit tomber la pluie et souffler le vent en sens contraire : toutes les céréales se redressèrent... La moisson fut très abondante. » — Voilà pourquoi les princes de Lou (ce fut un ordre du Roi Tch'eng) eurent le droit de faire *le sacrifice Kiao*, privilège royal [2].

Le Roi Tch'eng reconnut la puissance que sa Vertu donnait au duc de Tcheou sur la Nature, quand, revêtu de ses habits de cour, il eut ouvert un coffre cerclé de métal [3]. Ce coffre contenait un écrit où étaient conservées certaines paroles du duc de Tcheou. Le duc (tout en ayant soin de les confier aux archives) avait donné l'ordre qu'il n'en fût jamais fait mention. Le Roi Tch'eng, néanmoins, sut les trouver en temps utile.

Tcheou-kong, dit Sseu-ma Ts'ien, avait fait secrètement enfermer dans le coffre cerclé de métal une tablette rappelant « la tâche méritoire qu'il avait assumée en se substituant au Roi Wou » [4]. Le Roi Wou, en effet, étant tombé malade avant que

Li sao, trad. Hervey de Saint-Denys, p. 5a). — Comparer l'histoire d'un ministre de Wou-ting (qui rénova le prestige des Yin) et qui fut trouvé parmi des malfaiteurs (*S. M. T.*, t. 1, p. 195) : il se cachait par modestie. — Le fait que Lu Chang, apparenté par les femmes aux Tcheou, est aussi précepteur des princes Tcheou éveille l'idée du *fosterage*. Il ne serait pas impossible de de retrouver d'autres traces de cette coutume.

[1] Cf. *S.M.T.*, t. IV, p. 99.

[2] Cf. *S.M.T.*, t. IV, p. 100. « Alors le Roi Tch'eng ordonna que les princes de Lou auraient le droit de faire le sacrifice dans la banlieue (*kiao*) et de sacrifier au Roi Wen. Si les princes de Lou eurent les rites et la musique du Fils du Ciel, ce fut en récompense de la Vertu du duc de Tcheou. »

[3] Cf. *S. M. T.*, t. IV, p. 99.

[4] Cf. *ibid.*

l'Empire ne fût réuni sous son autorité, «le duc de Tcheou se *purifia pour écarter le Mal; il s'offrit en victime et souhaita d'être substitué* [1] » *à son frère*. Celui-ci guérit. — On ajoute que tous les fidèles du Roi étaient saisis de crainte. «Lu Chang et le duc de Chao consultèrent avec respect les sorts» : Mais ce fut Tcheou-kong qui «s'offrit en victime 自以爲質»; il établit trois autels et se tint debout, tourné vers le Nord; il portait sur sa tête le jade rond et, dans ses mains, le jade rectangulaire; il fit une annonce 告 à l'Auguste Roi, au Roi Ki et au Roi Wen; l'annaliste écrivit, sur une tablette, cette prière : «Votre principal descendant, le Roi Fa, est accablé de fatigue et arrêté par la maladie; si vous avez, ô Trois Rois, réellement besoin de quelqu'un (auprès de vous) qui supporte les devoirs de fils dans le Ciel, remplacez par moi, Tan, la personne du Roi Fa... Je vais prendre vos ordres par le moyen de la grande tortue; si vous m'accordez (ce que je demande), je m'en retournerai avec le jade rond et le jade carré et j'attendrai votre décision; si vous ne m'accordez pas (ce que je demande), je cacherai le jade rond et le jade carré »... Les sorts furent favorables; le Roi guérit et la tablette fut placée dans le coffre cerclé de métal [2].

Le duc de Tcheou conserva toujours son esprit de sacrifice.

Du temps qu'il était régent, son neveu, le Roi Tch'eng, tomba (lui aussi) malade. «Tcheou-kong se coupa les ongles, en jeta les rognures dans le Fleuve (Jaune), adressant cette

[1] Cf. *S.M.T.*, t. I, p. 244.

[2] Cf. *S.M.T.*, t. IV, p. 89-92. L'Auguste Roi (T'ai-wang) est T'ai-kong, honoré rétrospectivement du titre de Roi (wang). Ki est son fils; le Roi Wen (le Chef de l'Ouest) son petit-fils : ce sont les trois ancêtres immédiats du Roi Wou et de son frère Tcheou-kong. — Le texte suppose que ce sont les Trois Rois qui sont cause de la maladie de leur descendant : un autre de leurs descendants se dévoue et s'offre pour aller remplir auprès d'eux les devoirs de la piété filiale. — Le Roi Wou et le duc de Tcheou sont désignés dans la prière par leurs noms personnels, Fa et Tan, car la prière s'adresse à des ancêtres.

prière au Dieu : «Le Roi est jeune et n'a pas encore de discernement. Celui qui a enfreint les ordres du Dieu, c'est moi, Tan.» Il cacha le texte (de la prière) dans les archives. Le Roi guérit [1].

C'est ainsi que le duc de Tcheou prenait sur lui tous les péchés de sa famille. Il contraignit les Dieux à laisser au

[1] Cf *S. M. T.*, t. IV, p. 95-96. La reprise du thème est manifeste. Dans l'espèce, c'est le Fleuve qui est responsable de la maladie et c'est à lui que Tcheou-kong se dévoue. — Un *roi* de Tch'ou, le *roi* Tchao, en 489 (cf. *S.M.T.*, t. IV, p. 379), tomba malade dans son camp : il y eut une nuée rouge de la forme d'un oiseau qui vola des deux côtés du soleil. Le *roi* Tchao interrogea le grand annaliste des Tcheou qui dit : «Cela (présage) une calamité pour le *roi* de Tch'ou. Cependant on peut *transférer* (cette calamité) sur un général ou sur un conseiller». Les généraux et les conseillers, apprenant ce propos, demandèrent à adresser eux-mêmes des prières aux Dieux en leur offrant leurs personnes. Le *roi* Tchao dit : «Les généraux et les conseillers sont mes bras et mes jambes; maintenant, si je transfère la calamité (sur eux), comment ne serait-ce pas supprimer ma personne elle-même?» Il n'y consentit pas. On consulta les sorts et on sut ainsi que c'était le Fleuve (Jaune) qui était la cause du mal. Les grands officiers proposèrent d'adresser des prières au Fleuve. Le *roi* Tchao dit : «Depuis que les *rois*, mes ancêtres, ont reçu leur fief, les sacrifices *wang* (qu'ils ont célébrés de loin en l'honneur des Monts et des Fleuves) n'ont pas dépassé le (Yang-tseu) Kiang et la rivière Han. Quant au Fleuve, je ne lui ai fait aucune offense.» — On notera que le dévouement de Tcheou-kong au Fleuve est conté en termes techniques et sans la rhétorique qui caractérise la prière de son dévouement aux Trois Rois. — M. Chavannes (*S. M. T.*, t. I, p. 96, n. 1) trouve le dévouement de Tcheou-kong en faveur du Roi Tch'eng «une *réplique assez imparfaite*» de son dévouement en faveur du Roi Wou. «Le seul trait intéressant du texte est le détail des ongles coupés et jetés au Fleuve.» J'estime que ce *détail* (qui est l'essentiel du rite : on le verra à propos d'autres dévouements) suffirait à indiquer que le deuxième dévouement (dans l'ordre historique) n'est pas une réplique et moins encore une réplique imparfaite du premier. Nous sommes en présence d'une double utilisation du même thème, avec les mêmes intentions hagiographiques. Mais le dévouement au Fleuve en cas de maladie est le type classique de ce thème. L'histoire du *roi* Tchao suffirait à le prouver. — On va voir, d'ailleurs, que le thème de l'orage est aussi dédoublé. Il est clair que le dévouement du duc de Tcheou est en rapport avec les calomnies qui ont motivé son exil ou plutôt avec cet exil et ses conséquences : troubles dans le royaume (révoltes), troubles dans la nature (orage).

monde le Roi Tch'eng et le Roi Wou. Quoi d'étonnant si le Ciel, à sa mort, fit éclater son prestige terrible?

Le duc de Tcheou se dévoua deux fois. Le Roi Tch'eng ouvrit deux fois les archives. Il les consulta à la mort du duc de Tcheou, pour savoir à quoi s'en tenir sur l'orage céleste. Il apprit alors que Tcheou-kong s'était substitué au Roi Wou. Il les avait consultées précédemment et avait appris, à cette première occasion, que Tcheou-kong s'était dévoué en sa faveur [1]. Quand il décida, pendant l'orage *qui suivit la mort* de son oncle, d'aller accomplir LE SACRIFICE FAIT DANS LA BANLIEUE (*kiao*) que les princes de Lou voulurent plus tard célébrer à l'instar des Rois Tcheou, le Roi Tch'eng déclara (étrange formule!) qu'il voulait ALLER À LA RENCONTRE de Tcheou-kong [2]. La première fois que, *du vivant du duc de Tcheou*, il ouvrit les archives, le Roi pleura et *fit revenir* le duc : celui-ci s'était enfui de la cour, chassé par les médisants. Le *Chou king* rapporte qu'après avoir ajouté foi à des calomnies et chassé son oncle, le Roi se repentit et déclara qu'il voulait non seulement *le faire revenir*, mais ALLER À SA RENCONTRE [3]. Les *Annales sur bambou* écrivent : «la 2ᵉ année du Roi Tch'eng, en automne, il y eut de *grands éclats de tonnerre et de foudre, ainsi que du vent*. Le Roi ALLA À LA RENCONTRE du duc Wen de Tcheou DANS LA BANLIEUE (*kiao*). Après quoi on attaqua les Yin [4]*»*.

<hr>

[1] Cf. *S.M.T.*, t. IV, p. 96.

[2] Cf. *S.M.T.*, t. IV, p. 99.

[3] Cf. *S.M.T.*, t. IV, p. 100, n. 1. M. Chavannes signale la contradiction qui existe entre le *Chou king* et *S.M.T.;* il n'indique pas le passage *des Annales* qui montre le rapport de *l'orage* et de l'acte *d'aller à la rencontre* au moment des rebellions de la régence.

[4] Cf. *Annales*, 2ᵉ année du roi Tch'eng, en automne. Immédiatement auparavant, est signalée la révolte des Barbares de la Houai. Immédiatement après (3ᵉ année), est mentionnée la destruction des Yin et la mise à mort du fils de Cheou-sin. — On notera que le parallélisme est complet entre le récit des prodiges qui accompagnent la mort du duc et celui des prodiges qui ac-

Les calomniateurs du duc de Tcheou étaient deux autres oncles du Roi. Ce furent eux qui s'allièrent au fils du dernier Roi des Yin vaincu par le Roi Wou. Ils se mirent à la tête des Barbares de la Houai, voisins des pays de Ts'i et de Lou. Tcheou-kong les battit : l'un d'eux fut tué et l'autre banni. Ce bannissement, qu'ordonna Tcheou-kong, est fréquemment comparé à l'exil auquel T'ai-kia, successeur de T'ang le Victorieux, fut condamné par Yi Yin, Ministre-Fondateur des Chang[1]. — L'orage relaté par les *Annales* se place entre la révolte des Barbares de la Houai et la rébellion des derniers fidèles des Yin.

L'exil du duc de Tcheou fait pendant à l'exil d'un autre frère du Roi Wou, oncle lui aussi du Roi en tutelle. La mort de Tcheou-kong et son exil sont accompagnés de prodiges identiques. Le Roi Wou et son fils, le Roi Tch'eng, qui battent ou exterminent les Yin, ne sont sauvés l'un et l'autre d'une mort prématurée que par le dévouement de Tcheou-kong. C'est *dans la banlieue de la capitale (kiao)* que le Roi Tch'eng, en *allant, à l'occasion d'un orage, à la rencontre* du duc de Tch'eou, reconnaît sa Vertu et rétablit l'Ordre du Monde : cet acte précède aussi l'extermination des Yin, ainsi que l'exil ou la mort des oncles royaux prêts à l'usurpation.

Kouen, fils et père de souverain, *était associé au Ciel* par les Hia quand ils faisaient, DANS LA BANLIEUE, LE SACRIFICE KIAO. On

compagnent la révolte sous la régence. Dans les deux cas, le Roi va à *la rencontre* DANS LA BANLIEUE (*kiao*). On sait déjà que les prodiges qui ont manifesté la Vertu du duc de Tcheou ont eu pour conséquence l'octroi à ses descendants du droit de faire le sacrifice royal dans la banlieue (*kiao*).

[1] Cf. par exemple, *Tso tchouan*, trad. Couvreur, t. II, p. 366 : Kouen fut mis à mort; son fils Yu le Grand fonda une dynastie 夏. Yi Yin relégua T'ai-kia, puis redevint son ministre; jusqu'à sa mort, aucune animosité ne lui fut montrée par T'ai-kia. Kouan et Ts'ai (frères du Roi Wou et de Tcheou-kong) furent mis à mort ou exilés (par Tcheou-kong); Tcheou-kong seconda le Roi (Tch'eng).

sait que Kouen fut banni et expulsé hors des Portes de la Ville, avant d'être dépecé sur un Mont polaire. On sait aussi que Tan-tchou, fils de Yao, fut banni. Certains disent qu'il fut tué. D'autres assurent qu'il fut *le représentant du Ciel* dans le sacrifice que Chouen, successeur de Yao, célébra DANS LA BANLIEUE [1].

*
* *

Nous ne chercherons pas à savoir quel est le plus historique du Héros du pays de Ts'i ou du Héros du pays de Lou. Dans l'histoire de l'un et de l'autre se retrouvent des thèmes qui accompagnent obligatoirement le récit des fondations de dynasties. Ceux qui se rapportent au duc de Tcheou attestent des transpositions intéressantes. C'est l'Homme Unique, le Fondateur, qui est atteint par le courroux des Dieux, mais c'est le Ministre qui prend sur lui le péché et qui se dévoue. Ses descendants y gagnent le droit de procéder à des sacrifices royaux (*sacrifices kiao*).

Les princes de Lou avaient aussi le droit de danser la Danse Siang et la danse Ta Wou. L'une symbolisait le triomphe du Roi Wou et son offrande de captifs et d'oreilles coupées. L'autre commémorait l'extinction définitive des Yin.

Toutes deux eurent Tcheou-Kong pour inventeur [2]. L'auteur glorieux de l'expiation est aussi l'auteur de la Danse triomphale.

---

[1] Note de K'ong Ying-ta au *Tcheou-li* (trad. Biot, t. II, p. 224-225) 舜入唐郊以丹朱爲尸是祭天有尸也. Cette indication est donnée pour justifier l'usage d'un représentant dans les sacrifices au Ciel. Nous verrons (p. 541) qu'un homme peut en effet représenter le Ciel. — Rapprocher le thème de la *présentation au Ciel* du Ministre.

[2] Cf. *Li ki*, trad. Couvreur, t. I, p. 731 et *Lu che tch'ouen ts'ieou* chap. 5, § 5.

CHAPITRE II.

DANSE ET DÉVOUEMENT DE L'ANCÊTRE DES CHANG.

Le Fondateur de la dynastie des Yin ou des Chang est T'ang le Victorieux. Il vainquit militairement Kie, le dernier des Hia. Il fut aidé dans son œuvre par Yi Yin. Yi Yin est le modèle des conseillers.

YI YIN, HÉRAUT DES CHANG,
ET LES LÉGENDES DU MÛRIER CREUX.

Yi Yin et T'ang le Victorieux forment un couple indivisible.

Un prince de Ts'i projetait d'attaquer la seigneurie de Song où régnaient les descendants de T'ang; passant au pied du T'ai chan, il vit en songe deux personnages dont la colère l'effraya. Ses devins les identifièrent aux génies de la Montagne sainte et engagèrent le prince à leur sacrifier. Son ministre sut lui démontrer qu'il avait vu en songe T'ang et Yi Yin : il en fit un portrait exact. Il ajouta que leur colère s'expliquait par l'attaque injuste que le prince tentait contre Song [1].

Yi Yin avait sans doute autant de titres que T'ang à protéger

[1] Cf. *Yen tseu tch'ouen ts'ieou*, chap. 1. L'histoire a été reprise par Wang Tch'ong (trad. Forke, t. I, p. 213), chap. 63 du *Louen-heng*. — T'ang est décrit comme étant grand et de teint clair, avec une barbe. Yi Yin est petit et de teint foncé.

les descendants des Chang. T'ang se dévoua et il fut l'Ancêtre de la Dynastie. Yi Yin en fut le Héraut; il fut, sans doute, sacrifié.

COMMENT LE HÉRAUT S'ACQUIERT

ET COMMENT IL MEURT.

« Yi Yin, dit Sseu-ma Ts'ien, désirait entrer en relation avec T'ang, mais, n'en trouvant pas le moyen, il se fit *vassal destiné à l'escorte de la princesse* de Sin (qui devint l'épouse de T'ang). …Une autre tradition dit : Yi Yin était un 處士 *solitaire.* T'ang envoya des gens le chercher en lui offrant des présents; ils s'en revinrent *cinq* fois (sans lui), puis il consentit à venir [1]. »

Lu Pou-wei raconte que Yi Yin fut recueilli tout enfant par

[1] Cf. *S. M. T*, t. I, p. 178. On remarquera que l'expression traduite par *solitaire* se retrouve dans une des légendes de Lu Chang, mais accolé au mot *caché* : celui-ci a, pour désigner les sages taoïstes, une valeur presque technique. Dans la 2ᵉ légende de Yi Yin rapportée par *S. M. T.*, il est dit que Yi Yin discourut sur le Roi Simple 素 et les Neuf Maîtres : il s'agit là de personnages classés comme héros taoïstes. Dans la 1ʳᵉ légende, Yi Yin discourt sur les saveurs. — Mencius nie que Yi Yin se soit poussé auprès de T'ang grâce à ses connaissances en cuisine (cf. *ibid.*, n. 3) : ce fut plutôt à l'aide des doctrines de Yao et de Chouen. — Yi Yin était trop célèbre pour que toutes les sectes n'aient pas reconnu sa gloire et écrit son histoire à leur manière. Nous verrons que l'école confucéenne avait de bonnes raisons pour ne pas laisser accaparer Yi Yin par des rivaux. — Les deux traditions rapportées par *S. M. T.*, sont surtout remarquables en ceci : l'une illustre le pouvoir d'attraction du roi sage, l'autre met en valeur le conseiller. — Dans le texte de *S. M. T.*, se trouve une expression 媵臣 que M. Chavannes a rendue par : *il se mit au service de la suivante*, fille de la famille princière de Sin. Le texte du *Lu che tch'ouen ts'ieou*, qu'on va lire, montre que le mot 媵 s'applique à Yi Yin lui-même. Il faut entendre : vassal faisant partie de l'escorte qui accompagna la princesse de Sin chez T'ang, son époux. — Mei ti chap. 2, qualifie Yi Yin de 師僕 : serviteur attaché à la personne de la princesse de Sin. — Le *T'ien wen* dit que Yi Yin 媵 accompagna l'épouse (venue) de la famille de Sin.

une fille de la famille princière de Sin et présenté au prince. Celui-ci confia Yi Yin à un cuisinier qui l'éleva. «Il grandit et devint Sage. T'ang entendit parler de lui; il envoya prier le prince de Sin (de le lui donner). Le prince de Sin ne voulut pas. Yi Yin désirait aussi aller auprès de T'ang. T'ang, alors, demanda (au prince de Sin) à prendre femme (dans sa fa- famille) et à devenir son parent par alliance. Le prince de Sin, tout joyeux, fit 媵 *accompagner sa fille* par Yi Yin[1]. »

Le récit de Lu Pou-wei veut illustrer cette vérité : un Chef digne de ce nom arrive toujours à acquérir un bon conseiller.

Le moyen employé par T'ang est remarquable : pour réaliser l'acquisition de cette valeur inestimable qu'est un Sage, *il n'hésite pas à se marier.*

Le passage d'un vassal d'un groupe dans un autre semble exiger une alliance matrimoniale. Yi Yin, d'ailleurs, reste attaché à l'épousée, dont il est le suivant. Le couple parfait formé par lui et par T'ang, modèle des Conseillers uni au modèle des Princes, est le résultat d'une alliance et d'un commerce.

On sait déjà qu'avant d'écouter les discours de Yi Yin, T'ang le fit laver, fumer et oindre dans le Temple ancestral[2]. Un mot résume ces opérations; c'est le mot 祓 *fei*. Il s'employait pour les lustrations opérées aux fêtes printanières des

---

[1] *Lu che tch'ouen ts'ieou*, ch. 14, p. 2. L'histoire de Yi Yin est conçue sur un thème analogue à celui que l'on retrouve dans l'histoire de Po-li Hi conseiller de l'Hégémon de Ts'in (cf. p. 81, n. 3, et 82, n. 2). Mencius (cf. n. 1 de la p. 27 de *S. M. T.*, t. II) raconte que Po-li Hi (dont on dit qu'il faisait partie de l'escorte de la femme du duc de Ts'in et qu'il fut racheté au prix de cinq peaux de bélier) s'était vendu lui-même pour cinq peaux de bélier afin de parvenir auprès du duc : les légendes illustrent tantôt la perspicacité du prince ou son pouvoir d'attraction, tantôt la modération du ministre.

[2] Voir p. 282 et suiv. On sait que, par ce thème, l'histoire de Yi Yin s'apparente à celle de Kouan Tchong, conseiller de l'Hégémon de Ts'i. Kouan Tchong avait tiré une flèche et blessé le futur duc de Ts'i avant d'être à son service. Lu Pou-wei (chap. 15, § 1), raconte que Yi Yin fut envoyé par T'ang auprès de Kie où il passa trois ans (cf. *Annales*, 17ᵉ et 20ᵉ années de Kie) : T'ang eut soin, avant le départ de Yi Yin, de tirer des flèches sur lui.

fiançailles (lesquelles sont aussi des foires). Ces fêtes, au dire du *Tcheou li*, se tenaient sous la surveillance d'un personnage nommé l'Entremetteur. L'Entremetteur pratique sur l'épousée, au moment du mariage, une lustration 祓 [1]. L'acquisition d'un ministre, qu'accompagne un mariage, se fait donc à l'aide de rites qui rappellent ceux du mariage. Le couple : ministre et prince, est analogue à un couple conjugal [2].

L'organisation dualiste de la famille rend nécessaire la collaboration des époux qui doivent appartenir à des familles différentes [3]. La collaboration du prince et du ministre n'est pas moins nécessaire. Elle suppose de même une organisation dualiste de la société. On a déjà vu que le Souverain doit posséder la Vertu du Ciel et le Ministre la Vertu de la Terre [4]. Celle-ci caractérise les Trois-Ducs. Or, Yi Yin porta ce titre [5].

Tout Ministre doit être habile aux discours. Yi Yin, comme Lu Chang et comme Kouan Tchong [6], sitôt qu'il fut admis en présence de T'ang, prouva sa valeur en discourant.

« Il parla sur les saveurs, puis en arriva à parler de la Vertu Royale (Wang Tao) [7]. »

Le discours de Yi Yin sur « les saveurs fondamentales » a été conservé par Lu Pou-wei [8]. Il débute, comme de juste, par quelques principes généraux. Suit une énumération des nour-

---

[1] *Fêtes et Chansons*, p. 132-134, 254-255, 165 n. 1 et 2.
[2] Comparer la théorie classique sur l'équivalence de la hiérarchie des vassaux et de la hiérarchie des vassales et, aussi, l'idée que le ministre, ainsi que la princesse, s'opposent au prince de la même façon que la Lune au Soleil — Le lien de vassalité, comme le lien de l'alliance (matrimoniale), sont du même type et s'opposent au lien de parenté.
[3] Cf. *Polygynie sororale*, p. 59 et suiv. et *Relig. des Chinois*, p. 86-88.
[4] Voir plus haut, p. 272.
[5] Voir plus haut, p. 283.
[6] Voir p. 282, 283 et 407.
[7] Cf. *S. M. T.*, t. I, p. 178.
[8] Cf. *Lu che tch'ouen ts'ieou*, chap. 14, § 2.

ritures exquises qui conviennent à un Roi. Ce dénombrement
des bonnes choses est remarquable par un trait : chacune provient d'un endroit déterminé. Cet endroit est un lieu célèbre,
autant dire un Lieu-Saint, réel ou mythique : lac Tong-t'ing,
marais de Yun-mong, Monts San wei et Pou-tcheou... C'est
à l'aide du *Chan hai king* que l'on commente ce traité de gas-
tronomie royale[1]. Le *Chan hai king* (comme le *Yu kong*) se
rattache au cycle de Yu le Grand aménageant le Monde. Le
Tribut de Yu énumère les lieux célèbres où Yu le Grand fit
des travaux ou des sacrifices : il indique ensuite les tributs
propres à chaque région. Ces tributs sont exigés pour que le
Roi puisse, en célébrant les sacrifices, nourrir convenablement sa substance et celle de ses Dieux[2].

Yi Yin, qui nous est présenté comme le pourvoyeur de la

[1] Inversement les gloses du *Chan hai king* se réfèrent souvent au traité
mis sous le nom de Yi Yin.

[2] Par exemple, les herbes à trois côtes servant à filtrer le vin du sacrifice
devaient être fournies par le pays de Tch'ou, possesseur du marais de Yun-
mong (cf. *S.M.T.*, t. I, p. 123). L'Hégémon de Ts'i (ou plutôt son ministre
Kouan Tchong) reprocha (en 656) au prince de Tch'ou, à titre de *casus belli*,
de ne point les avoir apportées : «les sacrifices royaux sont incomplets». —
Le *Tso tchouan* fait prononcer à Yen tseu, sage conseiller de Tsi (en 521, cf.
trad. Couvreur, t. III, p. 325 et suiv.) un discours sur la nourriture qui est
considérée comme produisant l'harmonie 和. Le type de l'harmonie est le
bouillon où se combinent l'eau, le feu, le vinaigre, la viande hachée et conservée, les sels, les prunes, le poisson cru. La théorie est confirmée par un
passage du *Che king*, : «Il y a aussi des bouillons, ils ont été préparés d'avance
et bien assaisonnés. J'attire mon aïeul par l'odeur des mets, sans avoir recours
aux paroles : il n'y a pas de dispute» (cf. *Che king*, trad. Couvreur, p. 461).
— Noter ce passage : «Il en est des sons comme des saveurs : le souffle qui
est *un*, les *deux* danses (civile ou militaire), les *trois* (sortes de) chants, les
êtres des *quatre* (régions), les *cinq* notes, les *six* tubes musicaux, les *sept*
sons, les *huit* vents, les *neuf* chants (sur les neuf travaux), toutes ces choses,
en s'aidant, obtiennent la perfection». Rapprocher *ibid.*, t. III, p. 380 : «A
l'aide des six animaux domestiques, des cinq animaux d'offrande, des trois
victimes, on présente les cinq saveurs. A l'aide des neuf emblèmes, des six or-
nements et des cinq dessins, on présente les cinq couleurs. A l'aide des *neuf*
chants, des *huit* vents, des *sept* sons, des *six* tubes, on présente les *cinq*

nourriture royale, fut aussi l'organisateur du tribut. Dès que T'ang eut dompté la sécheresse, il fit une inspection des fiefs et fixa les redevances des *Quatre* Régions [1].

« Les anciens souverains faisaient combiner les *cinq sortes de saveurs* et accorder les *cinq sons* afin de pacifier les cœurs et de rendre parfait le gouvernement [2]. »

Yi Yin est l'auteur de l'hymne dynastique des Chang [3]. Il le composa tout juste après le sacrifice qui mit fin à la sécheresse et tout juste avant l'inspection des fiefs.

Yi Yin fut le Héraut du nouveau Roi : « *Il fit l'annonce* (du règne) : les seigneurs alors se soumirent; T'ang monta à la dignité de Fils du Ciel, il pacifia l'intérieur des Mers [4]. »

sons. A l'aide de (la distinction :) seigneurs et vassaux, haut et bas, on prend pour règle la vertu (Yi : Droit) de la Terre (s'opposant au Ciel). A l'aide de (la distinction :) mari et femme, extérieur et intérieur, on détermine les deux essences (*wou*)». — Sur le discours gastronomique de Yi Yin, cf. Houai-nan tseu, chap. 20.

[1] Cf. *Annales*, 25ᵉ année de T'ang. La 24ᵉ année ont été faites les prières pour la pluie. La 25ᵉ année est marquée (dans l'ordre) par *la composition de l'hymne dynastique, la première inspection des fiefs, la fixation du tribut.* La glose s'appuie sur un passage du *Tcheou chou* pour montrer que le tribut fut organisé par Yi Yin. La nature du tribut variait pour les Quatre Régions : il s'agit spécialement du tribut des Quatre Mers de Barbares. — On remarquera que, pendant la sécheresse, T'ang avait *fondu des valeurs* (monnaies? — les gloses entendent des objets précieux) destinées à propitier le Ciel pour arrêter la sécheresse.

[2] Cf. *Tso tchouan*, trad. Couvreur, p. 326.

[3] Les *Annales* (25ᵉ année) nomment cet hymne Ta Po (cf. *Lu che tch'ouen ts'ieou*, chap. 5, S 5 : T'ang donna à Yi Yin l'ordre de composer le Ta Po). La tradition veut que 濩 Po soit l'équivalent de 護 Hou «protéger, secourir» : elle admet que l'Hymne célébrait les mérites de T'ang qui avait secouru son peuple en se dévouant pour faire cesser la sécheresse. Nous verrons plus loin que les descendants de T'ang avaient la propriété d'un chant et d'une danse appelés Sang-lin : T'ang se dévoua à Sang-lin. Les glossateurs des *Annales* admettent l'équivalence de Ta Po et de Sang-lin. La place qu'occupe la composition de l'hymne Ta Po dans les Annales paraît justifier cette idée.

[4] Cf. *S. M. T.*, t. 1, p. 185. 報 annoncer : pour 報政 «annoncer le règne». — Le Chef est toujours passif : le Ministre-conseiller agit et parle pour lui. Le mot Héraut rend exactement le sens de la fonction.

Le rôle du Héraut de la Dynastie nouvelle fut particulièrement important, lorsque T'ang mourut. C'est lui qui assura la transmission du pouvoir. La succession s'établit en ligne agnatique.

L'histoire de cette succession est très obscure[1].

Les *Annales* donnent à T'ang pour successeur Wai-ping qui mourut la deuxième année de son règne. Il fut remplacé par Tchong-jen. Tchong-jen mourut la quatrième année de son règne. Ce fut alors que T'ai-kia monta sur le trône. Sseu-ma Ts'ien indique la même succession : il déclare que Wai-ping était un fils cadet de T'ang et Tchong-jen un cadet de Wai-ping. T'ai-kia était fils de leur frère aîné, T'ai-ting, héritier présomptif de T'ang, qui mourut *avant de prendre le pouvoir*. Sseu-ma Ts'ien prend soin d'ajouter que T'ai-kia était *petit-fils* de T'ang, *issu par primogéniture* 適 孫 [2].

D'après les *Annales* et Sseu-ma Ts'ien, l'héritage de T'ang

---

[1] On pourrait songer à éclairer cette question à l'aide des « *Os du Ho-nan* » : certains portent des noms qui, au dire des épigraphistes chinois, permettraient de reconstituer la liste des Rois de la dynastie Yin. Il ne s'agit ici que d'expliquer les récits divergents des historiens. Les opinions de ceux-ci sont des faits importants. On va voir qu'elles reviennent à illustrer deux conceptions antagonistes du droit successoral.

[2] 適 孫 est l'expression rituelle [cf. *Yi li*, trad. Couvreur, p. 398 (la traduction est un contre-sens complet) et trad. Steele, t. II, p. 18 (*r* et *s*) où la version est exacte]. *S.M.T.* (t. I, p. 188), pour insister sur la valeur de l'expression, écrit 適 長 孫 le petit-fils aîné issu de la branche aînée [la note de M. Chavannes (n. 1, p. 188) est erronée. Le mot 適, dans la nomenclature de parenté, s'oppose au mot 庶 de deux manières : il désigne les fils d'une femme principale (qui est théoriquement *l'aînée*) et *les aînés*. Le fils aîné est, en effet, *le fils aîné né de la femme aînée* (et non pas légitime). Cette valeur spéciale de 適 mérite d'être notée : elle implique que *l'ainesse de la mère est, autant que l'ainesse du père, constitutive du statut d'aîné*]. L'expression « petit-fils aîné » [qui s'oppose à l'expression 庶 孫 « petits-fils ordinaires » (le deuil porté par le grand-père est plus fort pour le premier que pour les autres; de même le deuil porté par le père est plus fort pour le fils aîné 長 子 que pour les autres fils)] désigne le petit-fils dont le père est l'aîné des fils de l'épouse la plus haute en dignité (= aînée, dans le système polygy-

recueilli d'abord par ses différents fils, serait revenu, *quand fut épuisée la première génération*, au représentant de la branche aînée dans la génération suivante. Pendant la période *Tch'ouen ts'ieou*, le principe de la succession fraternelle entrait encore en concurrence avec le privilège du majorat. On voit affirmer (en 662) que : «le fils succède au père mort, puis le cadet au frère aîné : voilà ce qui s'est toujours passé à Lou»[1]. En 489, le *roi* Tchao de Tch'ou, sur le point de mourir, *céda le pouvoir* à ses divers frères cadets, en suivant l'ordre de leur naissance : seul, le *dernier* accepta. Mais ce prince (et tel était apparemment le but de la cession faite *in extremis*) s'empressa de placer sur le trône le fils du *roi* Tchao [2].

L'arrangement de faits adopté par Sseu-ma Ts'ien quand il raconte la succession de T'ang est caractéristique d'une organisation de la famille fondée sur l'indivision, mais où tendent à apparaître le principe de la succession par lignée et le privilège de l'aînesse.

La tradition historique s'est refusée à accepter l'arrangement de Sseu-ma Ts'ien. Elle suit la préface du *Chou king* : celle-ci considère que T'ai-kia fut le successeur immédiat de T'ang. Wai-ping et Tchong-jen moururent, non pas après deux et quatre ans de règne, mais *avant de prendre le pouvoir* et âgés de deux et de quatre ans [3].

---

nique) et qui est lui-même l'aîné des petits-fils nés de l'épouse la plus haute en dignité (= aînée) de ce fils aîné.

[1] Cf. *S.M.T.*, t. IV, p. 112.

[2] Cf. *S.M.T.*, t. IV, p. 380. Cf. *Li ki*, trad. Couvreur, t. I, p. 107 : une discussion où Confucius décide que le petit-fils (aîné, c'est-à-dire : fils aîné du fils aîné, qui meurt) doit être préféré à son oncle, frère cadet du défunt. — La tradition historique (cf. *S.M.T.*, t. I, p. 193) veut que le privilège de l'aîné, déjà établi, ait été abandonné, pour un temps, sous la dynastie des Yin et remplacé par le principe de la succession fraternelle.

[3] Voir sur ce point l'*Introduction* de M. Chavannes *S.M.T.*, t. I, p. cxcii, et la note 6 de *S.M.T.*, t. I, p. 187.

En fait, il est difficile de comprendre les traditions relatives
au début du règne de T'ai-kia, si on ne le considère pas
comme le successeur immédiat et le fils de T'ang le Victorieux.

Sseu-ma Ts'ien écrit : «Le Souverain T'ai-kia, une fois
monté au pouvoir, *pendant trois ans* n'eut point (de Vertu) qui
illuminât (l'Empire); violent et cruel, il ne suivit pas la loi
de T'ang et il eut une Vertu de Désordre 亂 德. Yi Yin, en
conséquence, *l'expulsa* 放 dans le palais de T'ong 桐 宮 (T'ong-
kong). *Pendant trois ans,* Yi Yin géra le gouvernement 攝 行
政. Il gouverna l'État et reçut l'hommage des seigneurs. Le
Souverain T'ai-kia résida dans le palais de T'ong. *Pendant trois
ans,* il se repentit de ses fautes, *s'accusa lui-même* et revint au
bien. Yi Yin, en conséquence, ALLA À LA RENCONTRE du Souverain T'ai-kia et lui remit le gouvernement. Le Souverain T'ai-
kia *s'entraîna à la Vertu* 脩 德. Les seigneurs unanimement se
réfugièrent auprès des Yin. » Sseu-ma Ts'ien ajoute que Yi Yin
écrivit à la louange de T'ai-kia un opuscule en trois sections :
c'est le seul événement du règne. T'ai-kia mourut. Son fils
régna. C'est pendant ce dernier règne que (paraît-il) mourut
Yi Yin [1].

La tradition chinoise affirme que T'ong-kong est le nom du

----

[1] Cf. *S.M.T.,* t. I, p. 188. M. Chavannes (cf. *ibid.,* n. 3) a hésité sur le
sens des deux premières expressions : *trois ans* (= *pendant trois ans,* ou la
3ᵉ année), il traduit (texte) : «T'ai-kia *après trois années de règne,... la troisième année,* Yi Yin...», tout en indiquant (note) que le sens (que je suis ici)
«pendant trois ans» est conforme à la tradition chinoise. Lui-même traduit (texte)
la troisième expression : *trois ans,* par «pendant trois ans». Pas plus que les interprètes chinois, je ne vois pas en quoi traduire partout par : *pendant trois ans*
est «ne pas suivre d'assez près le texte». Il est évident que les trois expressions : *trois ans* se correspondent et ont toujours la même valeur. — On remarquera que *S.M.T.* appelle *Souverains* les *Rois* Yin. — L'expression : *s'entraîner
à la Vertu* ou *entraîner sa Vertu* est employée à propos de Houang-ti, gérant de
l'Empire, qui se prépare à combattre une Vertu de désordre, cf. p. 260. Noter
l'expression : «aller à la rencontre», cf. p. 413 et suiv.

lieu où fut enterré T'ang le Victorieux[1]. Le deuil dure trois ans. T'ai-kia fit une retraite de trois ans dans le palais de T'ong (T'ong-kong). Yi Yin gouverna trois ans l'Empire. Il n'est pas douteux qu'il s'agit là d'un interrègne correspondant au temps de deuil.

Le deuil habilite à la succession. T'ai-kia, au bout de trois ans, prit le pouvoir.

Les *Annales sur bambou,* en signalant l'avènement de T'ai-kia, indiquent que (comme Wai-ping et Tchong-jen) il nomma Yi Yin ministre. Elles ajoutent : « Yi Yin *expulsa* 放 T'ai-kia à T'ong 桐 [2] et *s'établit lui-même* (comme souverain). La 7ᵉ année, T'ai-kia s'évada en cachette de T'ong et *tua* Yi Yin. *Le Ciel (produisit) un grand brouillard qui dura* TROIS *jours :* alors (T'ai-kia) établit les fils (de Yi Yin), Yi Tche et Yi Fen. Il ordonna qu'ils rentrassent dans l'héritage de leur père et le leur partagea [3]. »

Inutile de dire que ce passage est considéré comme une interpolation frauduleuse. « Yi Yin expulsa T'ai-kia, puis fut son ministre : jusqu'à sa mort, (T'ai-kia) ne lui manifesta aucun ressentiment [4]. » Telle est la version orthodoxe. On a déjà appris que Yi Yin, au lieu d'usurper, écrivit *un ouvrage* à la gloire du Roi. Ainsi fit plus tard le duc de Tcheou, ou, plutôt, il écrivit plusieurs ouvrages.

[1] *K'ong Ngan-kouo* écrit : « lieu de sépulture de T'ang ».

[2] Noter : T'ong (Paulownia) et non pas T'ong-kong : palais (ou temple, ou maison) du Paulownia.

[3] *S.M.T.* (t. I, p. 190) nomme Yi Tche : il fut ministre de T'ai-meou, 5ᵉ successeur de T'ai-kia. K'ong Ngan-kouo le considère comme étant le fils de Yi Yin. Fait remarquable : T'ai-meou (*S.M.T.*, t. I, p. 191) voulut présenter Yi Tche dans le temple ancestral comme on fait pour un ministre successeur. *Yi Tche esquiva cet honneur périlleux.* Le brouillard à l'aide duquel le Ciel manifeste la vertu de Yi Yin est le pendant de l'orage du duc de Tcheou. Voir *Louen heng,* trad. Forke, t. II, p. 21 et suiv., la discussion de Wang Tch'ong à propos de ce miracle. *3 jours* font pendant aux *3 ans* d'épreuve.

[4] Cf. *Tso tchouan,* trad. Couvreur, t. II, p. 368.

Les traditions contradictoires relatives à la succession du Fondateur des Chang, à condition de les prendre, non pour des faits historiques, mais pour des thèmes, légendaires ou rituels, suggèrent certains rapprochements.

A la mort de Yi Yin, comme à la mort du duc de Tcheou, le Ciel fait apparaître des prodiges. Le Roi, quand la Nature a manifesté la Vertu du Ministre, se repent et comble de bienfaits les descendants de celui-ci. Une version place l'orage d'apothéose déchaîné par le duc de Tcheou à la fin de la deuxième année du Roi Tch'eng : la troisième année, a lieu l'exécution des oncles rebelles. Le Roi Tch'eng *va à la rencontre* du duc de Tcheou à l'occasion des deux orages. *Inversement*, Yi Yin, la troisième année de T'ai-kia, *va à la rencontre* du Roi quand celui-ci sort du palais de T'ong. T'ai-kia, dès qu'il sort de T'ong-kong, exécute Yi Yin rebelle. Le duc de Tcheou, calomnié, s'il n'est point exécuté, est banni.

Le Fondateur des Hia, Yu le Grand, «avait cédé 讓 (*jàng*) l'Empire à (son ministre) (Po-)Yi : quand le *deuil de trois ans fut terminé*, Yi céda le pouvoir à K'i, fils de Yu (ce fut la première succession de père à fils). Yi s'écarta 辟 (避) (devant K'i)[1] et s'établit au sud de la Montagne Ki... Les seigneurs quittèrent tous Yi et vinrent rendre hommage à K'i». Jadis, Yu le Grand, ministre de Chouen, à la mort de celui-ci, «*quand le deuil de trois ans fut terminé*, s'était excusé et écarté[2] 避 devant le fils de Chouen, Chang-kiun, à Yang-tch'eng. Les

---

[1] Ou «fut écarté (par K'i) et établi à....». Cf. *S.M.T.*, t. I, p. 163.

[2] Ou «avait écarté le fils...». Cf. *S.M.T.*, t. I, p. 162. C'est un fait particulièrement remarquable qu'une tradition hétérodoxe veut que Yi présenté au Ciel par Yu le Grand et qui s'est écarté devant K'i, fils de Yu, ait été tué par lui [cette version semble être celle que donnaient les *Annales, avant que la critique orthodoxe ne les purifiât* (cf. *S.M.T.*, t. V, p. 451, 455 et n. 4 de p. 450]. Fait au moins aussi remarquable : la principale raison de révoquer en doute cette assertion est que K'i ordonna des sacrifices en l'honneur de Yi. — Le parallélisme avec l'histoire de Yi Yin est frappant.

seigneurs de l'Empire quittèrent tous Chang-kiun et vinrent rendre hommage à Yu ». Chouen, de son côté, « après la mort de Yao, *quand le deuil de trois ans fut fini*, céda l'Empire (*jàng*) et s'écarta devant 讓辟 Tan-tchou, fils de Yao, au sud de Nan-ho. Les seigneurs qui venaient rendre hommage n'allèrent pas auprès de Tan-tchou, mais auprès de Chouen[1] ». On a vu qu'il serait plus naturel de traduire : « Chouen fit le rite de céder l'Empire (*jàng*) et écarta Tan-tchou. » — Tan-tchou fut expulsé 放 (comme T'ai-kia : T'ai-kia fut expulsé dans le lieu de sépulture de T'ang). D'autre part, Tan-tchou passe pour avoir été tué (tout comme Yi Yin)[2]. Tan-tchou, enfin, représenta, dit-on, le Ciel (dans le sacrifice que Chouen célébra dans LA BANLIEUE).

Le Deuil est un interrègne pendant lequel le fils et le ministre du Chef défunt *entraînent leurs Vertus* et joutent de prestige. Celui qui l'emporte en Vertu et qui est capable de céder pour avoir 讓 (*jàng*), reçoit les hommages et succède. Le vaincu est (*jàng* 攘) éliminé. Il paye sa défaite de l'exil ou de la mort. Mais l'exil n'est-il pas ici, comme dans le cas des Monstres bannis, une façon de nommer la mort? On peut supposer que le sacrifice par lequel étaient levés les interdits exigés par le deuil d'un Souverain, réclamait une victime illustre. Les hésitations des textes sont significatives. Le Ministre semble l'emporter sur le fils dans les temps les plus anciens. Le fils l'emporte sur le Ministre quand on approche de la période où règne le droit agnatique.

Le Ministre a une Vertu qui diffère de celle du Souverain.

[1] Cf. *S.M.T.*, t. I, p. 70.

[2] Voir plus haut, p. 415. Rapprocher du thème de l'élimination (jàng) (du ministre ou) du fils, la légende du Mauvais Archer. Les fils se sont refusé à purger l'impureté funéraire par l'endocannibalisme. N'accomplissant pas les pratiques du deuil, ils ne se qualifient point à la succession. Ils sont tués (cf. plus haut, p. 164). Sur la valeur de 辟 ou 避, *écarter*, voir p. 213, n. 2.

Le fils a une Vertu qui s'oppose à celle du père. L'organisation
dualiste de la famille correspond à l'organisation dualiste de la
société. Mais le fils ne peut s'opposer au père et la succession
de l'un à l'autre ne peut sembler difficile que si la filiation a
d'abord été utérine [1]. Ne faut-il pas admettre que l'interrègne
sert à opérer cette succession? On comprend alors pourquoi le
Ministre, quand il est, comme Yi Yin, un Héraut dynastique,
doit être sacrifié pour que le deuil soit terminé et l'héritage
transmis.

COMMENT NAÎT LE HÉRAUT.

La Vertu du fils et celle du père, la Vertu du Ministre et
celle du Souverain s'opposent et forment un couple.

T'ang le Victorieux fut enterré à *T'ong-kong* (palais du paulownia) ou à *T'ong* (paulownia). Parmi ses descendants figure
une famille K'ong-t'ong 空桐 [2] (*Paulownia creux*). Yi Yin, suivant de la femme de T'ang, princesse de Sin, est considéré
comme un enfant adopté par les princes de Sin : il était né de
K'ong-sang 空桑, c'est-à-dire du *Mûrier Creux*.

«Une fille de la famille de Sin, qui cueillait des feuilles de
mûrier, trouva un petit enfant au milieu de K'ong-sang. Elle
l'offrit à son prince; le prince ordonna au cuisinier de l'élever.
On examina ce qu'il en était et l'on dit : sa mère habitait sur
la rivière *Yi;* étant enceinte, elle rêva qu'un dieu (*chen*) lui
donnait cet avertissement: «Quand d'un mortier sortira de l'eau,
«marche vers l'Est et ne tourne point la tête pour regarder.»
Le lendemain, elle vit un mortier d'où sortait de l'eau, elle
avertit ses voisins et marcha vers l'Est pendant dix *li,* puis

---

[1] L'organisation de la famille chinoise ne se comprend qu'à l'aide de cette
hypothèse : elle a pour elle de nombreux faits convergents. Cf. p. 13 et suiv.

[2] Cf. *S.M.T.,* t. I, p. 208.

elle tourna la tête pour regarder : son pays tout entier était devenu de l'eau. Elle-même, en conséquence, devint K'ong-sang (le Mûrier Creux). — C'est pourquoi l'on appela 俞 (l'enfant) *Yi* Yin (Yin signifie «chef»; *Yi* est le nom de la rivière près de laquelle habitait la mère), ceci parce que K'ong-sang était la cause de la naissance de Yi Yin[1]. »

La naissance miraculeuse de Yi Yin est célèbre. Elle est parfois évoquée par une formule brève. Lie-tseu, par exemple, ainsi que le *Po wou tche*, se bornent à dire que Yi Yin naquit de K'ong-sang. Tous deux rapprochent le prodige de celui qui fit naître du pas d'un géant, Heou-tsi, Grand Ancêtre de la famille Tcheou[2]. Wang Tch'ong supprime au contraire l'histoire du Mûrier Creux. L'essentiel du miracle est alors le songe grâce auquel la mère du héros peut s'enfuir et sauver des eaux son fils. Aussi Wang Tch'ong arrête-t-il l'histoire avant la métamorphose. L'interdiction de regarder en arrière pendant la fuite est un thème qu'il n'a pas compris. [Au lieu d'écrire : *ne tourne point la tête pour regarder* 毋 顧, il écrit les mots : 毋 顧 *la mère tourna la tête pour regarder*, formule qui n'a de sens qu'une ligne plus loin[3].]

Les glossateurs du *T'ien wen* font dire au génie vu en songe

—————

[1] Cf. *Lu che tch'ouen ts'ieou*, chap. 14, § 2. L'anecdote est contée à peu près dans les mêmes termes, sinon dans le même ordre, par le commentateur de Lie tseu, chap. 1, et par les glossateurs du *T'ien wen*. Wang Tch'ong, chap. 9 du *Louen heng* (trad. Forke, t. I, p. 175) donne un récit analogue, gâté par une erreur de graphie. — Le *Commentaire du Chouei king*, chap. 15, reproduit, à des détails près, la version de Lu Pou-wei, mais sans marquer l'interdiction de tourner la tête en arrière.

[2] Cf. Lie tseu, chap. 1, trad. Wieger, p. 73, et *Po wou tche*, chap. 9, texte identique : 后稷生乎巨跡伊尹生乎空桑. Sur Heou-tsi, voir *Dépôt de l'Enfant sur le Sol*, *Rev. Arch.*, 1921, p. 335.

[3] *Louen heng*, chap. 9. M. Forke (t. I, p. 175-176) a traduit : «The mother took note of this», sans remarquer que la formule revient une ligne après (où il la traduit : «she looked back»). La confusion entre 毋 (ne pas) et 母 (mère) a été d'autant plus facile à faire que le mot 顧 *regarder* suit chacun de ces caractères. Mais il est remarquable que Wang Tch'ong ait supprimé la méta-

qu'il conviendra de partir, non pas quand l'eau sortira du mortier, mais quand *le mortier et le fourneau produiront des grenouilles* 臼竈生鼃. — *Le mortier et le fourneau ont produit des grenouilles* dans une circonstance historique célèbre. Tche, Han et Wei, assiégèrent, en 453 av. J.-C., Tsin-yang, ville de Tchao. Ils amenèrent l'eau de la rivière Fen pour inonder les remparts. L'eau arriva presque au sommet des murailles. Alors, disent les *Discours des royaumes combattants : « les mortiers et les fourneaux produisirent des grenouilles,* les hommes et les chevaux s'entre-dévorèrent [1] ». Sseu-ma Ts'ien écrit, à propos du même événement : « *On suspendait en l'air les marmites* 釜 pour faire la cuisine; *on échangeait les enfants pour les manger* [2]. »

Dans le chapitre que Tong Tchong-chou a consacré aux procédés qu'on doit employer pour obtenir la pluie aux différentes saisons, il est dit que l'on doit toujours utiliser des grenouilles (ou des crapauds) 蝦蟇. Mais, en été (c'est en été que dans les rituels classiques a lieu *le grand sacrifice pour demander la pluie*), il faut encore *exposer au soleil des marmites* 釜 sur le tertre qu'on a élevé pour la cérémonie et, dans les rues, *exposer des mortiers et des pilons* 臼杵. — Tong Tchong-chou conseille, en outre, à qui veut arrêter la pluie d'interdire aux femmes l'accès des marchés [3].

morphose qui est le résultat de la violation de l'interdit. L'erreur s'est produite parce qu'il ne sentait pas le rapport liant les deux termes et qu'il a supprimé l'un d'eux.

[1] Premier discours de *Tchao,* chap. 18. Les chevaux s'entre-dévorèrent : voir p. 153.

[2] Cf. *S.M.T.,* t. V, p. 49. Il est assez curieux de noter qu'un thème analogue apparaît dans l'histoire *des princes de Song* sous le règne d'un duc dont le nom était : « Pilon-mortier », cf. *S.M.T.,* t. IV, p. 243. Ce nom a été aussi porté pendant la période *Tch'ouen ts'ieou* par un prince de Ts'i (cf. *ibid.,* p. 72), le duc King, à qui T'ang et Yi Yin apparurent et par un prince de Tch'en (cf. *ibid.,* p. 173). — La constellation Pilon-Mortier (cf. *S.M.T.,* t. III, p. 355, et *Sing king*) permet des pronostics relatifs à la disette et à l'abondance.

[3] *Tch'ouen ts'ieou hi lou* (chap. 16). On remarquera que le génie de l'été

La mère de Yi Yin viola la défense de se tourner en arrière et de regarder. Elle devint la victime d'une inondation, mais son fils fut sauvé des eaux : sans doute, le mortier d'où sortait l'eau ou les grenouilles, était-il employé dans une cérémonie purement masculine.

Dans la principauté de Lou, au temps de Confucius, les rites destinés à obtenir la pluie étaient faits uniquement par des hommes qui dansaient une danse où ils imitaient les mouvements d'un dragon [1]. Les fêtes printanières de la pluie comportaient dans d'autres seigneuries des danses sexuelles [2] : on y employait des sorciers et des sor-

est, d'après Tong Tchong-chou, *Tch'e-yeou*, lequel a attaqué K'ong-sang, le Mûrier Creux, et qui a été vaincu par la Sécheresse. — Le terme qui est employé pour dire «exposer au soleil» marmites et mortiers est le même que celui que Tong Tchong-chou utilise pour dire «exposer au soleil 暴 une sorcière (ou un sorcier)» : ceci sert aussi à obtenir la pluie. Le même mot est employé par le *Li ki* (trad. Couvreur, t. I, p. 261) à propos d'un prince de Lou qui veut exposer au soleil soit un être décharné, soit une sorcière. Le *Tso tchouan* (trad. Couvreur, t. I, p. 327) racontant une histoire analogue écrit 焚 *brûler.* — D'après Tong Tchong tchou, pour obtenir la pluie, on brûlait des porcs et des coqs de trois ans : on grillait aussi, au bruit des tambours, la queue de deux vieux verrats. (Voir p. 315, n. 3, l'indication que les porcs au groin retroussé ne pouvaient être sacrifiés et celle que le nez des personnes émaciées [sorcières] étant tourné en haut, le Ciel ne veut pas faire pleuvoir de peur de les blesser.)

[1] Voir *Fêtes et Chansons*, p. 157 et suiv. Si l'interprétation de la fête donnée par Wang Tch'ong (*ibid.*, p. 159) est exacte, comme j'ai tendance à le croire, la danse du dragon faite pour obtenir la pluie, est un usage ancien : il est antérieur à Tong Tchong-chou qui passe pour l'inventeur de l'emploi des dragons dans les cérémonies de la pluie (cf. p. 361, n. 3, l'indication d'effigies du dragon Ying, utilisées pour faire pleuvoir). Il est clair, au reste, que dans son chapitre sur la pluie, Tong Tchong-chou n'a fait que présenter de façon systématique un assez grand nombre d'usages : il a coordonné le Folk-lore.

[2] Cf. *Fêtes et Chansons*, p. 160 et suiv. Les rites pour obtenir la pluie ne se distinguent pas des rites pour obtenir des enfants. Ce fait peut aider à comprendre la légende de la naissance de Yi Yin : mais l'originalité de cette dernière est dans l'interdiction faite à la mère de regarder le spectacle.

cières [1]. Elles avaient lieu sur un tertre 丘 K'ieōu (ou 邱 K'ieōu) [2].

Les étymologistes retrouvent dans le caractère 巫 *wou* « sorcières », l'image de deux personnes qui dansent. On voit aussi deux personnes qui se tournent le dos dans le caractère 丘 *k'ieōu* « tertre »; il désigne, dans son sens précis, une éminence carrée s'abaissant sur son milieu [3]. — Le mot *kieōu* (ou *k'ieōu*), qui signifie « mortier » se dit d'un instrument fabriqué en pierre ou en bois. La tradition veut que les premiers mortiers aient été faits en creusant tout simplement un trou dans le sol [4].

On sait que Confucius reçut le nom de K'ieou 丘 (tertre) comme nom personnel. Le nom personnel exprime la nature profonde d'un être. Confucius avait le crâne relevé sur les bords et creusé au centre. Sa mère, en effet, avait obtenu sa naissance en faisant un sacrifice sur le *tertre Ni* (*Ni k'ieou* 尼 丘). Le mot *ni* 岠 a pour sens : « tertre à sommet renversé »

[1] Cf. *Fêtes et Chansons*, p. 161-162,

[2] Cf. *ibid.*, Fêtes du tertre Yuan, p. 161.

[3] Cf. *S.M.T.*, t. V, p. 160, n. 1.

[4] Cette tradition se trouve au *Yi king*, app. *Hi ts'eu*. — Houai-nan tseu, chap. 13, signale des sacrifices au Mortier et au Pilon (ainsi qu'au Balai et au Van) en même temps qu'au Puits, au Foyer, aux Portes intérieures et extérieures (qui sont des Dieux lares). — Le *Lu che tchou'en ts'ieou* (chap. 17, § 4) attribue l'invention du Mortier à un personnage nommé 赤 翼 Tch'e Yi « Ailes rouges ». — Fei-lien, personnage ailé, dieu du vent desséchant (cf. p. 366, n. 2) est présenté par *S.M.T.*, t. II, p. 4, comme ayant trouvé et reçu du Ciel un coffre de pierre (sarcophage ?) sur le *Houo t'ai chan*, mont qui produit la sécheresse *et où une source jaillissait quand battaient les* TAMBOURS, cf. p. 366, n. 2. Mei ti (chap. 11) attribue à Fei-lien la fonte de chaudières. — La différence est faible entre les chaudières et les mortiers; on préparait les repas tout aussi bien dans les mortiers que dans les marmites. Un proverbe : rêver qu'on fait le repas dans le mortier (et non dans la marmite (fou) présage la mort de la femme (fou). — Le rapprochement entre les mots 丘 (tertre au sommet concave) et 臼 (mortier creusé à même le sol) suggère l'idée d'une ancienne utilisation de pierres à cupules. — Le mot 滔 *tao* qui signifie : « Eaux Débordées », est composé avec la clef de l'eau et un ensemble où l'on reconnaît une main sur un mortier.

où de l'eau peut s'amasser. *Ni k'ieou* 屁 (泥) 邱 indique un lieu où l'eau s'arrête et s'amasse. — Confucius fut appelé Ni 尼 le cadet (Tchong-ni). — Il avait pour nom de famille 孔 *K'ong*. *K'ong* signifie « trou » [1] : c'est un équivalent des mots 穴 « caverne » et 空 *K'ong* « creux ».

D'après le *Kouo ti che*, le lieu où fut conçu Confucius porta le nom de Colline de la Vierge 女陵 et celui de 空竇 K'ong-teou (caverne), *le nom ancien aurait été* 空桑 K'ONG-SANG : *Mûrier creux* [2]. La mère de Confucius le conçut (ou l'enfanta) au lieu de K'ONG-SANG 生孔子于空桑之地. Le *Chan hai king* caractérise cette montagne de K'ONG-SANG au moyen d'un bœuf tigré, le Ling-ling, dont l'apparition annonce à l'Empire de grandes eaux [3].

Confucius et Yi Yin sont deux grands Saints; l'un aida à fonder une dynastie; l'autre eût mérité pareille réussite. Il est

[1] Voir sur tout ceci *S.M.T.*, t. V, p. 288-290 et les notes. — Le frère aîné de Confucius, né d'une autre mère, s'appelait Ni l'aîné. L'équivalence de 孔 K'ong « trou » et 空 K'ong « creux » est constante. *Particulièrement remarquable est l'emploi de* 丘 *k'ieou « tertre creux » pour* 空 *k'ong « creux »* (voir p. 436). — Il y a un lien intime entre tous les noms portés par Confucius : nom personnel et appellation sont apparentés au nom de famille.

[2] Cf. *S.M.T.*, t. V, p. 289. M. Chavannes n'a pas recueilli la glose importante tirée du *Kouo ti che* : elle éclaire toute l'histoire de la naissance du Sage en avérant sa parenté avec celle de la naissance de Yi Yin. Le même récit est utilisé par les annotateurs du *Chan hai king* (chap. 4) à propos du Mont K'ong-sang, placé dans l'Est, non loin du T'ai chan. Ils écrivent non pas 空竇 K'ong-teou (caverne) mais 孔竇 K'ong-teou : ce qui peut signifier simplement caverne ou bien caverne de Confucius (ou de la famille K'ong).

[3] Cf. *Chan hai king*, chap. 4. La glose affirme que *c'est de cette montagne qu'étaient tirées les guitares dites de K'ong-sang (du Mûrier Creux)*, dont il sera question p. 438. — Ce mont K'ong-sang est situé dans l'État de Lou : il est identifié avec la résidence de Chao-hao dont le nom s'écrit d'ordinaire K'iong-sang 窮桑. — Le *Chan hai king* (chap. 3) signale dans le Nord un autre Mont K'ong-sang, montagne sans végétation, neigeuse l'été comme l'hiver et d'où sort la rivière K'ong-sang. On remarquera cet aspect polaire de K'ong-sang : nous verrons que K'ong-t'ong (le paulownia creux) dont la liaison

normal que l'on trouve dans l'histoire de leur naissance des traits qui les apparentent.

Un fait est remarquable : Yi Yin, né de K'ong-sang, prit son nom de la rivière près de laquelle sa mère séjournait pendant sa grossesse; Confucius, que sa mère conçut à K'ong-sang, tire son nom personnel et son appellation du lieu où sa mère sacrifia afin d'avoir un fils. Son nom de famille lui-même (*K'ong : trou*) est en rapport avec ce lieu (*K'ong*-sang : « mûrier creux »). Yi Yin est le Ministre de T'ang, fondateur des Chang; Confucius descend de T'ang et son nom de famille (K'ong 孔) passe pour dériver du nom de famille des Chang 子 (Tseu)[1].

Un rameau de la famille Chang s'appelait K'ong-t'ong (*Paulownia* creux)[2]. K'ong-sang (le *Mûrier Creux*) présida à la naissance de Yi Yin qui aida à fonder la dynastie Chang, tout comme il présida à celle de Confucius, rejeton de cette dynastie. T'ang a été enterré dans un lieu nommé : T'ong, paulownia. Sur le mont Ni-k'ieou (= K'ong-sang) où alla prier la mère de Confucius, se trouvait le temple de la famille K'ong 孔.

K'ong-sang et K'ong-t'ong apparaissent comme des Centres ancestraux conjugués.

avec K'ong-sang n'est pas douteuse, est placé par le *Eul-ya* à l'Extrême-Nord.

[1] K'ong 孔 se décompose en 乙 qui signifie « hirondelle » et 子 *tseu* (enfant et œuf). Tseu est le nom des Chang, dont l'Ancêtre est né d'un œuf d'hirondelle (cf. *Fêtes et Chansons*, p. 168 et 200). On remarquera que la naissance de l'Ancêtre des Chang s'explique par les rites des fêtes printanières dont on concevait qu'elles étaient destinées à obtenir la pluie et des enfants. Ces fêtes qui avaient lieu au moment du passage des oiseaux migrateurs et au temps du retour des hirondelles, se tenaient sur des tertres. Il n'y a pas antinomie entre l'explication qui rapproche *K'ong* de trou et celle qui le rapproche d'hirondelle.

[2] Voir p. 428, n. 2. On verra plus loin que K'ong-t'ong est un lieu du pays de Song où régnèrent les descendants de T'ang. T'ang fut enseveli à T'ong [ou T'ong-kong (palais du paulownia)]. — Le P. Couvreur signale, dans son Dictionnaire, au mot 桑 (mûrier), une tradition (je n'ai pas retrouvé le texte

LES ARBRES CREUX,

DEMEURES SOLAIRES ET TAMBOURS ROYAUX.

La dynastie des Chang régnait en vertu de l'Eau. Yi Yin et Confucius eurent, dit-on, le teint sombre, couleur de l'eau. L'animal caractéristique du mont K'ong-sang présage de grandes eaux. Yi Yin, trouvé dans un *Mûrier creux*, fut sauvé des Eaux sorties d'un mortier.

Le Mûrier creux (K'ong-sang) est l'Arbre de l'Est, le *Fou-sang* 扶桑, le Mûrier où monte le Soleil Levant [1]. Il figure dans deux histoires où on le voit menacé par les Eaux que les Vents soulèvent. Le *Mûrier creux* fut attaqué par Tch'e-yeou qui, comme le Comte du Vent, devait périr sur le Tertre Vert et qui ne fut vaincu que par la Sécheresse. De même Kong-kong,

sur lequel il doit s'appuyer) d'après laquelle *Yi Yin, né à K'ong-sang* (dans le Ho-nan), *y aurait été enterré.*

[1] Fou-sang est le nom le plus courant de l'Arbre du Levant. Houai-nan tseu (chap. 4) écrit Fou-mou 扶木, de même le *Chan hai king* (chap. 14), et dit que c'est l'arbre (mou) où le soleil éclaire 腓 (fei = 照.) Le *Chan hai king* (chap. 9) écrit Fou-sang 扶桑, de même que Houai-nan tseu, chap. 3. Le Soleil sort du Val du Levant, se lave dans l'étang Hien-tch'e, *fou* 拂 (mot à mot : effleure ou quitte : le mot est pris ici, dit la glose, dans le sens de «passer en montant» par) Fou-sang (Houai-nan tseu écrit, quelques mots plus loin : monte 登 sur Fou-sang). — Lu Pou-wei (chap. 22, § 5) écrit 榑 木 Fou-mou et le *Chouo wen* 榑桑 Fou-sang. — [On notera que le *Chan hai king*, chap. 8, après avoir raconté la joute de K'oua-fou (vent desséchant) et du Soleil et signalé la métamorphose de K'oua-fou en forêt, note l'existence de deux arbres dont l'un a un nom qui est 榑父 Po-fou : *fou* est repris au nom de K'oua-*fou* et est un simple titre honorifique ; *po* s'écrit comme le *fou* de Fou-sang, Fou-mou dans Lu Pou-wei et le *Chouo-wen*, avec un simple changement de clé et signifie *vaste.*] — Le *Kouei tsang* (cf. *Chan hai king*, chap. 15) écrit K'ong-sang (Mûrier creux) et en fait la demeure azurée de Hi-ho (la mère ou le conducteur du Soleil). On remarquera que le *Kouei tsang qui a conservé les données mythiques relatives à Hi-ho et à K'ong-sang passe pour être le livre divinatoire particulier au pays de Song.*

qui est l'un des Huit Vents, excita les eaux pour attaquer K'ONG-SANG [1]. *Tch'e-yeou et Kong-kong sont les Rivaux (et les Ministres) du Souverain.*

Le *Mûrier creux* est la demeure du Soleil ou plutôt des Dix Soleils et de leur Mère, dont le mari est un Souverain 帝 [2].

Il est aussi une résidence royale. Houang-ti, le premier des Cinq Souverains partit de K'ONG-SANG (écrit K'iông-sang 窮桑) pour s'élever à la place souveraine [3]. Tchouan-hiu, *son successeur (par un chemin inverse)* naquit sur la Rivière *Jo* (où son père Tch'ang-yi était allé s'établir et où se trouve l'Arbre *Jo*, qui est l'arbre du Couchant). Il résida à K'ONG-SANG. [Tchouan-hiu régna par la Vertu de l'Eau et devint le Génie Souverain du Nord] [4]. CHAO-HAO (Souverain qui ne figure pas dans la liste des Cinq), non seulement résida à K'ONG-SANG (= K'iong-sang), mais en *porta le nom* [5]. Selon le *Che yi ki*, sa mère le mit au monde après avoir rencontré un adolescent divin qui était fils du Souverain Blanc. La rencontre eut lieu à K'ONG-SANG, sur les bords de la Mer Occidentale, dans un endroit où poussait *un Mûrier solitaire*. Les amants y chantèrent en s'accompagnant d'une GUITARE. *Leur enfant porta le nom de* K'ONG-SANG (*Mûrier* CREUX) *ou de* SANG-K'IEOU 桑丘 (TERTRE *du*

---

[1] Cf. p. 359 et suiv.

[2] Cf. *Chan hai king*, chap. 15. Le mari de Hi-ho est le Souverain (Ti) 俊 Tsiun. Tsiun est aussi le mari de la mère des Douze Lunes (cf. *ibid.*, chap. 16). Tsiun figure fréquemment dans les derniers livres (14-18) du *Chan hai king*. Tsiun signifie «éminent» : écrit avec la clef du soleil, il signifie «jour, clarté». Se reporter p. 253, n. 2.

[3] Cf. *Ti wang che ki*. (Nous avons vu que K'iông-sang est identifié au K'ong-sang du pays de Lou). 自窮桑登位.

[4] Cf. *Lu che tch'ouen ts'ieou*, chap. 5, § 5. La marche inverse de Tchouan-hiu est un fait remarquable. Rappr. *Commentaire du Chouei king*, chap. 26.

[5] Cf. *Tso tchouan*, trad. Couvreur, t. III, p. 454. La tradition (cf. gloses au chapitre 1er des *Annales* et gloses du *Chan hai king*, chap. 4 : mont K'ong-sang) identifient le K'iong-sang habité par Chao-hao avec le K'ong-sang du pays de Lou.

Mûrier) [1]. Le domaine de CHAO-HAO, dit le *Chan hai King* [2], est le grand abîme qui se trouve dans la mer orientale. A la suite d'un fait obscur qui met CHAO-HAO en présence de Tchouan-hiu, une GUITARE fut jetée dans l'Abîme du Levant. L'Eau qui remplit le gouffre sort de la Montagne Douce. Elle forme le Gouffre Doux [3]. La Mère des Soleils *lave* ses enfants dans le Gouffre Doux [4]. Le gouffre des Eaux Douces s'appelle encore le Val du Levant 暘 谷 [5]. On écrit aussi : 湯 谷, le Val des Eaux chaudes et bouillonnantes. Le mot 湯 (prononcé T'ang) est le nom du fondateur de la dynastie Chang. T'ang descend de *Hiuan-ming* (Génie du Nord et de l'Eau) qui se *noya* dans le Fleuve Jaune [6]. Sieou et Hi, fils de CHAO-HAO, furent, l'un et l'autre, *Hiuan-ming* [7]. T'ang le Victorieux [Tch'eng T'ang 成

[1] Cf. *Che yi ki*, chap. 1er. Chao-hao est lui-même le Souverain Blanc (= de l'Ouest, du Métal). Noter le mûrier *solitaire* 孤 桑 : nous verrons que c'est avec des paulownias *solitaires* que l'on fait aussi des guitares. — *L'identité de Sang-k'ieou et de K'ong-sang est remarquable, le mot k'ieou (tertre creux) pouvant s'employer pour le mot k'ong creux*, cf. n. 123. Mûrier creux et Creux du Mûrier s'équivalent : on peut se demander si K'ong-t'ong (Paulownia creux, nom de famille des descendants de T'ang) et T'ong-kong (tombeau de T'ang = demeure du paulownia) ne sont pas des équivalents. (On a vu qu'une tradition fait de K'ong-sang le tombeau de Yi Yin, qui est né de K'ong-sang.) De même que Yi Yin s'appelle Yi du nom de la rivière de K'ong-sang, ici le nom de l'enfant est tiré du tertre où son père et sa mère se sont rencontrés et ont chanté (*en s'accompagnant d'une guitare*).

[2] Chap. 14. Un passage ancien des *Annales* (cf. *S.M.T.*, t. V, p. 475) signale que le FILS DE SOUVERAIN, Tche (= CHAO-HAO, lequel précéda au pouvoir TCHOUAN-HIU), fut *éliminé* 廢 au bout de neuf ans. Cf. le bannissement de Kouen, FILS AÎNÉ DE SOUVERAIN, après neuf ans de stage, cf. p. 244 et 273.

[3] Cf. *ibid*.

[4] Cf. *Chan hai king*, chap. 15.

[5] Cf. *Chan hai king*, chap. 8 : Le nom est écrit 湯 谷. Houai-nan tseu (chap. 3) écrit 暘 谷.

[6] Cf. *Annales*, 13e année de Tch'ou. Hiuan-ming avait été nommé directeur du Fleuve le 11e mois de la 3e année du souverain précédent Chao-k'ang. [cf. *S.M.T.*, t. I, p. 175 : où le genre de mort de Hiuan-ming (appelé Ming) n'est pas indiqué].

[7] Cf. *Tso tchouan*, trad. Couvreur, t. III, p. 454. Inutile de dire que, pour

湯 : mot à mot : « qui fait bouillir » (ou bouillonner : 湯 prononcé *chang* = eaux débordées)] dans sa compétition victorieuse avec le dernier des Hia, a pour emblème le *Soleil Levant* [1].

Le Soleil, d'après Houai-nan tseu, sort du Val des Eaux Bouillonnantes, mais il se *lave* dans l'Étang Hien (*Hien-tch'e*) [2]. *Hien-tch'e* 咸 池 est le titre d'une danse qui, si l'on en croit le *Tcheou li*, s'exécutait au solstice d'été sur un tertre carré placé au milieu d'un lac [3]. Cette danse, dit-on ordinairement, fut inventée par *Houang-ti* [4], qui passe pour l'avoir fait danser sur les bords du lac Tong-t'ing [5]. *Houang-ti* était originaire de K'ONG-SANG. La musique de la danse *Hien-tch'e* devait être jouée par des GUITARES *de* K'ONG-SANG [6].

l'histoire, l'ancêtre de T'ang n'est ni Sieou ni Hi et que Hiuan ming est donné pour un nom de fonction.

[1] Cf. p. 399, n. 1. Le *Lu che tch'ouen tsieou*, chap. 15, § 1, fait apparaître les deux Soleils en songe au dernier des Hia. Yi Yin est informé de ce songe par la femme maltraitée de celui-ci. Il en réfère à T'ang qui aussitôt se décide à attaquer le Souverain. T'ang a soin de faire sortir son armée *par l'est* et de la faire marcher *sur l'ouest* : il est vainqueur. Mais Yi Yin a prévu que le Soleil de l'Est, victorieux, présageait une sécheresse pour les Chang : cette sécheresse ne peut être évitée. C'est pour y parer que T'ang au bout de 7 ans de calamités dut se décider à se dévouer pour son peuple à la Forêt des Mûriers. — On verra plus loin que les Chaudrons (talismans dynastiques) ont pour caractéristique de bouillir tout seuls.

[2] Chap. 3.

[3] Cf. trad. Biot, t. II, p. 34-35.

[4] Cf. *Lu che tch'ouen ts'ieou*, chap. 5, § 5.

[5] Cf. Tchouang tseu, chap. 14, trad. Wieger, p. 321. Le texte donne une analyse métaphysique des trois parties de la danse : elle est dite exprimer l'union du Yin et du Yang, l'action lumineuse du Soleil et de la Lune, la production des êtres, etc.

[6] Cf. *Tcheou li*, trad. Biot, t. II, p. 34-35. De même, la danse Yun-men s'exécute à l'aide de guitares de Yun-ho et la danse Ta Tchao à l'aide de guitares de Long-men. Il faut à chaque musique des instruments appropriés. Hien-tch'e est le lieu où se baigne le Soleil Levant : les guitares faites avec l'Arbre du Soleil Levant peuvent seules jouer la musique Hien-tch'e.

Le souvenir de *Houang-ti* est aussi attaché au Mont K'ONG-T'ONG 空桐 que l'on dit être situé à l'Extrême-Occident [1]. Le *Eul ya* place au Septentrion K'ONG-T'ONG 空桐, le Paulownia creux [2]. Les paulownia servaient à faire des GUITARES, et tout particulièrement les *paulownias solitaires* de la montagne Yi dont parle le *Tribut de Yu* [3].

Le plus précieux des instruments de musique, celui qui servait à ouvrir les concerts, celui que dans un cadeau on offrait en premier lieu, s'appelait 椌 (K'iāng ou K'ONG). Ce mot s'écrit en ajoutant à 空 K'ONG (creux) la clé du bois. C'était un instrument de bois en forme d'auge : on le faisait résonner en le frappant à l'aide d'un bâton [4]. Cette description pourrait convenir à un mortier et à son pilon. — Les

[1] Cf. Tchouang tseu, chap. 11, trad. Wieger, p. 287, et *S.M.T.*, t. I, p. 30. Le *Chou yi ki* (qui écrit 崆峒 et signale sur ce mont des stèles de Yao et de Yu) en parle immédiatement après avoir parlé de K'ong-sang et de ses guitares.

[2] Chap. 9 *in f.* Le Paulownia creux s'oppose : 1° à la grotte 丹穴 (grotte rouge ?) située à l'extrême Sud (citée au *Chan hai king*, chap. 1); 2° au Levant et 3° au Couchant (nommé Ta Mong et non pas Mong-tch'e (le Marais de Mong), nom usuel).

[3] Cf. *S.M.T.*, t. I, p. 117. Le tribut de paulownias solitaires destinés à faire des instruments de musique est fourni par la province de Siu; il s'accompagne d'un tribut de terre de cinq couleurs (destinée aux autels des dieux du sol), de pierres sonores de la rivière Sseu, et de plumes de faisan du Mont Yu. Tous ces objets ont des usages rituels : nous verrons que les plumes de faisan du Mont Yu (Mont de la Plume, où Kouen fut banni) servaient aux danses des Hia dont Kouen était l'Ancêtre : le Lieu-Saint, si l'on peut ainsi dire, est chanté et dansé à l'aide d'objets empruntés au Lieu-Saint.

[4] Cf. *Li ki*, trad. Couvreur, t. II, p. 91. Cet instrument s'oppose au tigre sonore qui sert à marquer la fin des morceaux. *Le mot* 椌 *K'iāng se prononce aussi Kōng et signifie : creux, vide.* L'instrument est plus souvent appelé 柷 Tchou. Il en est question dans le *Che King* (trad. Couvreur, p. 430). Le bâton qui servait à frapper s'appelait 椎 Tch'ouei ou 止 Tch'e. — Le *Li ki* nous apprend (trad. Couvreur, t. I, p. 279) que lorsque le Fils du Ciel donnait des instruments de musique à *un prince du plus haut rang*, l'envoyé qui les présentait tenait en main la caisse sonore (Tchou = Kiang). On y voit encore que pour un prince, on plaçait entre les deux cercueils cette caisse sonore (*ibid.*, t. II, p. 256). [On sait que les cercueils anciens ressemblaient à des auges de bois ou de pierre. Yi Yin passe pour avoir été enterré à K'ong-sang.]

aborigènes du sud de la Chine se servent de leurs mortiers pour rythmer leurs chants. Certains d'entre eux, pour leurs fêtes du nouvel an, creusent un gros arbre, en font une auge et tapent dessus avec un bambou. Le son ressemble à celui d'un tambour [1].

Le Roi Mou, au cours d'un de ses voyages, perdit son *Ling-kou* (tambour des esprits). Celui-ci se transforma en serpent (ou en dragon) 蛇 jaune. Le Roi Mou planta alors *un* PAULOWNIA, *afin d'en tirer des* GUITARES *et des* TAMBOURS de guerre [2].

Les guitares de K'ONG-SANG se sont sans doute substituées aux tambours de K'ONG-SANG. Ce devait être à l'aide d'une auge faite de bois de mûrier que l'on célébrait le lever du Soleil, son bain matinal et la lutte de l'eau et du feu (ou le baptême du feu par l'eau).

L'existence de tambours (ou de tamtams) de bronze est attestée pour les temps les plus anciens de la chronologie chinoise [3]. Les tambours de bronze que l'on trouve en Extrême-Orient sont fréquemment ornés de grenouilles [4]. Yi Yin fut

---

[1] Tel est d'après Colquhoun, l'usage des Lolo (cf. *Fêtes et chansons*, p. 288). On sait que les anciens Chinois chantaient lorsqu'ils pilaient le grain dans un mortier. Cf. *Li ki*, trad. Couvreur, t. I, p. 51.

[2] Cf. *Mou t'ien tseu tchouan*, chap. 5, où il est dit que les tambours servent à la guerre; une lacune empêche de savoir à quoi servent les guitares. Le *Ling-kou* (tambour des Esprits) est donné comme un tambour triple (à six faces); il servait pour les Esprits de la terre (cf. *Tcheou li*, trad. Biot, t. I, p. 265); il s'oppose au tambour à huit faces, dit tambour du tonnerre, employé pour les Esprits du Ciel, et au tambour à quatre faces réservé aux Ancêtres.

[3] Le duc Mou de T'sin reçut en cadeau du Fils du Ciel *un tambour* (tamtam?) *de métal* en 623 avant J.-C. Cf. *S.M.T.*, t. II, p. 45.

[4] Cf. CHAVANNES, *Mission archéol. Planches.* N°s 504 et 508. Voir encore HEGER, *Alte Metalltrommeln aus Südost-Asien*, Leipzig, 1902. PARMENTIER, *Anciens tambours de bronze, in B. E. F. E.-O.*, XVIII, t. I, et *ibid.*, XXIII, p. 408, une note de M. Goloubew sur les tambours magiques en Mongolie (ces tambours qui servent aux chamans, sont en bois. Certains rappellent un des types de tambours métalliques. Sur la peau de cerf qui est tendue sur la caisse, se trouvent des dessins rouges. Sur l'un d'eux se voit une grenouille).

trouvé dans un mûrier creux après que de l'eau fut sortie d'un mortier ou que celui-ci eut produit des grenouilles.

Mûrier et Paulownia creux sont des arbres cardinaux. En frappant sur des auges de mûrier ou de paulownia, on pouvait célébrer, par une musique adéquate, la Marche du Soleil.

Cet office apparemment appartenait au Chef, maître du Calendrier et responsable du cours des saisons.

T'ANG LE VICTORIEUX ET LA FORÊT DES MÛRIERS.

ARBRES CARDINAUX ET PORTES ORIENTÉES.

Yi Yin est né de K'ong-sang; T'ang, son maître, est l'ancêtre de la famille K'ong-t'ong.

Dans la capitale de Song où résident les descendants de T'ang, se trouvent une *porte du Paulownia*, T'ong, et une *porte de la Forêt des Mûriers*, Sang-lin.

Près des portes des villes sont, d'ordinaire, plantés des arbres [1]. Une capitale a des portes face aux quatre orients. Le

---

[1] Cf. *Tso tchouan*, trad. Couvreur, t. II, p. 338 et suiv., récit d'un siège où l'on voit les assaillants aller, par bravade, couper les arbres d'une porte [les Portes sont des Dieux du Sol : ce sont aussi des lieux de rendez-vous; cf. *Fêtes et chansons*, p. 62 et 33] afin d'en faire des GUITARES pour leur seigneur. — Cf. *ibid*, p. 183, la mention d'un arbre dont il est tiré à la fois un *cercueil* et un *luth*. Selon la tradition, les premiers tambours furent des jarres de terre (recouvertes par la suite d'une peau de cerf); de même, les premiers cercueils, toujours selon la tradition (cf. *Li ki*, trad. Couvreur, t. I, p. 118), auraient été en terre cuite. — M. Bonifacy a noté que tandis que chez les Lolo les morts sont représentés par des figurines en bois de 10 centimètres de hauteur (comparer les tablettes chinoises), les Laqua ont un autel domestique formé par des étagères supportant des urnes où, disent-ils, se trouvent

Monde est comme la Capitale. Il a des arbres cardinaux, il a des portes orientées [1].

De même que K'ONG-T'ONG est situé au Septentrion, la porte

les âmes des ancêtres. Les rites qui chez les Lolo et les Laqua opèrent le transfert des âmes dans les urnes ou les figurines, ressemblent aux rites chinois qui préparent l'union du Houen (âme-souffle) et de la tablette (cf. *B. E. F. E.-O.*, t. VIII, p. 540-541 et 552-553). — On a vu (p. 335) que pendant la saison d'hiver, qui est une saison des morts, les Chinois utilisaient des masques pour fixer l'âme errante (*houen*, âme-souffle des Ancêtres). On utilisait pendant cette saison des tambours de terre. — Le fait que des arbres sacrés (arbres de portes) servent à fabriquer à la fois des caisses sonores et des cercueils est au moins curieux.

[1] Le *Chan hai king* (chap. *Hai-nei*, *Hai-wai* et *Ta-houang*) signale de nombreux arbres aux lieux où se couchent et se lèvent le soleil et la lune. — On a déjà mentionné (cf. p. 302, n. 2) l'arbre P'an et la porte qui s'ouvre à côté de lui. Houai-nan tseu (chap. 4) parle seulement de trois arbres : le Fou sang (Fou-mou) Arbre du Levant, l'Arbre Jo, Arbre du Couchant qui, sur ses rameaux, porte aussi dix soleils, et, entre les deux, l'Arbre Kien, par où montent et descendent les Souverains 梁 帝 et sous lequel, en plein midi, il n'y a ni ombre, ni écho. [Cet arbre est mis en relation avec le Ya-Yu, tué par Yi l'archer, ou par deux acolytes (voir *Chan hai king*, chap. 10). Il est dit ressembler à un bœuf.] — [On a vu qu'il n'y a, non plus, ni écho ni ombre au lieu où se trouve le *Laboureur Hia*, décapité par T'ang après sa victoire sur les Hia (cf. plus haut, p. 313, et *Chan hai king*, chap. 16). Ce laboureur sans tête semble être un génie de la sécheresse.] Houai-nan tseu (chap. 4) énumère ensuite les 8 Portes du Monde; elles sont en relation avec les 8 Vents et les différents états du Yin et du Yang. — Dans un passage assez curieux, le même auteur (chap. 7) dit que Houang-ti créa le Yin et le Yang, Chang-p'ing 上 駢 les yeux et les oreilles, *Sang-lin* les bras et les mains. La glose se borne à dire que Chang-p'ing (inconnu par ailleurs) et Sang-lin sont des noms de divinités. Ce passage doit sans doute être interprété en fonction d'une indication fournie par une glose de Wei Tchao au *Kouo yu*, chap. 14. Les diverses parties du corps humain sont mises en relation avec les 8 trigrammes et les 8 vents (pouvoirs magiques) rangés d'après la disposition dite de Fou-hi :

S

tête

bouche   cuisse

E   yeux   oreilles   W

pieds   mains

ventre

N

T'ong est à Song la porte du Nord [1]. Au dehors, se trouve un lieu nommé K'ong-t'ong (Paulownia creux) qui est auprès d'un marais [2].

Une autre porte de la ville qui paraît placée à l'Ouest, se nomme la porte *Mong* [3]. Il existe sur le territoire de Song un marais de *Mong* [4]. — Le Soleil se couche dans le Marais de *Mong* [5].

Song possède une porte du *Yang*, qui ne peut être qu'une porte du Sud [6].

[1] La Porte du Paulownia est mentionnée au *Tso tchouan* (trad. Couvreur, t. III, p. 549-550 : on y voit qu'un gardien y était affecté. Le même ouvrage, t. III, p. 764, raconte le songe d'un homme qui vit son frère (et rival)couché la tête au Nord (comme les morts); lui-même, ayant revêtu la forme d'un oiseau, avait le bec touchant la porte du Sud et la queue touchant la porte T'ong : il en conclut qu'il deviendrait prince. — La Porte du Paulownia est donc, de façon certaine, au Nord.

[2] En 470 avant J.-C. (cf. *Tso tchouan*, trad. Couvreur, t. III, p. 762), un prince de Song mourut au cours d'une promenade à l'étang de K'ong; le corps fut ramené en passant par K'ong-t'ong : *on admet que le marais de K'ong est le marais de K'ong-t'ong.*

[3] Un traité fut conclu, en 545, en dehors de la porte Mong 蒙 (cf. *Tso tchouan*, trad. Couvreur, t. II, p. 487). Quelques jours avant, un autre traité avait été conclu près de la porte de l'Ouest (cf. *ibid.*, p. 483) : les camps n'ayant pas été déplacés, il y a des chances que Mong-men fût une porte de l'Ouest. — On va voir que Song avait une vieille enceinte et une enceinte nouvelle : ceci peut expliquer qu'il y eut deux portes situées peut-être toutes deux au plein Ouest. Mong-men, en tout cas, semble bien ne pouvoir être que sur la face Ouest des murailles.

[4] Cf. *Tso tchouan*, trad. Couvreur, t. I, p. 155 : un prince de Song y fut tué. Les marais, terrains de chasse, étaient fréquemment le lieu d'attentats.

[5] Houai-nan tseu (chap. 3) appelle Val du Couchant (Val de Mong 蒙 la dernière étape du soleil. On écrit aussi Mong-seu (沲), rivière de Mong ou Mong-tch'e, étang de Mong; le lieu est situé près du gouffre Yu et ne se distingue pas du Val du Couchant 昧 谷 (où résidait un des délégués cardinaux de Yao).

[6] Le *Tso tchouan* (trad. Couvreur, t. III, p. 338) mentionne une porte Yang (écrit 揚) où se tenait, en 520, un prince de Song, attaqué par des révoltés et en faveur de qui les soldats manifestèrent leur loyauté en levant en l'air leurs fanions. Le *Li ki* (trad. Couvreur, t. I, p. 255, écrit 陽 門 porte du Yang : ce nom ne peut convenir qu'à une porte du plein Sud.

Comment s'appelait la porte de l'Est? En 520 av. J.-C., des révoltés occupèrent une porte orientale nommée Lou-men; les gens de la ville ripostèrent en réparant les vieux remparts et la porte de SANG-*lin* où ils mirent une garnison [1]. La porte de la *Forêt des* MÛRIERS est vraisemblablement une porte de l'Est.

La FORÊT DES MÛRIERS n'est point sans rapport avec le MÛRIER CREUX. Yi l'Archer combattit à SANG-*lin* le Grand Sanglier [2]. Le Grand Sanglier est identique à la constellation *K'ouei* [3]. Ce fut un jour où le Soleil était dans la constellation *K'ouei* que fut inaugurée la danse *Hien-tch'e* [4] laquelle s'exécute aux sons des guitares de *K'ong*-SANG. SANG-*lin*, aussi bien que *K'ong*-SANG, était sans doute un nom convenable pour une porte du Levant.

La danse *Hien-tch'e*, que le *Tcheou li* présente comme une danse *solsticielle*, fut d'abord, au témoignage de Lu Pou-wei, dansée au second mois de printemps, mois de l'*équinoxe*, qui correspond au *Matin* et à l'*Est* [5]. *Sang-lin*, nom de porte, est aussi un nom de danse [6]. Tchouang tseu rapproche, dans une

---

[1] Cf. *Tso tchouan*, trad. Couvreur, t. III, p. 335-336. On voit par ce passage que Sang-lin est apparemment une porte de la vieille enceinte : peut-être en était-il de même de la porte Mong. Les rebelles s'étant emparés d'une porte de l'Est, et les loyalistes, pour leur résister, tenant garnison à Sang-lin, il semble bien que Sang-lin soit une porte de l'Est. — Le *Wou Yue tch'ouen ts'ieou* (chap. 4) décrit la capitale de Wou dont les 8 portes (de terre; il y a aussi 8 portes d'eau) symbolisent les 8 Vents 象天八風. On remarquera que *le plan de la Ville est fait par le Ministre*. On se rappelle que certains Bannis, génies des orients, personnages mythiques, sont des Vents et que la cérémonie d'expulsion se fait aux portes qui sont quatre; que les quatre expulsés sont, si on additionne les deux listes, 8; et qu'enfin le bannissement de Maléficiences correspond à l'acquisition de 2 × 8 Influences bienfaisantes.

[2] Voir plus haut, p. 379.

[3] Cf. *S.M.T.*, t. III, p. 351.

[4] Cf. *Lu che tch'ouen ts'ieou*, chap. 5, S 5.

[5] Cf. *ibid.*

[6] Cf. *Tso tchouan*, trad. Couvreur, t. II, p. 253. Nous allons revenir sur ce passage.

même phrase, la danse *Hien-tch'e* et la danse *Sang-lin* : il les évoque toutes deux à propos d'un boucher qui savait dépecer 解 une victime adroitement et comme en cadence [1].

T'ang se dévoua à Sang-lin. Le mot 解 « dépecer, écarteler », s'emploie à propos de celui qui, se dévouant, écarte et disperse les influences mauvaises [2]. Il s'emploie aussi pour désigner l'expulsion des Vertus maléficientes que l'on devait réaliser au cours des cérémonies d'inauguration. Ces cérémonies se faisaient aux *portes* des capitales. Elles établissaient un Ordre nouveau et la bonne marche du Temps. T'ang eut pour emblème le Soleil Levant et Victorieux. Sa victoire eut pour résultat la sécheresse et ce fut pour la dissiper que T'ang se dévoua.

Si la porte *Sang-lin* est la porte du Levant, Mong-men, celle du Couchant, Yang-men, celle du Sud, comme la porte du Paulownia est celle du Nord, il est clair que les princes de Song disposaient dans leur ville de portes adéquates aux cérémonies grâce auxquelles ils pouvaient remplir leur devoir de Chefs, régler les saisons et faire tourner le Soleil.

LE LIEU-SAINT DES PRINCES DE SONG.

Sang-lin est une porte de Song. C'est aussi le Lieu-Saint de Song. De même qu'à la porte Mong correspond l'étang Mong,

[1] Cf. Tchouang tseu, chap. 3, trad. Couvreur, p. 227. La danse Hien-tch'e n'est pas nommée, mais désignée par une de ses parties nommée 經首 King tcheou. — Ce passage est très remarquable : il y a peu de chance que Tchouang tseu ait évoqué ces danses à propos d'un boucher en train de dépecer un bœuf, si ces danses elles-mêmes n'avaient pas accompagné le dépècement d'une victime.

[2] Nous verrons plus loin que Houai-nan tseu l'emploie à propos du dévouement de Yu le Grand.

et, à la porte du Paulownia, un étang situé auprès du Paulownia creux, à la porte Sang-lin correspond la Forêt des Mûriers.

De cette dernière il est, d'ordinaire, question en même temps que d'un marais. L'un et l'autre sont l'essentiel de la Terre de Song : c'est grâce à leur possession, que les seigneurs du pays peuvent continuer les sacrifices propres à la famille des Yin. A la chute de la dynastie Yin, raconte Lu Pou-wei [1], le vicomte de Wei, frère du dernier des Yin, fit, avec les Tcheou, un traité par lequel la plus haute dignité féodale lui fut accordée. Il devait à jamais conserver les sacrifices de Yin, posséder Sang-lin et Mong-tchou. Le nom de Mong-tchou s'écrit de manières diverses. Une des orthographes possibles donne le sens : sanglier féroce [2]. On sait que Yi l'Archer captura à Sang-lin le Grand Sanglier.

[1] Cf. *Lu che tch'ouen ts'ieou*, chap. 12. Le serment eut lieu près de la rivière Kong-t'eou où la victime fut jetée. Le commentateur entend que le vicomte de Wei reçut le droit de se servir de la musique de Sang-lin. Dans son chap. 9, Lu Pou-wei parle simplement de Sang-lin; de même, chap. 15. — On ne sait où se trouvait Sang-lin. La glose à Lu Pou-wei, chap. 15, analyse Sang-lin par 桑山之林 Forêt du Mont des Mûriers. Houai-nan tseu, chap. 19, écrit aussi que T'ang se dévoua à la Forêt du Mont des Mûriers. Il est question d'un Mont des Mûriers à propos d'un sacrifice fait par les gens de Tcheng (Tcheng est un État du Ho-nan, voisin de Song), en 525 avant J.-C., afin d'arrêter une sécheresse (cf. *Tso tchouan*, trad. Couvreur, t. III, p. 372 et *Fêtes et chansons*, p. 193).

[2] 猛猪. Lu Pou-wei écrit 孟諸, de même Houai-nan tseu, chap. 4, et le *Eul ya*, chap. 9. Il en est de même du *Tso tchouan* (par ex. trad. Couvreur, t. III, p. 335, où il est question d'une tentative d'attentat préparée à l'occasion d'une chasse dans ce marais). [Voir *ibid.*, t. I, p. 499, un récit d'une chasse faite à Mong-tchou en l'honneur d'un seigneur de Tch'ou, où est bien indiqué le caractère cérémoniel des chasses. Un vassal qui a mal conduit son char est battu. La chasse offerte suit une offre de vivres : l'une et l'autre politesses sont considérées comme étant des témoignages d'assujétissement. Song se déclare le vassal de Tch'ou en mettant à sa disposition le marais qui est l'apanage de sa famille.] — Le *Yu kong* écrit 孟豬.

Mei ti [1], dans un beau développement oratoire où il veut prouver la réalité des Esprits et des Dieux, énumère cinq cas où ceux-ci se manifestèrent de façon certaine. Le génie de l'Est, Keou-mang, apparut en plein jour au duc Mou de Tcheng pour lui apporter, au nom du Souverain, un supplément de dix-neuf années de vie : il lui apparut dans le Temple Ancestral. Les quatre autres apparitions, où les Esprits firent éclater leur pouvoir vengeur, eurent lieu en plein air et dans un grand concours de foule. L'Esprit du comte de Tou, injustement tué par le Roi Siuan des Tcheou, abattit le meurtrier à coups de flèches rouges, en plein midi, dans une réunion de chasse faite dans le pays de Tch'ou. A Song, un vassal, chargé des sacrifices pendant l'enfance de son maître, s'était montré négligent ; l'invocateur, possédé par l'Esprit du Dieu [2], l'assomma, à coups de bâton, sur le tertre des sacrifices. Deux plaideurs de Ts'i ayant affirmé par serment leur innocence, le bélier sacrifié sur l'autel du Dieu du Sol, se releva pour abattre, à coups de cornes, le coupable, devenu, devant la divinité, l'auteur d'un faux serment [3]. Un prince de Yen tua sans raison un de ses vassaux : l'Esprit de celui-ci vint le frapper à mort avec un bâton rouge. L'affaire se passa à Tsou. Tsou est, sans doute, un lieu peu connu. Mei ti tient à montrer que ses anecdotes sont des histoires vraies dont une foule de gens ont pu témoigner. Dès qu'il a prononcé le nom de Tsou, il arrête son développement et s'écrie : « Et Tsou, pour le pays de Yen, c'est comme le Dieu du Sol et des Moissons pour Ts'i ! C'est comme Sang-lin pour Song ! C'est comme (le marais de) Yun-

---

[1] Cf. Mei ti, chap. 8.

[2] Rien, dans le texte, n'indique cette possession : l'invocateur parle et c'est la voix de l'Esprit qu'on entend. Le glossateur explique que la divinité a pris possession 馮 de l'invocateur.

[3] Ici encore rien n'indique que le bélier est animé par l'esprit divin : pour Mei ti la chose paraît aller de soi.

mong pour Tch'ou ! *C'est là que garçons et filles s'assemblaient et venaient assister aux fêtes* 男女之所屬而觀也 [1] ! »

Ce passage de Mei ti est d'une importance capitale. Il montre qu'à la fin de la période féodale était encore senti le lien unissant les divers cultes urbains aux Lieux-Saints où se tenaient les anciennes fêtes sexuelles.

Ces cultes divers résultent du démembrement d'un culte antique adressé à des forces saintes indistinctes. Entre le Marais de Yun-mong, terrain de chasse, l'Autel du Sol de Ts'i et la Forêt des Mûriers, il n'y a que des différences d'aspect. Ce sont là les endroits où se manifestent les puissances sacrées d'un pays. Le cas de la Forêt des Mûriers est particulièrement significatif. L'esprit du Dieu du Sol anime, à Ts'i, le bélier qui discerne et punit le coupable ; quand il est question de Song et de *Sang-lin*, l'esprit qui discerne et punit le coupable est dit animer l'invocateur du *Temple ancestral* [2]. Or, *Sang-lin*, le *Lieu-Saint*, est aussi *une Porte de la Capitale, c'est-à-dire un Dieu du Sol* [3].

Ce qui fait, dans sa ville, la puissance du Chef — ce qui fait que sa Ville est Sainte et qu'il peut y régler l'Ordre du Monde et le cours des saisons — c'est qu'il a su y transporter, c'est qu'il a su incorporer dans ses murailles, dans ses portes et dans ses autels, l'antique puissance dont étaient investis les Lieux-Saints des communautés agricoles.

---

[1] Noter l'emploi de 觀, terme caractéristique des fêtes : il est employ dans le *Che king* par les filles qui invitent les garçons à les suivre, cf. *Fêtes et Chansons*, p. 106 ; cf. p. 2, 222 et 476.

[2] Mei ti emploie le mot 厲 « Li » (qui s'entend d'ordinaire des esprits malfaisants) pour le mot 廟 « temple ancestral ». Tout l'ensemple du passage suppose que le *coupable était chargé des sacrifices aux* ANCÊTRES : Mei ti, cependant, place la scène à Sang-lin. Sang-lin est donc le Centre Ancestral de Song.

[3] On a vu, p. 233, n. 2, que les flèches offertes à l'occasion de la naissance d'un héritier présomptif étaient offertes au Dieu du Sol et aux Portes cardinales de la ville. Sur les rapports des Ancêtres et du Dieu du Sol, voir p. 126 et suiv.

Entre le Lieu-Saint du pays et le génie caractéristique de la famille qui y règne, on sent qu'il doit exister un rapport étroit[1]. La famille des Yin porte le nom de famille *Tseu* car la Mère de la Race devint enceinte pour avoir avalé un œuf (*tseu*) d'hirondelle. Une tradition veut que Kien Ti se soit emparé de l'œuf après une joute, le jour où reviennent les hirondelles, c'est-à-dire au moment des fêtes sexuelles du printemps : la chose se serait passée sur le tertre Yuan[2]. Une autre version veut que Kien Ti se soit alors promenée à Sang-*ye*[3]. C'est là le nom de la cinquième étape du Soleil[4]. Il signifie : plaine des Mûriers[5].

[1] Voir sur ce point *Fêtes et Chansons*, p. 196 à 202. A Tcheng, les naissances s'obtenaient dans le Lieu-Saint local à l'aide d'orchidées. Un prince de Tcheng naquit d'une orchidée donnée en songe à sa mère par un de ses ancêtres qui lui dit : «Fais de cela ton fils». Le mari donna, lui aussi, à sa femme, une orchidée qui fut un titre de paternité et un gage de pouvoir. L'enfant fut nommé : orchidée. Il mourut quand on coupa les orchidées.

[2] Cf. *Fêtes et Chansons*, p. 166.

[3] Cf. *Che yi ki*, chap. 2.

[4] Cf. Houai-nan tseu, chap. 3.

[5] Lu Pou-wei (chap. 6, § 3) donne une version différente de l'histoire de Kien Ti : elle et une suivante étaient enfermées sur une tour à neuf étages (le Ciel a 9 étages) quand le Souverain envoya vers elles une hirondelle. Les deux femmes luttèrent pour l'attraper; l'hirondelle laissa tomber deux œufs et s'envola vers le Nord : les deux filles chantèrent alors un *poème qui est l'origine des chants du Nord* (témoignage assez curieux sur l'origine des chansons du *Che king*). — Le thème de la Tour de Kien Ti se retrouve dans le *Li sao* (trad. Hervey de Saint-Denys, p. 42). Faut-il y voir la trace d'un usage qui aurait consisté à enfermer les jeunes filles et à leur interdire le contact de la terre ? Faut-il le rapprocher du thème de l'emprisonnement du Chef, tel que le subit T'ang (dont l'emblème fut le Soleil Levant)? On a vu l'importance des miradors situés près des marais et où l'on tirait de l'arc. On connaît, d'autre part, le thème du bain du soleil. Enfin, l'on a pu sentir la parenté qu'il y a entre le Soleil et le Chef. Or, le *Chan hai king* indique un thème qui pourrait être de grande importance : c'est celui du bain du chef (Chouen, semble-t-il, a subi une épreuve de l'eau). Par exemple, on trouve mentionné au chapitre 15 un gouffre où Chouen (*précisément*) se lava et, plus loin, un autre gouffre où se lava le maître de Kouen-wou. Kouen-wou est le nom d'une montagne riche en cuivre, d'une épée, et d'un personnage mythique : c'est

Un des rares épisodes que nous conte l'histoire à propos de la dynastie des Yin est l'apparition de mûriers miraculeux qui eut lieu sous le règne de T'ai-meou [1].

LE DÉVOUEMENT DE T'ANG.

Les descendants de T'ang le Victorieux méritaient de posséder Sang-lin. Leur aïeul s'y était dévoué.

Après leur victoire, qui fut celle du Soleil Levant, les Chang subirent la sécheresse. D'après les *Annales*, elle commença sitôt après que T'ang eut recouvert d'un toit le Dieu du Sol de la dynastie disparue. Elle dura cinq ou sept ans [2].

eussi le nom de la 7e étape du soleil, celle où il est au plus haut de sa course (cf. Houai-nan tseu, chap. 4). On remarquera qu'un appendice du *Yi king* (trad. Legge, p. 432) assimile l'hexagramme Li *au soleil, à l'éclair, à l'anneau, au casque, à l'épée, au sabre.* Voir plus loin, p. 514, n. 3, le passage de Wang Tch'ong relatifs aux miroirs solaires et lunaires et aux épées. Au chapitre 16 du *Chan hai king* se trouvent mentionnés les Trois Étangs que mangea Kouen-wou. Ils sont situés au Couchant. A côté est une femme vêtue de vert qui protège sa figure avec ses manches. La même femme (chap. 7) est dite avoir été, dès sa naissance, brûlée par les Dix Soleils. — Tchouan-hiu [le Souverain qui partit du couchant pour habiter à K'ong-sang (Mûrier creux)] s'est, lui aussi, lavé dans un abîme (*Chan hai king*, chap. 17) près duquel sont trois énormes mûriers sans branche.

[1] *S.M.T.*, t. I, p. 190. Il convient de noter que, selon l'histore, l'apparition des mûriers fut considérée comme néfaste. Cf. sur ce fait le *Louen heng*, trad. Forke, t. II, p. 22 et 340. Les mûriers miraculeux de T'ai-meou (des Yin) sont le pendant des dragons miraculeux de K'ong-kia (voir p. 556 et suiv.) des Hia. Or, les Dragons apparaissent comme l'Emblème héraldique et les Grands Ancêtres des Hia : pourtant leur venue est dite néfaste.

[2] Les *Annales* la font commencer la 19e année de T'ang (monté sur le trône royal la 18e année de son règne princier) et finir la 24e année. Mei ti. (chap. 1) la fait durer 5 ans et l'oppose à l'inondation subie par Yu qui dura 7 ans. Kouan tseu (chap. 22) la fait durer 7 ans et l'oppose à l'inondation de Yu qui dura 5 ans. — Tchouang tseu (chap. 17, trad. Wieger, p. 345) oppose les 7 années de sécheresse de T'ang aux 9 années d'inondation de Yu.

Elle prit fin «quand le Roi eut fait une prière 禱 à Sang-lin ; la pluie (aussitôt) tomba.» Alors fut inventé l'hymne dynastique [1].

«T'ang, dit Che tseu [2], quand il *se délivra* 救 [3] de la sécheresse, monta sur un char *sans ornement,* (traîné par) des chevaux *blancs* [4], et portant son drapeau déplié (?) [5] ; lui-même avait un collier de *chiendent blanc* [6] : s'offrant *personnellement* en victime, il fit une prière dans la campagne de la Forêt des Mûriers.»

«Jadis, T'ang vainquit les Hia et régenta l'Empire. Le Ciel produisit une grande sécheresse : pendant cinq années, il n'y eut pas de récoltes. T'ang, alors, fit en personne une prière à la Forêt des Mûriers. Il dit : «Si c'est moi, l'*Homme Unique* «qui suis coupable, que (le châtiment) n'atteigne pas la mul- «titude ! Si c'est la multitude qui est coupable, que (le châti-

---

[1] *Annales,* 25ᵉ année de Yu. Il s'agit de l'hymne Ta Po (Ta Hou) inventé par Yi Yin, selon Lu Pou-wei, et que la tradition tend à identifier avec l'hymne et la danse de Sang-lin.

[2] Chap. 2.

[3] Le mot 救 s'emploie à propos des mesures (rituelles) de défense contre l'incendie ou les éclipses (cf. *Li ki,* trad. Couvreur, t. I, p. 439), il signifie : «porter secours en cas de Malheur et délivrer du Malheur».

[4] Tenue de deuil. Comparer la tenue du prince qui se rend à l'ennemi victorieux ; cf. plus haut, p. 132 et suiv., et p. 142, n. 3.

[5] Le texte porte le mot 茷 Pei glosé par 旆 Pei «bordure de drapeau» ou «drapeau à bordures flottantes». Le fait que T'ang porte son fanion est très remarquable. Le mot 布 qui précède le mot drapeau peut se traduire par «déplié», mais peut signifier «toile» ou «étoffe». Une autre version donne 布衣 «portant des vêtements de toile» (signe de deuil). Les glossateurs préfèrent la première version, sans s'expliquer sur le sens de 布.

[6] Celui qui ouvre la marche à l'enterrement porte un bouquet de chiendent (cf. *Li ki,* trad. Couvreur, t. II, p. 186 et 255). Le chiendent a des vertus purificatrices : il sert à filtrer le vin du sacrifice (cf. *ibid.,* t. I, p. 618). Il sert aussi de *litière aux victimes que l'on offre* (cf. *Fêtes et Chansons,* p. 133-134). Voir p. 142, n. 3, à l'occasion d'une reddition, la mention d'un étendard de chiendent. — Comparer p. 344 les rites par lesquels le général se dévoue : le don qu'il fait de lui est total, mais la prise de possession définitive (par le Dieu) est différée.

«ment) soit pour moi, l'*Homme Unique !* Qu'il n'arrive pas
«qu'à cause de mon manque de talent, le Souverain d'En-Haut
«et les Divinités blessent la vie du peuple !» Alors, il coupa
ses cheveux, rogna les ongles de ses mains et s'offrit personnellement en victime. Ainsi il demanda du Bonheur au Souverain d'En-Haut. Le peuple fut en grande joie. La pluie
vint en abondance [1].»

Tous les auteurs insistent sur le fait que T'ang se dévoua en
personne. D'après l'un d'eux [2], T'ang aurait, au sujet de la

[1] *Lu che tch'ouen ts'ieou*, chap. 9, S 2. Mei ti (chap. 4) reproduit sensiblement la même prière et emploie la même formule : «s'offrit personnellement
en victime 以 身 爲 犧 牲 ». Siun tseu (chap. 19) donne une formule de la
prière, curieuse par sa forme de litanie : «Est-ce que mon gouvernement n'est
pas juste ? Est-ce que je fais souffrir le peuple ? Pourquoi la sécheresse est-elle
à ce point extrême ? Est-ce que je bâtis avec trop de luxe ? Est-ce que le bavar-
dage des femmes réussit auprès de moi ? Pourquoi la Sécheresse est-elle à ce
point extrême ? Est-ce que règne l'usage des présents [mot à mot : des couches
de joncs (sur lesquelles les présents doivent être offerts)]? Est-ce que sur-
gissent les délateurs ? Pourquoi la sécheresse est-elle à ce point extrême ?»
(Cf. *Che king*, trad. Couvreur, p. 395, le vers qui commence toutes les
strophes d'un chant pour demander la pluie : «Que la sécheresse est donc
grande !» Noter la formule sur les *présents*.

[2] Cf. *Tso tchouan*, trad. Couvreur, t. II, p. 253. K'ong Ying-ta, dans son
commentaire, cite un passage du *Chou tchouan* rapportant cette tradition.
Il y est dit encore que T'ang se coupa les cheveux, se rogna les ongles
et, s'offrant personnellement en victime, fit une prière au *Dieu du Sol de
Sang-lin*. — On remarquera que *Sang-lin est qualifié de Dieu du Sol*. — Ce
passage a été cité par M. Chavannes (Dieu du Sol, *T'ai chan*, p. 475). —
Un récit analogue figure au *Ti wang che ki* : il a été cité par Forke (trad. du
Louen-heng, t. II, p. 16) à propos d'un passage où *Wang Tch'ong* fait allusion
au sacrifice de T'ang. — M. Chavannes, t. IV (*S.M.T.*, (errata), p. 536, note,
à propos du dévouement de T'ang, que la comparaison des textes montre le
«travail d'épuration que la tendance rationaliste du Confucéisme a fait subir
aux textes antiques pour les dépouiller de tout ce qui pouvait paraître bizarre
au bon sens d'une époque plus moderne : ainsi s'explique sans doute le défaut
d'archaïsme qui est si sensible dans bon nombre de textes classiques dont
l'origine est cependant fort ancienne.» Il faut ajouter à cette remarque que le
travail d'épuration a été poussé plus loin pour les textes historiques que pour

sécheresse, consulté les sorts; l'annaliste chargé de ce soin déclara : «Il faut faire une prière *en sacrifiant un homme* 當 以 人 爲 禱.» Il était d'usage, en effet, aux temps féodaux, de faire passer sur autrui le Malheur qui atteignait le prince (et son peuple)[1]. T'ang se refusa à employer une victime substituée 移.

La prière de T'ang, telle que Lu Pou-wei la rapporte, montre bien quels sont les devoirs du Chef. Il est l'*Homme Unique*, c'est-à-dire le seul responsable. Si les péchés du peuple doivent retomber sur Lui, c'est qu'en fait Il est seul à pouvoir pécher : la conduite du peuple ne fait qu'exprimer la Vertu du Prince. Il en est de même de la conduite de la Nature. L'Ordre du Monde dépend de la Vertu Royale. En cas de Calamité, le Chef est la seule victime expiatoire qui convienne. Aussi doit-il s'accuser lui-même.

Le *Che king*[2] contient un long poème composé à l'occasion d'une sécheresse. Le Roi Siuan présente sa défense. Il affirme qu'il a honoré tous les Dieux, qu'il n'a pas épargné les victimes et les dons. Il se peint abandonné de tous, des Dieux comme de ses Ancêtres. Eux et lui sont réduits à l'impuissance. Son peuple périt; tous ses vassaux sont à bout de force. —

les autres. Forke (*loc. cit.*) signale qu'un passage de la prière de T'ang notée par le *Ti wang che ki* se retrouve au *Chou king* dans une *harangue* de T'ang. Ce fait est caractéristique et *révèle les procédés de composition des harangues pseudo-historiques qui constituent la majeure partie de l'histoire chinoise ancienne.*

[1] Cf. *S.M.T.*, t. IV, p. 379. En 489, un *roi* de Tch'ou tomba malade et un prodige céleste apparut. Un grand annaliste consulté prédit une Calamité et ajouta qu'on pouvait la transférer sur un général ou un conseiller. Le roi s'y refusa, malgré les prières des siens. Confucius le loua. Cf. *Tso tchouan*, trad. Couvreur, t. III, p. 632. Le sacrifice déprécatoire est ici appelé 禜. — On a vu p. 411 que le duc de Tcheou se substitua à son frère éprouvé par la maladie. Voir *Tso tchouan*, t. III, p. 319 et suiv., un long développement sur un cas de substitution qui prend un caractère pénal et politique.

[2] Cf. trad. Couvreur, p. 391 et suiv.

Le Roi ayant su s'humilier, la dynastie des Tcheou redevint florissante.

C'est parce que le dernier des Hia et le dernier des Yin accusaient autrui que leurs dynasties disparurent. T'ang (comme Yu) s'accusait lui-même : il fonda une dynastie qui prospéra 禹湯罪己其興也悖焉 [1].

Une *confession*, dont la puissance est suprême, doit précéder *l'expiation*. Celle-ci emprunte ses formes aux rituels du deuil et de la reddition [2]. Le coupable avoue ses fautes afin de les dissiper; il offre sa vie pour la racheter.

Il se présente en victime et donne un gage à la Divinité : quand celle-ci tient en sa possession les cheveux et les ongles du Chef, elle a prise sur lui et dispose entièrement de sa personne. Le don est symbolique, mais total.

---

[1] Cf. *Tso tchouan*, trad. Couvreur, t. I, p. 153. Ces aphorismes sont employés à propos d'un prince de Song qui, ayant, à la suite d'une inondation, reçu des condoléances, avait répondu humblement : «c'est parce qu'en vérité j'ai manqué de respect, que le Ciel a fait descendre cette Calamité.» — L'État de Song sera prospère, dit celui qui entendit cette réponse. La Vertu du prince s'était surtout manifestée par *l'emploi d'un mot exact*; il s'était désigné par l'expression «petit orphelin» (et non par l'expression : «homme de peu de Vertu» qui est le pronom de la première personne habituel pour un prince.) «Petit orphelin» est le pronom de la première personne qui convient en cas de calamité. *L'expression équivalente est pour un Roi : Homme unique* (dont le sens est à la fois «moi, unique responsable» et «moi, réduit à mes seules forces».

[2] Voir plus haut, p. 130 et suiv. Cf. *Tso tchouan*, trad. Couvreur, t. II. p. 50 : quand une montagne s'écroule ou qu'un cours d'eau se dessèche, le prince se prive d'un repas complet, revêt des vêtements simples, monte sur un char sans ornement (*ainsi fit T'ang*), supprime la musique, *va demeurer hors de sa ville*. Il ordonne à l'invocateur d'offrir des pièces de soie aux Esprits. Il fait écrire l'aveu de ses fautes par le grand Annaliste.» — On a vu plus haut que le départ du général pour la guerre s'accompagne d'un dévouement (cf. Houai-nan tseu, chap. 15, voir plus haut, p. 324, n. 4). Le général porte un habit funéraire. Il se coupe les ongles (la glose dit : des pieds et des mains). Le dévouement du général doit être total parce qu'il est chargé d'un pouvoir total : le prince lui passe l'*imperium* (celui-ci ne s'étend pas à la capitale).

Pour posséder, il faut d'abord *sacrifier et détruire*. Un Chef ne possède son pouvoir qu'en aliénant sa propre personne. Un Chef n'existe que parce qu'il a su se sacrifier. Sa puissance est faite de son dévouement. Son être en est marqué.

Que T'ang le Victorieux, par le fait de son dévouement, ait appartenu au Dieu de la Sécheresse, nous en avons une preuve curieuse et décisive. Siun tseu [1] nous dit que T'ang était [p'ien 偏 : *à demi;* ceci doit s'entendre p'ien-k'ou :] paralysé d'un côté du corps. [Le mot *k'ou* 枯 veut dire « desséché ».]

K'ou se dit des personnes amaigries, épuisées, émaciées. Tels sont les sorciers et les sorcières. Leurs traits, comme ceux des phtisiques, sont tirés. Leurs narines s'ouvrent vers le haut. Le Ciel, de peur de les blesser, n'ose faire pleuvoir. Aussi les *brûle-t-on*, à moins qu'on ne les *expose au soleil* 暴 [2].

Le pays de Ts'i souffrant d'une grande sécheresse, le duc King voulut faire un sacrifice à un Mont *ou* au Fleuve Jaune. Son ministre Yen tseu lui démontra que Monts et Fleuves étaient les premiers atteints par le fléau. Celui-ci fait perdre aux uns les arbres, *qui sont leurs cheveux*, et aux autres, les poissons qui sont leur peuple. S'ils sont impuissants à se dé-

---

[1] Cf. chap. 3. La valeur de *p'ien* est attestée par un passage relatif à Yu le Grand, qui (et pour les mêmes raisons) était aussi à demi desséché. Le passage relatif à Yu sera étudié plus loin. Les glossateurs de Siun tseu citent une note de Tcheng Hiuan au *Chang chou ta tchouan;* Tcheng écrit 湯半體枯 « T'ang avait une moitié du corps desséchée = paralysée. » Le *Chan hai king*, chap. 16, parle d'une femme-poisson 魚婦 laquelle ne serait autre que le Souverain Tchouan-hiu mort et métamorphosé : cette femme-poisson est un poisson hémiplégique (p'ien-k'ou); il en est question à propos d'un peuple à visage humain et à corps de poisson, lequel est le petit-fils de Yen-ti, le Souverain flamboyant, génie du Feu. — Se rappeler le costume mi-parti des exorcistes (voir p. 324) mi-rouge (= Yang = Feu) mi-noir (= Ying = Eau).

[2] Cf. *Li ki*, trad. Couvreur, t. I, p. 261, et *Tso tchouan*, trad. Wieger, t. I, p. 327. — Ceci revient à reconduire à son foyer d'origine la force maléficiente. On peut aussi la combattre à l'aide d'une force antithétique. Voir p. 315, n. 3.

fendre eux-mêmes, à quoi bon les prier? Le duc, convaincu, adopta un moyen plus efficace. Il abandonna son palais pour aller vivre en pleine campagne. *Il s'exposa pendant trois jours au soleil et à la rosée* 暴 露. Le Ciel fit pleuvoir en abondance[1].

Hiong-yi, ancêtre des *rois* de Tch'ou, ne possédait, comme armes et talismans royaux, qu'un arc de pêcher et des flèches d'épine. Ce sont là les armes mêmes des sorciers. Hiong-yi s'en servait pour résister aux calamités et les chasser. Il remplissait ainsi ses devoirs de chef. Afin de gouverner le territoire que le Fils du Ciel lui avait concédé, il vivait dans la brousse, *s'exposant au soleil et à la rosée* 暴 露[2].

Le Prestige du seigneur tient à ses pouvoirs religieux et magiques. Le Chef assure, pour le compte de tous, l'Ordre de la Nature. Il se doit tout entier aux puissances sacrées, car il leur emprunte ses Vertus. Tout prince est dévoué aux Dieux de son pays. Le Fondateur d'une dynastie établit, par un dévouement total, une alliance définitive entre sa Race et le Lieu-Saint. Seul, celui-là possède qui s'est entièrement dépensé. L'avènement d'un Chef implique un dévouement.

---

[1] Cf. *Yen tseu tch'ouen ts'ieou*, chap. 1. (Cf. *Chouo yuan*, chap. 18.) L'expression *lou* (rosée) évoque le plus souvent l'idée de *en plein air*. Un passage du *Tso tchouan*, trad. Couvreur, t. II, p. 569, parlant d'objets que pourraient gâter la chaleur ou l'humidité, si on les laissait exposés au soleil et à la rosée, prouve qu'il faut ici entendre *rosée* au sens précis.

[2] Hiong-yi passe pour avoir vécu au début de la dynastie des Tcheou et pour être le premier des ancêtres de Tch'ou qui reçurent un fief et un nom de famille (cf. *S.M.T.*, t. IV, p. 340.) — Il fut question de lui en 530 à propos des trépieds magiques des Tcheou dont Tch'ou voulait s'emparer. (Cf. *S.M.T.*, t. IV, p. 361.) — M. Chavannes traduit : *pou-lou* par «exposé à la rosée», sur la foi d'un commentateur : on a vu, à la note précédente, que les deux mots doivent être pris dans leur sens précis. — Cf. l'épreuve de Chouen dans la brousse et les thèmes utilisés à propos des pèlerinages de Ts'in Che Houang-ti au T'ai chan et au Mont des femmes de Chouen (cf. p. 285). Sur l'exposition du prince en plein air, cf. *Commentaire du Chouei king*, chap. 15.

LA DANSE DE SANG-LIN.

En 562 av. J.-C., un descendant de T'ang le Victorieux, le
duc P'ing de Song, offrit un banquet au duc de Tsin [1]. Leurs
armées venaient de s'emparer d'une petite seigneurie. Tsin
exerçait l'hégémonie. Il avait mené la guerre. Après la victoire,
il donna au prince de Song le territoire conquis. Song avait à
montrer de la reconnaissance.

« (Le prince de Song) demanda la permission de faire exécuter la danse de Sang-lin. Siun Ying (Tche Wou-tseu, un
des généraux de Tsin) déclina cette offre. Siun Yen (Tchong-
hang Hien-tseu) et Che-kai (Fan Siuan-tseu, deux autres généraux de Tsin) dirent : «Parmi les seigneuries, Song et Lou
«sont (les seules) où l'on peut assister à des cérémonies
«(royales). Lou possède la musique du sacrifice Ti : quand il
«a des hôtes ou qu'il sacrifie, il la fait exécuter. Que Song
«fasse exécuter (la danse de) Sang-lin quand il offre un festin
«à notre prince, cela ne peut-il se faire?» Le chef des danseurs les fit ranger en se servant du grand étendard. Le marquis de Tsin prit peur et, se retirant, entra dans une pièce
latérale. Quand on eut enlevé le drapeau, on termina le festin.
Au retour, quand il fut arrivé à Tchou-yong [sur son domaine]
(le marquis de Tsin) tomba malade. On consulta les sorts :
Sang-lin apparut. Siun Yen et Che-kai manifestèrent le désir
de retourner en hâte (à Song) et demandèrent qu'on y allât
prier 禱. Siun Ying ne le voulut point. Il dit : «Pour ma
«part, j'ai décliné (l'offre qu'on faisait d'exécuter) cette céré-
«monie (ou, aussi bien, l'offre de cette prestation rituelle). Ce
«sont ceux-là qui ont voulu la faire exécuter : si donc il y a une

____

[1] Cf. *Tso tchouan*, trad. Couvreur, t. II, p. 253. Cf. trad. Legge,
p. 446.

« divinité (offensée), qu'elle s'en prenne à ceux-là ! » Le marquis de Tsin se rétablit. »

Les rites exigent que les sacrifices et les danses d'une Race
Royale ne disparaissent point quand elle perd le pouvoir [1].
Les princes de Lou ne descendent pas d'une dynastie déchue.
Ils ont pourtant droit à des danses et à des sacrifices royaux [2].

[1] Cf. *S.M.T.*, t. I, p. 92.

[2] Cf. le chapitre *Ming t'ang wei* du *Li ki* (trad. Couvreur, t. I, p. 725-
741) expressément écrit pour montrer les droits des princes de Lou et pour
prouver que la tradition rituelle de Lou est bien l'exacte pratique des Tcheou.
Le sacrifice dont il est question dans le texte du *Tso tchouan*, le sacrifice Ti,
est un grand sacrifice triennal. Le *Tsi fa* (*Li ki*, trad. Couvreur, t. II, p. 257
et suiv.) indique les héros à qui les différentes dynasties adressaient ce sacrifice (les Hia à Houang-ti, les Yin à Ti K'ou, mari de Kien Ti. Mère de leur
Race, — les Tcheou, de même, à Ti K'ou, mari de Kiang Yuan, Mère de leur
Race). La règle (*Li ki*, *ibid.*, t. I, p. 745) est que le sacrifice est fait en
l'honneur du Héros dont est sortie la Race. (Cf. *ibid.*, p. 749 et 775 : *Seul
un Roi peut offrir le sacrifice Ti.*) — Il est à remarquer que le passage qui nous
occupe établit un parallélisme entre le sacrifice Ti fait à l'aïeul mythique et la
danse de Sang-lin : le fait est d'autant plus significatif que Sang-lin est déclaré se manifester, comme le font les Esprits et les Mânes. — Le *Ming t'ang
wei* déclare que les princes de Lou, de même que les Rois Tcheou, faisaient
exécuter les sacrifices et les danses, possédaient les vêtements et les ustensiles
de toutes les dynasties précédentes : la dynastie régnante a acquis ces droits
par conquête. Mais comment les exerce-t-elle ? Il faut qu'elle ait à sa disposition des exécutants qualifiés, c'est-à-dire des descendants des races déchues.
A propos, précisément, des conquêtes faites par Song et Tsin dont le banquet
qui nous occupe célébra la victoire, le *Tso tchouan* (trad. Couvreur, t. II,
p. 254) raconte que Tsin « demanda et obtint que l'*annaliste de l'intérieur* des
Tcheou (GARDIEN DES ARCHIVES) choisît l'un des membres de la famille dont la
seigneurie venait d'être supprimée et l'établît *dans une ville de Tsin* comme
successeur de ses ancêtres ». Le texte ajoute : « c'était conforme à la règle ».
On notera, fait suggestif, que *si Tsin a donné le territoire à Song, il garde à
sa disposition les représentants de la race qui a des droits divins sur ce territoire.*
En 661 (*S.M.T.*, t. V, p. 11), Tsin attaque la seigneurie de Houo. Tsin a
pour général Tchao Sou, membre de la famille Tchao qui tient à s'inféoder le
lieu saint de Houo, le mont du Houo t'ai chan, où elle prétend que son aïeul
Fei-lien est enterré. Le prince de Houo est battu, mais il réussit à s'échapper
et se réfugie dans le pays de Ts'i. Houo est annexé. Le Houo t'ai chan produit une sécheresse. Tchao Sou va chercher à Ts'i le prince de Houo, non pas

Le dévouement qu'on trouve à l'origine de la dynastie des Tcheou, alors régnante, a pour héros Tcheou-kong, Ancêtre de Lou. — Les princes de Song représentent la dynastie des Chang. La danse qui est leur propriété particulière, commémore le dévouement de T'ang le Victorieux.

L'exécution de la danse Sang-lin met en jeu des forces religieuses redoutables. Elles sont, semble-t-il, particulièrement redoutables aux étrangers. Le prince de Tsin tombe malade simplement pour avoir assisté aux débuts de la mise en scène. La divinité qui est la cause du mal et qui apparaît à la consultation des sorts [1], ne peut pas être propitiée en pays étranger ni, sans doute, par des étrangers. Si un sage conseiller n'avait pas trouvé le moyen de détourner la responsabilité, s'il n'avait pas, par avance, pris l'utile précaution de décliner cette prestation rituelle qu'est l'exécution d'une danse et d'un hymne [2], le prince de Tsin eût été contraint de retourner à Song. Là

précisément pour lui rendre son État, mais «pour qu'il s'acquitte des sacrifices au Houo T'ai chan». — La danse, propre aux Yin, dont disposaient les Tcheou est la danse Ta Po, qu'on a tendance à confondre avec la danse Sang-lin. On peut se demander si Sang-lin n'était pas une danse plus caractéristique que Ta Po du génie familial des Yin : seuls, les descendants de T'ang ont le droit de l'exécuter.

[1] Le texte dit seulement, dans un raccourci remarquable : «Sang-lin apparut». Les commentaires n'ajoutent rien.

[2] Cf. p. 408 : Confucius, à l'entrevue de Kia-kou, décline aussi l'offre d'un festin. Dans le cas de Kia-kou, même en laissant de côté le guet-apens tenté pour s'emparer réellement du prince de Lou, il n'est pas douteux que le but visé était une inféodation. On remarquera qu'à Kia-kou, aussi, il y eut danse et que le *drapeau du chef* joua un rôle décisif. — Siun Ying, le conseiller prévoyant, a été, au cours de la campagne, en opposition constante avec les deux autres généraux (cf. *Tso tchouan*, trad. Couvreur, p. 250 et suiv.). Tous trois représentent de grandes familles rivales. Siun Ying accuse ses rivaux d'avoir monté toute l'expédition pour la faire aboutir à un échec dont la responsabilité retomberait sur lui. Il eut sa revanche, à propos de la maladie du prince, en détournant la calamité produite par Sang-lin, sur les conseillers qui avaient poussé à accepter la représentation. Ici encore le modéré a le beau rôle : Siun Yen et Che-kai ont eu le tort de trop vouloir pour Tsin.

seulement, il eût pu faire adresser au Dieu des prières valables : il eût été obligé de demander ce service au Chef du pays [1] et de payer son entremise. — Le mot qui désigne la prière qu'il aurait fallu faire est celui-là même qu'on emploie pour parler du dévouement de T'ang à Sang-lin [2].

Le génie de Sang-lin rend malade le duc de Tsin. Celui-ci n'a point assisté à la danse étrangère : il en a seulement aperçu l'étendard [3]. Dès que s'est montré le chef des Danseurs, *por-*

[1] Voir p. 458, n. 2.

[2] Le commentaire déclare que la consultation des sorts fit voir que Sang-lin était à l'origine du 祟 *souei* : ce mot désigne les Malheurs causés par un Esprit. Le *Tso tchouan* (trad. Couvreur, t. III, p. 3o) l'emploie à propos d'une maladie d'un prince de Tsin causée par deux êtres qui sont des Génies Fondateurs de Races et dont l'un est une constellation tandis que l'autre est une divinité fluviale. — Le caractère *souei* se retrouve au *Tso tchouan* (*ibid.*, t. III, p. 63a) à propos d'une Calamité (maladie) envoyée au prince de Tch'ou par le Fleuve Jaune. Le prince se refuse à sacrifier parce qu'il n'a pas le droit de sacrifier au Fleuve. Le sacrifice est appelé ici 禜 *yong* (cf. *ibid.*, p. 33). *Yong*, sacrifice déprécatoire, a même valeur que 禱 «prière, dévouement pour conjurer une calamité».

[3] Cet étendard est appelé l'*étendard Hia* 夏. Legge (p. 446) et Couvreur (t. III, p. 254) traduisent tous deux par *le grand drapeau*. Les glossateurs disent en effet que l'étendard Hia est un grand étendard. — Le mot *Hia* signifie «Été» et est le nom de la dynastie fondée par Yu. [Nous verrons plus loin que, dans le *Yu kong*, Hia est l'épithète de plumes de faisan fournies en prestation et provenant du Mont Yu où fut exilé et mourut Kouen, père de Yu.] — Le geste fait par le chef des danseurs avec l'étendard Hia (c'est ce geste et la vue de l'étendard qui effrayent — et rendent malade — le prince de Tsin) est indiqué par un mot que les glossateurs interprètent par «faire ranger, mettre en rang», mais qui a le sens exact de «front, tête» 胡. Il semble que le geste se rapportait à la tête des danseurs, et qu'il fut fait au moment où ils entraient et où le duc de Tsin les aperçut. Leurs têtes avaient-elles un aspect particulièrement horrifiant? *Portaient-ils des masques?* On a vu que la sécheresse subie par les Chang est un effet de leur victoire sur les Hia (et des mesures prises à propos du Dieu du Sol des Hia). On a vu aussi que T'ang, au moment de sa victoire passe pour *avoir coupé la tête* d'un personnage nommé *Hia-keng* (cf. p. 313), le laboureur Hia (des Hia? de l'Été?) qui habite au plein midi (il n'y a là ni ombre ni écho). Hia-keng ressemble étrangement d'une part à Keng-fou (le Laboureur), Dieu de la sécheresse, noyé au cours des cérémonies d'avènement de l'année, et, d'autre part, à

teur du drapeau, le prince, saisi de crainte, s'est retiré précipitamment, mais trop tard. Le génie de Sang-lin est tout entier dans son drapeau. Une danse dynastique est une espèce de blason musical et mimique. L'emblème d'une famille se voit sur l'étendard de sa danse. Il est identique à son génie. Il est son Dieu, le Dieu familial, dangereux à tout étranger.

Les festins scellent les alliances féodales. Ils sont toujours accompagnés de chants. On cherche, en chantant des poèmes, à lier les volontés, à conclure des contrats, à obtenir un protecteur, à créer un lien de patronage[1]. Le prince de Tsin exerçait l'hégémonie et venait de faire à Song un présent considérable : il lui avait donné un territoire. Pour le payer de retour, on fit danser devant lui la danse de Sang-lin. La pres-

Hing-yao qui lutta contre le Souverain, fut décapité et se transforma en *danseur sans tête.* Les démons de la sécheresse sont aussi des danseurs sans tête. — On se rappelle que le Roi Wou des Tcheou, quand il eut vaincu le dernier des Yin, suspendit sa tête à son drapeau que blasonnait le Corbeau Rouge. — Les glossateurs se bornent à dire que le duc de Tsin eut peur parce que l'étendard Hia n'était point ordinaire 非 常. — Mais on a vu plus haut qu'un passage de Tchouang tseu ne se comprend bien que si la danse Sang-lin, comme la danse Hien-tch'e, commémorent et représentent le dépècement d'une victime.

[1] Voir au *Tso tchouan* (trad. Couvreur, t. I, p. 348), le récit du repas où le futur duc Wen de Tsin arrache au duc Mou de Ts'in une promesse à l'aide d'une joute de chants. — La joute de chants pouvait s'accompagner d'autres joutes (le concours à l'arc en musique en est une). En 529, au cours d'un repas donné par Tsin à Ts'i (cf. *Tso tchouan, ibid.,* t. III, p. 195), on joua au jeu du goulot (il s'agissait de faire entrer des flèches dans le goulot d'une jarre). Tsin joue le premier; un vassal s'écrie : «Notre vin égale en quantité l'eau de la Houai et notre viande formerait une montagne égale au Mont Tch'e : si notre prince atteint le but, il sera chef des princes!» Tsin atteignit le but et ce fut le tour à Ts'i de jouer. Le prince, avant de lancer ses flèches, dit : «Notre vin égale en quantité l'eau de la Cheng et notre viande formerait une grande colline. Si j'atteins le but je m'élèverai et je prendrai la place du prince de Tsin.» Il atteignit le but; une rixe faillit s'en suivre; la réunion fut levée précipitamment. — Ces joutes rappellent les *joutes de hâbleries* du début de l'année, où le peuple, pour un plaisir d'un moment, se ruinait (voir p. 331). Noter que les hâbleries portent sur le vin et la viande (nourriture noble).

tation rituelle compensait un bien réel. Celui qui révèle à un étranger son hymne familial, qui lui manifeste son blason, bien plus, son blason animé, quand il exécute la danse où sont commémorées les gloires les plus intimes de sa race, propose une espèce de communion d'une puissance plus profonde encore que celle qui s'obtient par les repas en commun. Il donne prise sur la substance même de sa Vertu et sur l'emblème de son Génie.

Mais il y a des arrière-pensées dans tout contrat et dans tout commerce. Rien ne peut honorer Tsin autant que la prestation rituelle d'une danse royale[1]. Tsin, pourtant, a beau exercer l'hégémonie, il n'a pas la royauté. Le don est trop gros pour lui. Il doit avouer qu'il est incapable de l'accepter en entier et, rien que pour avoir laissé faire le geste initial, son prince, contraint par le Génie royal de Sang-lin qui le rend malade, risque d'être obligé d'avoir recours à la puissance religieuse des descendants de T'ang le Victorieux[2].

Tsin pour avoir, même à demi, reçu l'hommage de la Danse de Song, a failli devenir le débiteur du Génie de Sang-lin. Song, au contraire, au moment où il paraissait inféoder son bien suprême, réussissait à accroître son Prestige. En mani-

[1] La dignité ancienne des Yin conférait aux princes de Song un prestige particulier. Voir *Tso tchouan*, trad. Couvreur, t. 1, p. 365. En 634, Tcheng reçut Song et s'informa du cérémonial à suivre; on lui dit : « Les princes de Song sont des descendants d'une (des trois) dynasties. A la cour des (Rois) Tcheou, ils sont traités en hôtes (et non en vassaux). Quand le Fils du Ciel fait un sacrifice, il envoie un présent de viande de sacrifice (à Song). En cas de deuil (le Fils du Ciel) salue Song, (quand celui-ci apporte ses condoléances). » — Song honore à la fois et humilie le puissant Tsin, son bienfaiteur, en faisant parade de sa gloire ancienne et toujours puissante. Dans l'hommage, l'aspect de rivalité est encore sensible.

[2] Un fait remarquable signale le prestige religieux de Song. Les chaudières magiques des Hia, talismans royaux des trois dynasties, tombèrent dans l'eau, s'enfoncèrent et devinrent invisibles, quand le Dieu du Sol de Song disparut (*S.M.T.*, t. III, p. 483). Sang-lin n'est-il pas le Dieu du Sol de Song?

festant du respect, il acquérait le droit au respect. Il prenait le pas, en semblant le céder (*jang*).

*
* *

Le peu de faits qui nous restent sur l'Ancêtre des Chang et sur son Ministre forment un ensemble assez homogène.

Le Héros dynastique fonde le pouvoir de sa Race par le don total qu'il fait de lui-même à un Lieu-Saint. Grâce à ce dévouement, le Chef et ses successeurs possèdent une vertu magico-religieuse, qu'ils exercent au profit de leur peuple. Chacun d'eux est (dans son domaine) l'Homme Unique [1] qui bénéficie de tout et qui expie tout. Le Lieu-Saint est l'âme extérieure de son pouvoir. Les maux dont souffre le Prince proviennent d'un dépérissement du Lieu-Saint. Il dépend du Seigneur, par sa conduite et par ses sacrifices (par des expiations qui renouvellent le dévouement initial), de maintenir le Lieu-Saint en état de prospérité [2]. Le Pouvoir régulateur dont l'un et l'autre disposent collégialement est à la fois d'ordre général et d'ordre spécifique. Prince et Lieu-Saint assurent la bonne marche des choses, mais ils l'assurent pour un pays particulier.

Le Génie de la Race s'entretient par des Danses commémoratives. Propriété sacrée de la famille, elles sont pour elles comme un blason musical et mimique. Le Génie de l'Ancêtre, le Génie du Lieu-Saint animent de toute leur puissance le drapeau qui préside à la Danse. La voix du Lieu-Saint, la voix de l'Ancêtre parlent dans les instruments de la musique [3] : ils

___

[1] L'expression «homme unique» ne vaut au sens strict que pour le Fils du Ciel.

[2] Cf. *Fêtes et chansons*, p. 195 et suiv.

[3] J'admets la parenté de K'ong-sang et de Sang-lin. — L'étude de la fondation des Hia justifiera l'hypothèse que j'avance, avec plus de précision.

proviennent du Centre Ancestral. L'Ancêtre et le Lieu-Saint dansent et chantent, quand on chante et qu'on danse en leur honneur. Ils sont là, avec leur Prestige entier. Ils agissent et servent leurs fidèles. Au moyen de leur Danse, on peut infliger une calamité à l'ennemi ou au rival, tout comme on peut payer une dette. La Danse dynastique est la Fortune du fief : c'est un bien mystique qui équivaut à des valeurs marchandes.

Le dévouement de l'Ancêtre Fondateur est perpétuellement rénové par la Danse Dynastique. L'auteur de cette Danse est le Ministre-Fondateur. Il est le Héraut de la Dynastie. Il lui a fourni son blason animé. Il a assuré pour elle le fonctionnement de l'hérédité agnatique. Il forme avec son maître un couple indissoluble. Si le Fondateur doit se dévouer au Lieu-Saint, il semble bien qu'un dévouement aussi total s'impose au Ministre au moment où meurt le Chef. Mûrier et Paulownia Creux se correspondent. Yi Yin est sorti de K'ong-sang qui, peut-être, fut aussi son tombeau. T'ang fut enterré à T'ong et une famille qui sortit de lui s'appelait K'ong-t'ong.

K'ong-sang et K'ong-t'ong sont des arbres cardinaux. Les portes de la capitale de Song ont des noms qui rappellent les Orients et la course du Soleil. Yi Yin est né du Mûrier Creux où le Soleil se lève; T'ang a pour emblème le Soleil Levant. T'ang s'est dévoué à Sang-lin; Sang-lin, Dieu du Sol de Song, en est aussi une Porte : il semble que ce soit la Porte de l'Est. Le Chef est chargé d'assurer l'ordre des saisons [1]. Il y arrive par des cérémonies urbaines. Sans doute a-t-il transféré dans les murs de la ville où il danse la Danse de l'Ancêtre, la Danse

[1] T'ang, on l'a vu, n'est pas le seul Souverain qui soit en rapport avec le Soleil. D'autres ont habité K'ong-sang. — Un principe du droit et de la divination (cf. *Tso tchouan*, trad. Couvreur, t. III, p. 100) était que le Soleil en son midi représente la Dignité souveraine. (Je rappelle que le plein midi est Kouen-wou, que Kouen-wou est un souverain, que c'est aussi une épée et que le maître de Kouen-wou a pris un bain, tout comme le Soleil. (Voir p. 449, n. 5.)

du Lieu-Saint, toute la puissance divine des lieux où les danses paysannes créaient l'ordre social et l'ordre naturel.

Il l'a pu, grâce au dévouement du Héros dont le Prestige survit et éclate dans le drapeau de commandement que porte le chef des danseurs [1]. C'est par le dévouement qu'a été conquis l'Emblème. C'est dans la danse que l'Emblème s'anime. Le porteur d'étendard (comme l'auteur de la Danse) est le Double du Chef — tandis que le Chef, l'Homme Unique, qui expie pour tous et rajeunit le Dieu, est, lui-même, le Double du Dieu qui se manifeste dans la Danse.

[1] On a vu (cf. p. 113 et suiv.) que la danse commémorative du triomphe du Roi Wou (un drapeau — sans doute blasonné — figure à ce triomphe, cf. p. 387) semble avoir servi aux historiens dans le récit qu'ils font du début des Tcheou. — Sseu-ma Ts'ien introduit dans l'histoire des Yin (cf. t. I, p. 189) deux vers [qui paraissent fort obscurs : on ne sait s'ils sont dits par Kie, dernier des Hia, ou par son peuple] : «Ce Soleil, le jour où il mourra — moi et vous, nous périrons tous.» Ce passage s'éclaire si l'on songe que la lutte entre deux Rois, est une joute de Soleils rivaux : Roi et Anti-Roi, Soleil et Anti-Soleil. [Voir plus haut, p. 399-400 : et remarquer combien il devient invraisemblable que les soleils multiples des Yin (qui s'insèrent dans un ensemble fort bien lié) aient été copiés sur ceux des Tcheou.] Le passage de Sseu-ma Ts'ien est surtout remarquable parce qu'il montre que l'histoire a puisé dans une tradition versifiée : et alors on se demande si celle-ci n'est pas en rapport avec l'affabulation des danses et des drames mythiques. — On se rappelle que, à Kia-kou, le Danseur servit de victime substituée au Chef. On vient de voir que le Héraut dynastique (ministre et rival du prince) est le créateur de la Danse-blason. Il faut rapprocher le fait que l'avènement de Houang-ti est assuré par la victoire qui met celui-ci en possession du drapeau de Tch'e-yeou (ministre et rival). Or, Tch'e-yeou représente une confrérie de danseurs.

CHAPITRE III.

DANSE ET DÉVOUEMENT DE L'ANCÊTRE DES HIA.

Yu le Grand succéda à Chouen dont il avait été le Ministre. Il avait pour père Kouen qui aurait voulu être Ministre (Trois-Ducs) de Yao, à la place de Chouen. Kouen fut banni et dépecé sur le Mont de la Plume : il se jeta dans le gouffre de cette montagne [1]. Yu, qui réussit à être Ministre et à fonder une dynastie, se dévoua à une divinité des Eaux.

LE DÉVOUEMENT DE YU AU FLEUVE JAUNE.

L'histoire ne parle pas du dévouement de Yu. De nombreux auteurs racontent que Yu fut éprouvé par les Eaux, comme T'ang l'avait été par la Sécheresse [2]. Houai-nan tseu ajoute que Yu se dévoua au Fleuve de Yang-yu [3].

Le rite accompli par Yu est exprimé par le mot 解 *kiai*. Ce terme, qui signifie «écarter, expulser une calamité», a aussi le sens de «dépecer une victime» [4]. Kouen fut dépecé : son

---

[1] Sur Kouen, se reporter p. 244 et suiv., 265 et suiv.

[2] Voir p. 455, n. 1.

[3] Cf. chap. 9.

[4] Houai-nan tseu raconte les dévouements de Yu et de T'ang en des phrases strictement parallèles : l'expression 以身解, employée pour Yu, fait pendant à l'expression (consacrée) 以身禱, employée pour T'ang : nous avons vu que, quand on parle de T'ang, l'idée qu'on veut souligner est qu'il alla prier en personne : il est clair que c'est là un sens adouci et qu'il faut entendre : accomplit avec sa propre personne le sacrifice de détournement. Le mot *kiai*, em-

fils se borna, sans doute, comme T'ang, à se couper les cheveux et les ongles, et, comme le duc de Tcheou, à les jeter dans le Fleuve [1]. Les sorciers et les sorcières, que possède une divinité, ont le corps desséché. T'ang le Victorieux eut la moitié du corps desséché par suite de son dévouement. Il en fut de même de Yu le Grand. Par surcroît, le poil ne poussa plus sur ses jambes, ni les ongles à ses mains. Son visage devint noirâtre comme l'eau [2].

Sang-lin, où T'ang s'était sacrifié, fut, pour ses descen-

---

ployé à propos de Yu, s'entend aussi dans le sens adouci qu'il a dans l'expression 解除 «expulser, exorciser pour expulser» (voir p. 298). Il faut comprendre : Yu accomplit avec sa propre personne (en se mettant personnellement en jeu) les rites pour expulser la Calamité. Le glossateur de Houai-nan tseu écrit : pour faire le sacrifice d'expulsion, il se servit de lui-même, de son propre corps, comme de *tche* 質 : *tche* signifie «matière»; il a aussi les sens de *présent, gage, otage*. Yu et T'ang remirent leur corps en gage à la divinité propitiée. — Le sens fort du mot 解 est : «dépecer». Il s'emploie en ce sens tout aussi bien pour les hommes que pour les animaux. Un duc de Ts'i voulut faire dépecer (*kiai*) un palefrenier qui avait laissé mourir son cheval favori (cf. *Yen tseu tch'ouen ts'ieou*, chap. 1).

[1] Le duc de Tcheou jeta ses rognures d'ongles dans le Fleuve, qui tint ainsi un gage (cf. *S.M.T.*, t. IV, p. 95).

[2] Cf. Che tseu, chap. 2. Che tseu explique les infirmités de Yu par les travaux qu'il accomplit pour régulariser le cours du Fleuve et qui le firent séjourner dix ans hors de chez lui. Che tseu emploie l'expression 偏枯之病 «hémiplégique». Il ajoute que «les pas (de chaque pied) ne se dépassaient pas l'un l'autre». 步不相過 et que c'est là ce qu'on appelait : le Pas de Yu. Nous reviendrons sur ce fait. — La tradition se borne le plus souvent à signaler que Yu le Grand eut des durillons. Tchouang tseu (chap. 33, trad. Wieger, p. 501) dit aussi que Yu n'avait point de duvet aux mollets, non plus que de poils sur les jambes. Cf. *S.M.T.*, t. II, p. 208. Lie tseu (chap. 7, trad. Wieger, p. 175) signale les durillons, mais n'oublie pas le dessèchement hémiplégique. Lu Pou-wei, chap. 20, § 6, note le visage noir et la démarche caractéristique de Yu. — Les rivières et les montagnes sont dites produire la pluie : on leur sacrifie aussi bien en temps d'inondation qu'en temps de sécheresse. Le dévouement de T'ang au Mont des Mûriers, le dévouement de Yu au Fleuve Jaune produisent les mêmes effets sur leur auteur. Possédés par le Dieu, ils s'émacient; en revanche le bon ordre est maintenu dans la Nature : c'en est fini de l'excès de sécheresse ou d'humidité.

dants, un Dieu du Sol. Yu le Grand, parce qu'il s'était dépensé jusqu'à la mort pour le bien de l'Empire, devint Dieu du Sol[1]. Aussi bien était-il né d'une pierre. [Le corps de sa mère, à sa naissance, avait dû être ouvert[2].

[1] Cf. Houai-nan tseu, chap. 13. (Le Souverain flamboyant, Yen-ti, devint Dieu du foyer; Yi l'Archer, le vainqueur des Neuf Soleils, devint un Dieu de la maison ou des champs.) Yu, qui se dépensa au profit de l'Empire jusqu'à la mort, devint 社 «Dieu du Sol». — On se rappelle que la Sécheresse subie par T'ang commença lorsqu'il recouvrit d'un toit le Dieu du Sol des Hia (il avait précédemment, dit-on, voulu le déplacer; cf. CHAVANNES, *Dieu du Sol, T'ai chan*, p. 460). Le *Louen heng*, chap. 77 (trad. Forke, t. 1, p. 519), reproduit à peu près textuellement la phrase de Houai-nan tseu : Yu, ayant dépensé ses forces à cause de l'inondation de l'Empire, en mourut et devint Dieu du Sol.

[2] Yu passe pour être né d'une graine 苡 avalée par sa mère : d'où le nom de la famille qu'il fonda 姒 «Sseu». Cf. *Fêtes et Chansons*, p. 200. — Houai-nan tseu (chap. 19) écrit que Yu naquit d'une pierre (de même que Sie, Ancêtre des Chang, naquit d'un œuf). Le glossateur ajoute qu'il naquit en sortant du sein (de sa mère) que l'on ouvrit (cf. plus haut, p. 254). Un vers du *T'ien wen* se rapporte à ce fait. Les glossateurs signalent que Sie, le Grand Ancêtre des Yin, naquit aussi quand on eut ouvert le sein de sa mère. Heou-tsi, l'Ancêtre des Tcheou, qui fut le compagnon de Yu et devint le Dieu des Moissons, naquit du pas d'un géant et eut une fermeté de montagne comparable au vouloir d'un géant (cf. *Dépôt de l'enfant sur le Sol, Rev. arch.*, 1921, p. 335) : il mourut (par l'effet de *ou* sur) une montagne 山 死 (cf. note de Wei Tchao au *Kouo yu*, chap. 4. *Lou yu*, de même que Hiuan-ming, Ancêtre des Chang, mourut (dans *ou* par l'effet de) l'eau 水 死). [Hiuan-ming se noya dans le Fleuve Jaune (cf. *Annales*, 15e année du Roi Tch'ou des Hia) après avoir été chargé de régler le Fleuve (3e année de Chao-k'ang). — Heou-tsi passe aussi pour s'être noyé : il se noya (*Chan hai king*, chap. 2) dans le Grand Marais du Nord (que voulut boire K'oua-fou, le vent desséchant. — Heou-tsi, à sa naissance, subit l'épreuve de l'exposition sur un marais glacé); sa tombe est une montagne encerclée par l'eau (*Chan hai king*, chap. 11; cf. chap. 18). On nous rappelle à son propos une règle dont Che tseu attribue la promulgation à Yu le Grand : ceux qui sont morts sur une colline sont enterrés sur une colline; ceux qui sont morts dans un marais sont enterrés dans un marais (Che tseu, chap. 2). Les Chinois expliquent la règle en disant que Yu au cours de ses travaux ne voulait point perdre de temps aux funérailles).] — *Yu le Grand fut* [comme Hiuan-ming et comme son père Kouen (Annales, 61e année de Yao)] *chargé de diriger le Fleuve* 治 河 (*Annales*, 75e année de Yao). *Il fut aussi chargé de faire un sacrifice au T'ai-che* (c'est-

— K'i, fils de Yu, naquit d'une pierre qui se partagea en deux [1].]

Yu le Grand prit sur lui les péchés de tous, s'offrit en victime [2] et devint un Dieu. Le lieu où il se sacrifia est un Lieu-Saint. Yu, comme Kouen, son père, fut chargé de régler le Fleuve [3]. Yang-yu, où Houai-nan tseu place le dévouement de Yu, est l'endroit où le Comte du Fleuve a sa capitale [4].

à-dire à *la Montagne où se trouve la pierre fendue dont naquit son fils*) la 15° année de Chouen (*ibid.*).

[1] Nous reviendrons plus loin sur ce fait.

[2] Yu s'accusa lui-même, comme T'ang : cf. *Tso tchouan*, trad. Couvreur, t. I, p. 153, et ci-dessus, p. 454.

[3] Cf. *Annales*, 61° année et 75° année de Yao.

[4] Houai-nan tseu (chap. 19) écrit «Yang-yu» 陽旴. Le *Mou t'ien tseu tchouan* (chap. 1) écrit 陽紆 «Yang-yu (ou Yang-ngeou); [Houai-nan tseu dit : le Fleuve de Yang-yu; le *Mou t'ien tseu tchouan* dit : le mont de Yang-yu. Il s'agit d'une berge du Fleuve Jaune; 紆 signifie «courbe».] Le Mont de Yang-yu est la première grande étape du Roi Mou dans sa randonnée. [Les *Annales* signalent que le Roi Mou séjourna à Yang-yu 陽紆 la 13° année de son règne). C'est là, dit le texte, qu'est la capitale du Comte du Fleuve, c'est-à-dire : Ho-tsong 河宗; la glose interprète cette expression en disant que le Fleuve (Jaune) est le principal des quatre grands cours d'eau. 宗 Tsong signifie : «chef de branche familiale, Centre ancestral, Ville où est le temple ancestral, Famille». Dans le *Mou t'ien tseu tchouan*, Ho-tsong est, immédiatement après, donné comme le titre du Comte Yao (Yao-po); l'auteur fait suivre les mots Ho-tsong du mot 氏 Che, qui marque les noms de famille; et la glose dit que celui qui présidait au Fleuve 主河, faisait de Ho-tsong son nom de famille. Le mot 主 désigne le «Chef de culte». Le *Mou t'ien tseu tchouan*, avant d'indiquer l'arrivée du Roi Mou à Yang-yu, signale que le Roi a chassé et capturé des animaux sauvages afin de sacrifier au Ho-tsong. Le Roi Mou fit en effet un sacrifice (avec immersion 沈 d'un anneau de jade dans le Fleuve), par l'intermédiaire de Ho-tsong Po-yao. L'invocateur 祝 parla ensuite au nom du Fleuve et promit au Roi de favoriser son voyage.] Le *Chan hai king* (chap. 12) cite le Mont de Yang-yu, d'où sort le Fleuve, immédiatement après avoir parlé de la Capitale du Comte du Fleuve, qui est, selon lui, le gouffre de Tsong-ki 從極 (ou 中極 Tchong-ki. Les glossateurs du *Chan hai king* identifient Yang-yu et T'ong-kouan 潼關, la passe de T'ong, défilé du Fleuve Jaune. Le *Chan hai king* (chap. 12) le rapproche de 凌門 Ling-men (défilé de Ling), identifié à Long-men (défilé de Long, passe du Dragon). [Toute la tradition (cf. *Lu che tch'ouen ts'ieou*,

Le Ho-tsong, Ville Ancestrale du Fleuve, est un territoire
que désira s'annexer la famille Tchao apparentée aux princes

chap. 21, et Che tseu, chap. 2, dans le passage où il explique que les travaux de Yu furent cause de son demi-desséchement et de son pas particulier)
admet que ce fut Yu le Grand qui, pour assécher le pays inondé, ouvrit la
passe de Long-men et creusa le rapide de Liu-leang.] Le défilé de T'ong est
aussi identifié avec le Mont de Yang-houa 陽華 que le 5ᵉ chapitre du *Chan
hai king* place à côté de T'ao-lin [la forêt des pêchers où Ts'ao fou, conducteur
du Roi Mou, prit ses chevaux (*S.M.T.*, t. II, p. 47). — Le *Mou t'ien tseu
tchouan* (chap. 1) parle des deux quadriges du Roi Mou à l'occasion de son
séjour à Yang-yu, chez le Ho-tsong Po-yao]. Yang-houa [d'où sort (cf. *Chan hai
king*, chap. 5) la rivière Yang 楊 (il s'y trouve beaucoup de poissons-hommes,
les phoques des sinologues; voir n. 4 de la p. 317)] est considéré comme étant le
Marais du pays de Ts'in, nommé par Lu Pou-wei (chap. 15) à côté de Yun-
mong, marais de Tch'ou, et cité par lui, au même titre (chap. 13), parmi les
Neuf Marais. Le *Tcheou li*, énumérant les marais (cf. trad. Biot, t. II, p. 274),
parle du Marais de 楊紆 Yang-yu (la glose prétend ne pouvoir l'identifier).
Houai-nan tseu (chap. 4), énumérant les Neuf Marais, appelle le marais du
pays de Ts'in, Yang-yu 陽紆 (c'est, ici, la même orthographe que celle du
Mou t'ien tseu tchouan). Le *Fong sou t'ong* appelle Yang-yu 陽汙 le marais
de Ts'in. Le *Eul ya* (chap. 9) écrit 楊陓 Yang-yu [Yang (comme dans le
Tcheou li) signifie «peuplier». Yu est écrit ici avec une partie phonétique 夸
qui figure dans le nom de K'oua-fou, métamorphosé en arbre dans ces mêmes
lieux. (K'oua-fou a bu le Fleuve; voir plus haut, p. 362).] La glose de Lu
Pou-wei (chap. 13) place le marais Yang-houa de Ts'in à 鳳翔 *Fong-siang*;
celle de Houai-nan tseu (chap. 4) place Yang-yu, marais de Ts'in, à 馮翊
Fong-yi (ou *Ping-yi*) [*yi* signifie «aile», *siang* signifie «voltiger». 鳳 *Fong* signifie «phénix». 馮 signifie «aller vite»: ce mot se prononce d'ordinaire *ping*:
on le prononce *Fong* quand il figure dans un nom de famille]. Le *Commentaire
du Chouei king*, chap. 1, rapproche la capitale du Comte du Fleuve [Ping- (ou
Fong-)yi] de la montagne 馮逸 Ping- (ou Fong-)yi. Le Comte du Fleuve est
appelé 冰夷 Ping-yi [noter que Ping signifie «glace». Ling-men — autre
nom de Long-men — signifie «porte, défilé de la glace». Se rappeler
que les rivières sont propitiées au moment du gel et du dégel (cf. *S.M.T.*,
t. III, p. 440 et 442)] par le *Chan hai king* (chap. 12) et par le *Mou t'ien tseu
tchouan* (chap. 1). Houai-nan tseu (chap. 11) et Tchouang tseu (chap. 6,
trad. Wieger, p. 255) [cf. *S.M.T.*, t. III, p. 623] écrivent 馮夷 (Ping-yi
ou) *Fong-yi*. [Une tradition veut que ce nom de Fong-yi, sous lequel est connu
le Comte du Fleuve, soit en fait le nom de sa femme: lui-même se serait
appelé 呂 *Liu* (ce nom doit-il être mis en rapport avec le nom du rapide de
Liu-leang, creusé par Yu le Grand?)] Houai-nan tseu et Tchouang tseu parlent
de Fong-yi parmi d'autres personnages qui tous obtinrent un (Tao 道) Pou-

de Ts'in [1]. Les Ts'in prétendaient descendre de Yi (Po-yi), auxiliaire de Yu le Grand, à qui Yao conféra un drapeau noir, couleur des eaux [2]. Les Ancêtres de la famille Tchao vivaient à Tsin où résidait la famille Fan, qui figure elle aussi dans la légende de Yu [3]. Tsin et Ts'in occupaient les environs de la boucle du Fleuve Jaune. Les deux principautés étaient en lutte pour asseoir leur domination sur le cours du Fleuve [4].

voir régulateur (spécialisé) sur la Nature. Le pouvoir spécifique de Fong-yi consiste, d'après Houai-nan tseu, à 潛 s'être évanoui (évanoui noyé ; le terme est caractéristique des évanouissements des divinités dites «taoïstes») dans le grand Fleuve. [Tchouang tseu écrit 游 « se promener, habiter (en parlant d'une divinité) » dans le grand Fleuve.] Les gloses de Tchouang tseu et Houai-nan tseu ajoutent que Fong-yi, Comte du Fleuve, fut un homme qui obtint l'immortalité en se jetant à l'eau chargé de *huit* pierres (cette glose est extraite d'une monographie relative à Ts'ing-ling, nom du rapide où l'on allait noyer le Laboureur, Esprit de la sécheresse). L'homme, qui devint Comte du Fleuve, était originaire d'un village de la passe (dite *T'ong* 童) de *Houa-yin* 華 陰. Houa-yin est identifié à Yang-houa (cf. *Chan hai king*, chap. 5). — On le voit, le Comte du Fleuve est en rapport étroit avec le lieu où Yu le Grand se sacrifia ; ce lieu (en relation avec les légendes de K'oua-fou et de Tsao-fou) est un lieu du pays de Ts'in : là est le centre des exploits de Yu, disciplinant les eaux. [On remarquera que le Fei-yi, dragon de la sécheresse (voir plus haut, p. 317), apparut, lorsque T'ang le Victorieux eut à se dévouer, sur le mont *Houa* (ou *T'ai-houa chan*), lequel n'est autre que le *Houa-yin* (cf. *Chan hai king*, chap. 2) et est considéré comme le pic cardinal de l'Ouest.] Sur le Comte du Fleuve et sa capitale, voir le *Commentaire du Chouei king*, chap. 1 et chap. 4.

[1] Cf. *S.M.T.*, t. V, p. 47. — Dans le *Mou t'ien tseu tchouan*, l'expression Ho-tsong fait pendant à l'expression Tcheou-tsong, capitale, ville ancestrale des Tcheou.

[2] Cf. *S.M.T.*, t. II, p. 2.

[3] Voir plus loin, p. 556 et suiv.

[4] La rivalité est mentionnée dès le début de l'époque *Tch'ouen ts'ieou*. Le duc Hien de Tsin fut établi sur le trône par l'influence du duc Mou de Ts'in ; il lui avait promis, en revanche, de lui céder huit villes à l'Ouest du Fleuve ; il ne le fit pas ; d'où une guerre (cf. *S.M.T.*, t. II, p. 29). Ts'in et Tsin sont fréquemment en guerre au cours de l'époque *Tch'ouen ts'ieou*. Le moment qui marque la décadence de Tsin et la fin de son hégémonie, est celui où Ts'in

Ce sont le plus souvent des gens de Ts'in ou de Tsin que l'on nous dit avoir recours au Fleuve dans leurs serments ou leurs sacrifices[1]. Les serments s'accompagnent du jet d'un

s'empare de la ville de Lin-tsin, en 417. Lin-tsin était un des centres du culte du Fleuve. — J'ai déjà signalé le fait que la famille Tchao (cf. p. 373 et 458, n. 2, et *S.M.T.*, t. V, p. 11) chercha à s'inféoder le Houo t'ai chan. [Le Mont Houo est considéré comme l'auxiliaire du Heng chan, pic cardinal du *Sud* (cf. CHAVANNES, *T'ai chan*, p. 419). — On sait que le mont Houa (c'est-à-dire le Houa-yin, identifié au Yang-houa, où se trouve le Ho-tsong) est le pic cardinal de l'*Ouest*]. Ajoutons que les princes de Tsin cherchèrent à sacrifier à Kouen, père de Yu (mort sur le Mont des Oiseaux, montagne polaire de l'*Est*) [cf. plus bas, p. 560-561, et *Tso tchouan*, trad. Couvreur, t. III, p. 138]. — La lutte pour la possession des Lieux-Saints est caractéristique de la période féodale; il y a des chances qu'elle ait été accompagnée d'une activité diplomatique qu'aidait l'invention généalogique : de là est sortie l'organisation historique des légendes et des mythes.

[1] En 636 (cf. *S.M.T.*, t. IV, p. 391), le duc Wen de *Tsin*, rentrant à Tsin, et *passant le Fleuve*, fait un serment où il prend à témoin le Comte du Fleuve : 有 如 河 伯 : le *Tso tchouan* (cf. trad. Couvreur, t. I, p. 350) donne comme texte du serment : 有 如 白 水 : sois témoin, Eau Pure ! (*La comparaison de ces deux formules montre qu'on ne conçoit pas de différence à prendre à témoin le Fleuve ou le Dieu du Fleuve.*) Un anneau de jade immergé sert de gage à la Divinité mêlée au serment. — En 613 (cf. *Tso tchouan*, ibid., t. I, p. 513), un prince de *Tsin* jure par le Fleuve 有 如 河. — En 545 (cf. *ibid.*, t. II, p. 481), un membre de la maison de *Wei*, chassé de chez lui et qui se retire à *Tsin*, jure un traité sur le Fleuve 盟 于 河. — En 510, un prince de *Lou*, parlant à un envoyé du prince de *Tsin*, jure par le Fleuve 有 如 河 (cf. *ibid.*, t. III, p. 468). — Il est question en 497 (cf. *ibid.*, t. III, p. 578) d'une convention conclue à *Tsin*, entre gens de *Tsin*, et dont le texte a été plongé dans le Fleuve 載 書 于 河. En 549 (cf. *ibid.*, t. II, p. 554), un personnage de *Tcheng*, se réfugiant à *Tsin* et passant le Fleuve, fait une convention et l'on immerge deux tessères de jade à titre de 質 gage (Yu, quand il se dévoua, dit la glose de Houai-nan tseu, donna son corps en gage). — Le *Kouo yu*, chap. 10, emploie de même l'expression : gage, à propos de l'anneau de jade immergé par le duc Wen de Tsin en 636 : il écrit 有 如 河 水 : sois témoin, Eau du Fleuve !). — En 554, un général de *Tsin*, partant en guerre contre Ts'i, immerge du jade dans le Fleuve et fait une prière 禱, adressée au 有 神 «possesseur de la puissance divine» du Fleuve (cf. *Tso tchouan*, ibid., t. II, p. 334). Il jure de ne pas repasser le Fleuve (*noter qu'il nomme son prince par son nom personnel. Ainsi fit le duc de Tcheou dans sa prière, cf. p. 411*). — L'année suivante, il repasse le Fleuve,

gage : le Fleuve a prise sur le jureur. Certains serments sont de véritables *prières* 禱. Ils impliquent un dévouement au Dieu. Les sacrifices se font par immersion d'une victime 沈[1]. Les victimes sont animales ou humaines[2].

A la fin de la période féodale, les principaux centres du Culte du Fleuve étaient les villes de Ye et de Lin-tsin. Ye, situé au bas de la boucle du Fleuve (ancien cours) quand il remonte vers le Nord, était sur le territoire de Wei[3], qui fut l'un des

et aussitôt tombe malade et meurt (*ibid.*, p. 345); il ne se laisse pas fermer les yeux avant qu'on lui ait juré par le Fleuve 有 如 河 que l'on reprendra l'expédition. (Il s'agit là d'un véritable dévouement qui est fait par le général au profit du prince : le corps du dévoué sert de gage : *le vœu doit être repris par un successeur.*) — [*S.M.T.*, t. IV, p. 320, mentionne un autre serment par le Fleuve juré par un envoyé de *Tsin*.] — En 614, *Ts'in* demande le succès dans un combat contre *Tsin* par un sacrifice au Fleuve : 祈 戰 于 河 (cf. *ibid.*, t. I, p. 509). — En 596 (cf. *ibid.*, t. I, p. 638), *Tch'ou*, vainqueur de *Tsin*, après avoir songé à élever un tertre commémoratif de sa victoire, préfère offrir un sacrifice au Fleuve 祀 河 (noter que Tch'ou, en 489, reconnaissait n'avoir pas le droit de sacrifier au Fleuve, cf. *S.M.T.*, t. IV, p. 379). — Le *Tso tchouan* (cf. t. III, p. 373) signale, en 517, une offrande au Fleuve faite par un membre de la *famille royale.* — Le *Li ki* (trad. Couvreur, t. I, p. 559) mentionne les sacrifices de *Tsin* au Fleuve.

[1] C'est la règle pour les victimes offertes aux divinités des Eaux (cf. *Tcheou li*, trad. Biot, t. I, p. 421). La règle est affirmée, à propos du Fleuve, par Houai-nan tseu, chap. 16, 沈 諸 河 : la glose ajoute 祀 河 曰 沈 : sacrifier au Fleuve se dit : «immerger». Cf. *Commentaire du Chouei king*, chap. ε : sacrifice d'un cheval blanc, par immersion, à la divinité de l'eau, Comte du Fleuve.

[2] Cf. Tchouang tseu (chap. 4, trad. Wieger, p. 241) indique que les bœufs à tête blanche, les porcs au groin retroussé et *les personnes* atteintes de fistule ne peuvent être sacrifiés au Fleuve, car ils sont néfastes, au dire des sorcières et des invocateurs. Ce passage laisse supposer que les sorcières et les invocateurs choisissaient les victimes : on va voir que ce trait est confirmé.

[3] Ye changea de maîtres au cours des luttes qui précédèrent l'établissement de l'Empire [cf. *S.M.T.*, t. V, p. 128 : Ye fut donné en 239 par Wei à Tchao. La ville fut prise par Ts'in en 236 (cf. *S.M.T.*, t. II, p. 115 et suiv.). *S.M.T.*, t. V, p. 181, en montre l'importance]. Wei, l'un des Trois Tsin, est une principauté formée à la fin du ve siècle, ainsi que Han et Tchao, par la division de l'État de Tsin. — Sur le cours ancien du Fleuve, voir la carte insérée dans *S.M.T.*, t. III, p. 526.

États héritiers de Tsin. Lin-tsin, placé aussi au bas de la même boucle, mais en amont de Ye et près du confluent du Fleuve avec la rivière Lo, appartint à Wei puis à Ts'in [1]. Lin-tsin et Ye étaient d'importants lieux de passage.

Le marquis Wen de Wei (424-387) avait subi l'influence d'un disciple de Confucius [2]. Il attira les sages à sa cour. «La région de Ye étant (pour lui) un sujet d'anxiété», il y envoya, comme préfet, Si-men Pao [3]. Celui-ci fit à Ye des travaux de canalisation et d'irrigation, qui enrichirent le pays [4]. Il fit disparaître, à ce qu'on raconte, une coutume qui blessait l'humanité. Avant lui, à Ye, on sacrifiait au Fleuve des jeunes filles [5]. Il y avait, dans la ville, un collège de sorcières. La

[1] L'importance de Lin-tsin, comme lieu de passage, est attestée par le grand nombre des entrevues qui y eurent lieu, cf. *S.M.T.*, t. V, p. 161 (entre Wei et Ts'in, en 313), p. 164 (entre Wei et Ts'in, en 310), p. 167 (entre Wei et Ts'in, en 302), p. 211 (entre Han et Ts'in, en 308), et *ibid.*, t. II, p. 73 (entre Leang et Ts'in, en 313). — La ville joua un rôle militaire au début de la dynastie Han (cf. *ibid.*, p. 363).

[2] Cf. *S.M.T.*, t. V, p. 141.

[3] Cf. *ibid.*, t. V, p. 143 : la nomination de Si-men Pao suit immédiatement la déclaration que le marquis sut attirer les sages, et, grâce à cela, obtint du renom. L'auteur ajoute que le gouvernement de Si-men Pao fut célébré par tout le Ho-nei (dont Ye était le centre). Cf. p. 145 : dans une querelle de conseillers, l'un d'eux se vante d'avoir fait nommer Si-men Pao. La cause d'anxiété est que Ye est convoité par l'État rival de Tchao (cf. une phrase du *Chouo yuan*, citée par CHAVANNES, *loc. cit.*, n. 1).

[4] Cf. *S.M.T.*, t. III, p. 523. Si-men Pao est un personnage célèbre : il est fréquemment cité, cf. par exemple Han Fei tseu, chap. 1, 8, 9 et 12.

[5] L'histoire est racontée au chapitre 126 des *Mém. histor.* (écrit par un interpolateur de *S.M.T.* à la fin du 1er siècle av. J.-C.). Si-men Pao, arrivant à Ye, réunit les notables et se fait informer de la coutume qui désole le pays : marier des filles au Comte du Fleuve 河伯娶婦 ; on lui décrit la cérémonie ; il demande qu'on prenne soin de l'informer du jour où aura lieu la Fête. Le jour venu, il se rend, accompagné de soldats, sur le lieu du sacrifice et annonce qu'il vient s'assurer si l'on a choisi pour le Fleuve une belle femme. Il regarde la fille destinée au sacrifice et déclare à la grande sorcière et au San-lao (doyen du pays) que la fille n'est point belle : il enverra donc la sorcière (qui est coupable d'avoir mal choisi) avertir le Comte du Fleuve qu'il y

grande sorcière 老巫, *âgée de soixante-dix ans*, était entourée de dix apprenties 弟子. Chaque année, on faisait d'abord une collecte d'argent[1] qui ruinait le peuple; puis, la grande sor-

a maldonne, qu'on va lui choisir une autre épouse et que la cérémonie est remise. Les soldats jettent au Fleuve la grande sorcière. Si-men Pao attend un moment et comme la grande sorcière ne revient pas de sa mission, il fait jeter à l'eau une apprentie-sorcière, puis, comme elle tarde, une seconde, et enfin une *troisième*. Il fait alors la réflexion que les femmes ne doivent pas savoir s'expliquer et il fait jeter à l'eau le doyen, qui, lui non plus, ne revient pas. Tous les assistants frappent le sol de leur tête jusqu'à en faire couler le sang et ont le visage couleur de cendre. Si-men Pao arrête alors la cérémonie et personne n'ose plus parler de la recommencer. — Cette anecdote spirituelle est construite sur le type des récits où l'on voit les sages disciples de Confucius lutter par d'adroits stratagèmes contre la coutume des sacrifices humains aux morts (cf. plus haut, p. 218, et *Li ki*, trad. Couvreur, t. I, p. 226). — Quoi qu'il en soit de sa vérité historique, elle a le mérite d'amener une description de la coutume. On nous dit qu'elle s'appuyait sur un dicton populaire : «Si l'on ne donne point d'épouse au Comte du Fleuve, les Eaux viendront noyer la population.» Il est remarquable que la glose, à propos de l'expression «Comte du Fleuve», déclare que ce soit un homme nommé Fong-yi qui, *se lavant dans le Fleuve*, se noya : on sait que le folklore chinois moderne admet l'idée que les noyés se postent dans les gués et les lacs et cherchent à faire d'autres victimes [voir (DE GROOT, *Relig. syst.*, t. I, p. 742) l'histoire d'un sorcier qui se noya, *le 5 du 5ᵉ mois, en allant au-devant* de l'Esprit d'une ondine 迎婆婆神 (mot à mot : divinité dansante : les deux caractères qui signifient «danser» se retrouvent dans le *Che king*, cf. *Fêtes et chansons*, p. 122, chanson LXIV, vers 4, à propos d'une danse sur un tertre, faite afin de faire venir la pluie. — Cf. *ibid.*, p. 98-99, le vers 3 de la chanson XLVI, et la note à ce vers. Le 5 du 5ᵉ mois (voir p. 528 et suiv.) est le grand moment des sacrifices pour la pluie.)] À la fête (qui est actuellement de couleur bouddhique) du 15 du 7ᵉ mois, on prétend, par des jeux sur l'eau, aider les âmes des noyés à se réincarner (cf. *Relig. des Chinois*, p. 174). — Ye cessa d'être à proximité du Fleuve Jaune. Le *Commentaire du Chouei king* (chap. 10, p. 7) nous apprend que le lieu où se faisait le mariage du Fleuve, porta le nom de «rive du sacrifice 祭陌», ou encore 紫陌 *rive pourpre* (cf. plus loin, p. 518 et suiv., la *berge rouge* de la rivière Yao); il y eut là un pont de bateaux : un monument bouddhique y fut élevé et un bonze y résida. — Les cultes changent; les Lieux-Saints demeurent.

[1] Plusieurs millions de pièces de monnaie. 2 ou 3 millions étaient employés pour la cérémonie; le reste était partagé entre les sorcières et les invocateurs.

cière visitait les familles [1] pour choisir au Comte du Fleuve une belle épouse. L'élue, qu'elle emmenait, était baignée et habillée à neuf. Elle devait garder l'abstinence, enfermée dans une tente de couleur rouge élevée tout exprès. On la nourrissait de bœuf et de vin [2]. Après dix jours de ce régime [3], on la parait comme une mariée. On la plaçait alors sur un lit [4], que l'on mettait à flot sur le Fleuve. Le lit nuptial dérivait sur une assez longue distance [5] et enfin s'immergeait. Tous les notables et le peuple (deux à trois mille personnes) venaient assister à la fête 觀.

Le culte de Ye passe pour être un culte populaire. Celui de Lin-tsin était un culte officiel. Il le demeura au moins jusqu'au temps de Ts'in Che Houang-ti [6]. Il y avait à Lin-tsin, comme

[1] Les gens (ceux du moins qui avaient de belles filles) redoutaient [nous dit-on] cette visite de la grande sorcière : beaucoup envoyaient au loin leurs filles et la ville se dépeuplait.

[2] Nourriture noble et réconfortante. L'abstinence consiste à manger des choses pures et de bonne qualité et non pas à ne pas manger. La tente de couleur rouge rappelle les voitures tendues de rouge des mariées.

[3] Exactement : dix jours et plus. Dix jours est le temps normal de l'abstinence.

[4] Noter qu'on fournit aussi au Comte du Fleuve le lit nuptial. — Tous les détails de ce récit précisent ce qu'on sait des rites du mariage. Une retraite préparatoire était nécessaire : on voit ici qu'elle comprenait un bain, un changement d'habit, une nourriture spéciale. — Le mobilier est apporté par la fille qui se marie. Noter plus loin le mot : *fête,* caractéristique des fêtes sexuelles, cf. p. 2, 222, 448.

[5] Plusieurs dizaines de *li.* Ceci suppose que le lieu précis du sacrifice était un tourbillon. On remarquera que si Kouen passe le plus souvent pour s'être jeté dans le gouffre de Yu chan, le *Chan hai king,* chap. 5, place la métamorphose de Kouen à Ts'ing-yao (où est une résidence secrète du Souverain) : il y a là une courbe du fleuve, un îlot et un tourbillon.

[6] Cf. *S.M.T.,* t. III, p. 441. Sseu-ma Ts'ien indique les lieux de culte des quatre Grands Fleuves, au moment de la révision cultuelle faite sous le premier empereur : le lieu du culte du Fleuve (Jaune) est Lin-tsin. On lui sacrifiait au moment du gel et du dégel; les victimes étaient un taureau et un veau; on y ajoutait les prémices des céréales et des boissons; de plus, (sous les Ts'in), *le lieu de culte se trouvant à proximité de la capitale,* on donnait encore un char et quatre poulains rouges à crinière noire.

à Ye, un collège de sorcières : c'étaient les sorcières du Fleuve 河巫 [1]. Sans doute l'organisation et les pratiques du centre de Lin-tsin ne différaient-elles pas sensiblement de celles de Ye.

En 417 av. J.-C., Ts'in, vainqueur de Wei, s'empara de Lin-tsin. Il *commença alors à donner au Fleuve pour épouses des princesses* 初以君主妻河 [2]. Lin-tsin se trouve, affirme la tradition, aux abords de l'étang de Ping-yi 馮翊. C'est près d'un étang de ce nom que le Comte du Fleuve 馮夷 Ping-yi (ou Fong-yi) a sa capitale [3].

Aux lieux où Yu le Grand, pour fonder la première dynastie royale, s'était dévoué, les princes de Ts'in, dont un descendant devait établir la première lignée impériale, s'apparentaient au Dieu du Fleuve en lui faisant épouser des filles de leur sang.

[1] Cf. *S.M.T.*, t. III, p. 452 : ceci au début des Han (en 201 av. J.-C.). On remarquera que Sseu-ma Ts'ien signale pour les pays de Ts'in et de Tsin divers collèges de sorcières (*ibid.*, p. 451).

[2] Cf. *S.M.T.*, chap. 15. Règne de Wei-lie (Tableaux chronologiques), passage non traduit par M. Chavannes. La glose précise qu'il s'agit de la pratique des mariages avec le Comte du Fleuve 謂嫁之河伯. L'expression 君主 équivaut à l'expression 公主 ; cette dernière désigne, au sens strict, les filles de sang royal qui avaient, pour président de leurs cérémonies matrimoniales 主, non leur père (le Roi : ç'eut été l'humilier; le gendre ne pouvant être qu'un prince), mais un prince du plus haut rang 公. — La tradition chinoise veut que l'usage, *alors inauguré*, ait été emprunté aux Barbares du Nord et de l'Ouest.

[3] Cf. gloses à *S.M.T.*, t. III, p. 441. La glose affirmant que Lin-tsin est près de l'étang Ping-yi est de Wei Tchao. — L'annexion par Ts'in du Lieu-Saint de Lin-tsin a pour pendant, en matière généalogique, l'équivalence établie entre Ta-fei, ancêtre de Ts'in, et Yi (Po-yi), compagnon et auxiliaire de Yu le Grand. — Les Han continuèrent à sacrifier au Fleuve : voir *S.M.T.*, t. III, p. 533 et suiv., le récit d'un sacrifice (un cheval blanc et un anneau de jade) en 109 av. J.-C., à la suite d'une sécheresse et d'une brèche faite par le Fleuve à Hou-tseu. *S.M.T.*, a conservé quelques passages de l'hymne sacrificiel. Le Comte du Fleuve y est nommé deux fois. Noter ces passages : «Dites pour moi au Comte du Fleuve : «Pourquoi n'es-tu pas bon?... les règles «qui président aux Eaux sont négligées... Jetez à l'eau le jade : — le «Comte du Fleuve est consentant...» (Un sacrifice a quelque chose d'un traité).

Il faut d'éclatants sacrifices pour qu'une famille s'inféode un Lieu-Saint et incorpore en elle son Prestige.

Depuis bien longtemps, le Comte du Fleuve protégeait les Ts'in. De même qu'il était apparu à Yu le Grand pour lui donner le Tableau du Fleuve [1], il sut indiquer à Fei Tch'ang, ancêtre des Ts'in, au temps où T'ang et Kie se disputaient la royauté, lequel serait victorieux des Soleils de l'Ouest ou de l'Est. Fei Tch'ang put ainsi devenir le cocher du vainqueur [2]. Le Dieu s'était prononcé pour les Yin. Sa protection était acquise à leur Race depuis l'époque où leur aïeul Ming (Hiuan-ming) s'était noyé dans ses eaux. Un des descendants de Hiuan-ming périt dans une obscure vendetta [3]. Le fils de la

[1] Cf. Che tseu, chap. 1. Le *tableau du Fleuve* (Ho-t'ou) est le nom d'un des diagrammes montrant la disposition mystique des nombres ou des trigrammes magiques. Le Ho-t'ou est d'ordinaire attribué à Fou-hi. On l'appelle aussi Ma-t'ou (cf. *Li ki*, trad. Couvreur, t. I, p. 536) parce qu'il sortit du Fleuve sur sur le dos d'un cheval-dragon. (On a vu que des chevaux étaient sacrifiés au Fleuve.) Il s'oppose au Lo-chou, autre diagramme, qui sortit de la rivière Lo sur le dos d'une tortue; c'est Yu qui passe pour avoir été favorisé par cette apparition. — On remarquera que Lin-tsin est placé aux environs du confluent de la Lo et du Fleuve.

[2] Cf. *S.M.T.*, t. II, p. 3, *Annales*, 29ᵉ année de Kie et plus haut, p. 374 et 399, n. 1, Fei Tch'ang est dit avoir consulté Fong-yi (Ping-yi = le Comte du Fleuve) qui n'est pas autrement décrit. Che tseu, *loc. cit.*, le fait se nommer lui-même 河 精 «Esprit du Fleuve» et le présente comme un homme de grande taille et à visage blanc dont le corps est celui d'un poisson (on a vu, p. 470, n. 4 de la p. 469, que la rivière Yang qui sort de Yang-houa, mont de la capitale du Comte du Fleuve, abonde en poissons-hommes). Le *Chan hai king* (chap. 12) décrit Ping-yi comme un être à face humaine monté sur un char attelé de deux dragons. Yen tseu (chap. 1) déclare qu'il a pour peuple les poissons. Le même auteur raconte qu'un personnage, entraîné dans le courant par une tortue comme il passait le Fleuve à cheval, en ressortit tenant d'une main la queue du cheval et de l'autre la tête de la tortue; tous les assistants s'écrièrent : «Le Comte du Fleuve!»

[3] Cf. *Annales*, 12ᵉ année de Sie des Hia. Les *Annales* indiquent simplement que le marquis de Yin alla comme hôte chez le seigneur de Yi 有易. Le seigneur de Yi le tua et 放之 (mot à mot : le bannit, c'est-à-dire bannit son cadavre) exposa son corps dans une région lointaine [le mot 放 est em-

victime emprunta son armée au Comte du Fleuve, combattit la seigneurie de Yi et en tua le prince [1].

ployé par le *Chou king* à propos d'un des quatre Bannis, Houan-teou; le mot a même valeur que 殛 (employé pour Kouen) ou que 殛 (cf. *Kouo yu*, chap. 15) = exposer le cadavre et le livrer aux forces impures de destruction.] — Le meurtre était donc compliqué d'outrage au cadavre. Quelle en était la raison? Une note ancienne des *Annales* indique que le marquis de Yin, reçu en hôte, s'était conduit de façon débauchée 淫. Le *Chan hai king* (chap. 14) raconte la même histoire en une phrase très obscure. Le seigneur de Yin (nommé ici Wang-hai et non Tseu-hai comme dans les *Annales* — Wang et Tseu sont sans doute ici des titres : le *roi* ou vicomte Hai) confia 託 (寄) au seigneur de Yi, le Comte du Fleuve et Pou-nieou; le seigneur de Yi tua Wang-hai et s'empara de Pou-nieou [on ne dit point ce qui arriva au Comte du Fleuve; les commentateurs affirment, les uns, que Ho-po (Comte du Fleuve) et Pou-nieou sont des noms de personnages; les autres que ce sont des noms de terre. Il est hors de doute que Ho-po ne soit un nom de divinité, mais son rôle, celui de Po-nieou et leurs rapports sont bien obscurs. — D'après le *Che pen*, le fils de (Hiuan-)Ming Génie de l'Eau se serait nommé Ho 核 (le Hai des *Annales*) et le fils de Ho, Wei, aurait eu pour appellation 上甲 Chang-kia : c'est le personnage dont il va être question (cf. *S.M.T.*, t. I, p. 175).

[1] Cf. *Annales*, 16ᵉ année de Sie. Les *Annales* ajoutent que cette victoire restaura la puissance des Yin, lesquels 報 montrèrent leur reconnaissance à Wei Kia-tseu, le vainqueur. Cette reconnaissance se manifesta par un *sacrifice de payement* 報祀 fait la 12ᵉ année du règne de Wou-ting des Yin (*Annales*). Le *Kouo yu*, chap. 4 (Lou yu), mentionne le même fait. — Le *Chan hai king* (chap. 14) ajoute que le Fleuve (et non le Comte du Fleuve) eut pitié du seigneur de Yi, qu'il le fit évanouir dans les Eaux 潛 et, le faisant sortir (de la Chine), lui établit une seigneurie dans la Région des Bêtes 獸方. (La glose explique que le seigneur de Yi était l'ami du Comte du Fleuve; celui-ci, cependant, n'osa refuser, à cause de la sagesse de Wei Chang-kia, qu'il estimait, de lui prêter son armée pour punir un crime; seulement, le crime puni, il métamorphosa le coupable). Le seigneur de Yi serait l'ancêtre des Yao-ming. Le *Chan hai king* parle ensuite de *deux* personnages nommés Niu-tch'eou (la glose dit que c'est en eux que se métamorphosa le seigneur de Yi). Niu-tch'eou, dit-on, possède un grand 蟹 crabe (d'une grandeur de 1,000 *li*, dit la glose). Le *Chan kai king* (chap. 7) nomme Niu-tch'eou qui, dès sa naissance, fut brûlée et tuée par les Dix Soleils : de sa main droite Niu-tcheou protège son visage. On retrouve Niu-tcheou au chapitre 16 du *Chan hai king* : c'est un personnage vêtu de vert qui protège sa figure avec ses manches (ceci auprès du marais que mange Kouen-wou : Kouen-wou est le Soleil en son midi). *Protéger sa figure avec ses manches est un geste*

Le Comte du Fleuve qui participe à des vendettas, se mêle aussi de commerce. Il apparaît, en 631 av. J.-C., à un général de Tch'ou (Tch'ou, à cette date, n'a point eu encore de rapports avec le Fleuve [1]) et (pour entrer en relations) lui réclame un cadeau. Il lui promet, en revanche, de lui donner Mong-tchou, l'Étang de Song [2].

Au Dieu lui-même, il arrive de prendre part à des tournois : on le voit, une fois, jouter avec le Comte de la Lo [3]. Sans

de DANSEUSE. Dans le nom de Niu-tch'eou entre le mot *niu*, femme; Niu-tch'eou semble être une femme. Le seigneur de Yi dont Niu-tch'eou est la métamorphose, est-il une femme (ou une divinité féminine)? Ceci pourrait servir à expliquer la conduite débauchée du marquis de Yin. — Niu-tcheou, victime du Soleil, possède un grand *crabe*. Les démons de la sécheresse se nourrissent de crabes de montagne; eux-mêmes sont mangés par des crapauds âgés de mille ans (cf. DE GROOT, *Relig. Syst.*, t. II, p. 510). Houai-nan tseu (chap. 4) professe que les huîtres, les *crabes*, les perles et les tortues croissent et décroissent avec la Lune et (chap. 17) que la lune est éclipsée (mangée) par le *crapaud*. La lune est Eau. — La victime du seigneur de Yi est représentée par le *Chan hai king* comme tenant des deux mains un oiseau dont il s'apprête à dévorer la tête : cet attribut est inexpliqué. — Il ne semble guère douteux que le combat du fils du Génie de l'Eau, aidé du Génie du Fleuve, contre un personnage brûlé par le Soleil ne soit un combat mythique commémoré par une joute dansée.

[1] Tch'ou sacrifie (exceptionnellement) au Fleuve en 596 (cf. *Tso tchouan*, trad. Couvreur, t. I, p. 638). En 489 (cf. *S.M.T.*, t. IV, p. 379) son *roi* s'interdit encore de sacrifier au Fleuve. — Mais dès le VII⁰ siècle, Tch'ou a des ambitions : il s'oppose à Tsin (alors maître du Fleuve); il voudrait bien dominer le pays de Song; en 638, une rivalité pour l'hégémonie met aux prises le duc Siang de Song et le roi Tch'eng de Tch'ou.

[2] Cf. *Tso tchouan*, trad. Couvreur, t. I, p. 399. L'Esprit qui apparaît est qualifié de 河 神 «Génie du Fleuve». Il demande en cadeau un bonnet de peau de cerf décoré de pierres rouges et dont les pendants sont ornés de pierres de prix. Le présent demandé fut refusé sous prétexte qu'un Esprit ne peut pas perdre un premier ministre. Celui-ci fut battu et dut se tuer. [Il est dangereux de refuser un cadeau demandé pour entrer en relation.]

[3] *Annales*, 16⁰ année de Fen des Hia. Cf. *Commentaire du Chouei king*, chap. 15. Le Comte de la Lo et le Comte du Fleuve, Ping-yi (Fong-yi), joutèrent tous deux ensemble. Ce récit est confirmé par une citation du *Kouei tsang*. La critique chinoise serait heureuse de faire admettre qu'il s'agit là des seigneurs de deux fiefs (l'un serait le Ho-tsong). Mais comment supprimer ce fait : le Comte

doute est-ce là une joute sexuelle. La divinité de la Lo est parfois présentée comme étant féminine.

Le confluent du Fleuve et de la Lo était le cœur de l'ancienne Chine. Le culte du Fleuve [1] y avait son centre. Ce culte comprenait des cérémonies dramatiques et splendides où l'on noyait des victimes humaines. Si, en certains lieux, il conserva l'aspect d'un culte populaire, il devint à Lin-tsin, un

du Fleuve est nommé par son nom propre? — On a vu que la capitale du Comte du Fleuve est située dans la région du confluent avec la rivière Lo. La Lo joue, dans l'histoire ancienne de la Chine, un rôle presque égal à celui du Fleuve. Les *Annales* mentionnent un sacrifice à la Lo la 57ᵉ année de Houang-ti, un autre sacrifice la 53ᵉ année de Yao. — Le terme 鬥 indique un combat personnel : il est très remarquable que le *Kouo yu* (chap. 3) l'emploie à propos d'une inondation où deux rivières (Lo et Kou), *joignant leurs eaux*, menacèrent la capitale (22ᵉ année du Roi Ling des Tcheou (552 av. J.-C.). La glose affirme que cette conjonction des rivières ressemblait à une joute, mais le texte qualifie les rivières de *Chen* (divinités) et déclare que ces divinités joutaient ensemble. — On notera que la divinité de la Lo est féminine, c'est Fou-fei, sœur ou fille de Fou-hi. Le *T'ien wen* apprend que Yi le Mauvais Archer (cf. p. 376) tira une flèche sur le Comte du Fleuve et prit pour épouse 嫦 la déesse de la Lo. — Le confluent de la Lo et du Fleuve paraît être dans une région sainte entre toutes. Dans le *Che king* l'idée de confluent évoque l'idée de joutes et de rites sexuels (cf. *Fêtes et Chansons*, p. 105). La vendetta où le Comte du Fleuve prit parti contre le (?) seigneur de Yi avait une origine sexuelle. Mariages, joutes, vendettas sont des faits voisins. — Un bas-relief du Chan-tong (CHAVANNES, *Mission arch. Textes*, p. 207 et fig. 130) montre un Dieu aquatique (très vraisemblablement le Dieu du Fleuve) allant au combat sur un char traîné par des poissons et escorté par des *grenouilles*, tortues, rats d'eau, tous armés. Certains semblent avoir tête humaine et corps d'animaux. On peut se demander si le sculpteur n'a pas travaillé en se souvenant de mascarades rituelles. — Houai-nan tseu (chap. 1) fait de Ping-yi (Fong-yi, Comte du Fleuve) et de Ta-ping (divinité inconnue) *les cochers du Yin et du Yang* et les fait participer à une course mythique où figurent aussi le Maître de la Pluie et le Comte du Vent. Comparer p. 524-526.

[1] Le chapitre 17 de Tchouang tseu qui oppose dans une joute oratoire le Comte du Fleuve au Génie de la mer, comme un sectateur de Confucius à un sage taoïste (rappr. le passage de *S.M.T.*, t. III, p. 466, sur les magiciens aux pratiques étranges venus des bords de la mer), signale l'importance du culte du Fleuve dans la religion nationale.

Mais Yu ne se borna pas à percer la passe de Mong-men, à
creuser le rapide de Liu-leang [1] et à édifier le Mont Tsi-che
(Mont des Pierres Entassées) [2]. Il dut livrer quelques grands
combats. Il attaqua, par exemple, le Mont de la Pluie et des
Nuages où, sur une *pierre rouge,* pousse l'arbre Louan [3]. —
De même, Kouen, père de Yu, attaqua le Mont T'ing-tcheou [4].

l'énergie humaine; si on les bouche il n'est pas certain que cela convienne au
Ciel» (cf. *S.M.T.*, t. III, p. 526). [La brèche fut fermée en 110, mais après
un sacrifice au Fleuve, pour le rendre «consentant» (cf. *ibid.*, p. 532 et 535).
Sseu-ma Ts'ien dans son chapitre sur les *Canaux* (t. III, p. 551) décrit ainsi
les travaux de Yu : «Yu dirigea le Fleuve; à partir de Tsi-che (Pierres Entassées), il le fit passer par Long-men (le défilé du dragon, où Yu creusa une
tranchée de 50 pas de large), arriver au Sud à Houa-yin, descendre à l'Est à
Ti-chou, puis au gué de Mong, puis au confluent de la Lo et atteindre à
Ta-p'ei... il en détacha deux canaux...» Le conflit a été constant dans
l'histoire de Chine entre les partisans de la digue et les partisans des canaux.
Il affecte la forme d'un conflit entre deux *morales :* endiguer et réprimer ou
laisser la Nature suivre son génie.

[1] Cf. Che tseu, chap. 2. Comp. Houai-nan tseu, chap. 8.

[2] Voir note 6, p. 483. *Tsi-che* (Pierres Entassées) fut construit par Yu (cf.
Chan hai king, chap. 8, qui le place à côté de la Forêt de K'oua-fou et dit que
le Fleuve en sort. Le chapitre 2 parle de la porte ou du défilé de pierre 石
門 par où passe le Fleuve.

[3] Cf. *Chan hai king*, chap. 15. L'arbre Louan 欒 a un tronc jaune, des
branches rouges et des feuilles vertes : les Souverains 群帝 (les Dieux) y
prennent des remèdes. — L'attaque de la montagne consista, dit la glose, à
en abattre 槎伐 les arbres. L'histoire relate à plusieurs reprises que Yu
coupa des arbres (cf. *S.M.T.*, t. I, p. 154 et 100 : dans ce dernier passage est
employé un mot où la critique voit l'équivalent de 槎 : ce mot désigne des
souches coupées obliquement. L'érudition chinoise voit dans les coupures faites
aux arbres de simples entailles : Sseu-ma Tsien était déjà de cet avis.) Il n'est
pas douteux qu'il ne s'agisse de couper : couper les arbres d'une montagne
était un moyen de détruire le pouvoir qu'elle avait de provoquer la pluie. Cf. *Tso
tchouan*, trad. Couvreur, t. III, p. 272, la méthode fut employée (à contre-
sens, par des maladroits) à la Forêt du Mont des Mûriers en 525 av. J.-C.
— En 217, Ts'in Che Houang-ti fit abattre les arbres du Mont Siang
dont les génies (savoir les filles de Yao, femme de Chouen) avaient osé
l'accueillir par du vent : peut-être le fit-il aussi peindre en rouge (cf.
S.M.T., t. II, p. 156 et n. 1). On a vu que le sol du Mont de la Pluie et des
Nuages est rouge. *Terre rouge = sécheresse*, cf. p. 314, n. 1, et p. 535.

[4] Cf. *Chan hai king*, chap. 17.

Kong-kong, d'un coup de corne, avait jadis ébréché le Mont Pou-tcheou : le désastre des Grandes Eaux s'ensuivit. Niu-koua ne put alors arrêter les eaux licencieuses qu'en amassant de la cendre de roseaux. Il lui fallut, pour réparer le ciel, fondre des *pierres de cinq couleurs* [1].

Kouen et Yu employèrent pour arrêter les Eaux une espèce de terre qui avait la vertu d'être inépuisable : quand on y creusait, elle devenait encore plus abondante. Elle servit à combler la terre inondée et à y construire les Monts vénérables [2]. C'est là, du moins, ce que Yu le Grand réussit à en faire. Kouen, son père, ne sut pas s'en servir. Il avait dérobé cette Terre magique au Souverain : l'Esprit du Feu fut chargé de le tuer sur le Mont de la Plume [3].

[1] Cf. Houai-nan tseu, chap. 1, 3 et 6. La cendre de roseaux est mentionnée dans ce dernier passage : la glose explique l'efficacité de cette cendre par le fait que les roseaux poussent dans l'eau. — Lie tseu (chap. 3, trad. Wieger, p. 131) ne mentionne pas la cendre de roseaux dans l'histoire de Kong-kong; Sseu-ma Tcheng (*S.M.T.*, t. I, p. 11) note le détail. — Niu-koua dut aussi couper les pattes d'une tortue géante pour édifier les quatre Pôles [comp. Lie tseu, chap. 5, les tortues aux pieds non coupés qui supportaient les cinq grandes îles de la mer de l'Est : certaines furent pêchées par des géants et deux des îles s'abîmèrent dans les flots]. — Enfin Niu-koua tua un dragon noir (noir = eau) : ceci, dit la glose, afin d'arrêter la pluie (comp. le dragon Ying qui combat Tch'e-yeou et K'oua-fou, vents desséchants). — Le passage emploie à propos des pierres de cinq couleurs 五色石 le terme 鍊 *lien* qui signifie «*purifier par le feu*» et «*dégager le métal du minerai*». La glose de Lie tseu dit que Niu-koua sut *purifier* l'essence des cinq éléments fondamentaux afin d'obtenir l'union harmonieuse 和 du Yin et du Yang. Les roseaux (eau) brûlés (feu) doivent constituer une synthèse du même ordre et se rattacher aux mêmes conceptions. Voir p. 499.

[2] Cf. Houai-nan tseu, chap. 4. (Je traduis par «*vénérables*» le mot 名 qui s'applique aux Monts et aux Fleuves auxquels on doit un culte; dire : «montagnes célèbres» ne suffirait pas à rendre la valeur du mot.) La terre magique est appelée par Houai-nan tseu, *Si-t'ou* 息土. (L'expression courante est *Si-jang*. *Jang* 壤 signifie d'ordinaire «terre meuble». *T'ou* désigne toute espèce de terre.) La glose dit : 息土不耗減掘之益多.

[3] Cf. *Chan hai king*, chap. 18. L'esprit du Feu est Tchou-jong. Ce fut aussi Tchou-jong, qui fut aussi chargé de punir Kong-kong (cf. *S.M.T.*, t. IV, p. 338).

L'inondation déchaînée par Kong-kong fut réprimée par
Niu-koua. L'histoire affirme parfois que Kong-kong fut vaincu
par Yu[1]. — Le *Chan hai king* déclare que Yu combattit la
Montagne du pays de Kong-kong[2]. Il vainquit aussi un vassal
de ce monstre à queue de serpent et à cheveux rouges[3]. Le
vassal avait neuf têtes, un corps de serpent et s'enroulait sur lui-
même. Il mangeait avec ses neuf têtes sur Neuf Montagnes (ou
bien sur Neuf Terres)[4]. Ce qu'il vomissait et ce qu'il retenait
formait *des sources et des marais*[5] : c'était une infection[6]. Aucune
bête ne pouvait demeurer. Yu, quand il obstrua les Eaux
Débordées, tua cet être. Son sang 腥臭 *putréfié pua* : on ne
put faire pousser les céréales[7]. Dans la terre (où était son

On a vu que le poète K'iu Yuan (T'ien-wen) s'étonne de la différence des traite-
ments appliqués à Yu et à Kouen. Il plaint Kouen dévoré, sur le Mont polaire
de l'Est, par les tortues et les hiboux. Kouen s'est, dit-on, transformé en tortue.
Le hibou est, on le verra, l'Oiseau de la Foudre.

[1] Cf. *Discours des royaumes combattants*, chap. 3 (Tsin). Kong-kong, selon
Sseu-ma Tcheng (*S.M.T.*, t. 1, p. 11), combattit Tchou-jong, le génie du Feu.
Selon Houai-nan tseu, chap. 1, Kong-kong disputa l'Empire à Kao-sin (Ti K'ou),
ou bien (chap. 3 et 6, de même Lie tseu, chap. 5) à Tchouan-hiu.

[2] Chap. 16. Ce pays est placé dans l'Extrême-Ouest. La glose comprend ce
combat comme étant celui qui eut lieu entre Yu et un vassal de Kong-kong.
Elle ajoute le signalement de Kong-kong.

[3] L'histoire est contée au chap. 8 du *Chan hai king* (où le vassal est nommé
Siang-licou) et au chap. 17 (où on l'appelle Siang-yao) : elle est supposée les
deux fois se passer dans l'Extrême-Nord. (Kong-kong est le banni du Nord.)
Les deux versions diffèrent à peine dans le détail. Je combine les deux récits,
en suivant pour l'ensemble celui du chap. 17.

[4] La glose du chap. 16 (Neuf Terres = Neuf Domaines) dit : C'ÉTAIT UN
GLOUTON (voir plus loin p. 515). La glose du chap. 8 rappelle que Kong-kong
tyrannisa les Neuf Contrées 九州 et suppose qu'il s'agit de neuf personnages
(comp. *S.M.T.*, t. 1, p. 21 et 19 : les Neuf Têtes qui sont les Souverains de
l'homme : ce sont Neuf frères qui se divisèrent les Neuf provinces et élevèrent
chacun une *ville murée*).

[5] Le chap. 7 écrit : «là où il creusait, se formaient des marais et des gorges
profondes».

[6] 不辛乃苦 (ce qui n'était pas âcre était amer) la glose dit : les émanations étaient nauséabondes 氣酷烈.

[7] Le chap. 8 écrit : «on ne put pas semer les cinq semences».

cadavre), il y avait tant d'eau qu'on n'y pouvait habiter [1]. Yu voulut obstruer (ce cloaque) : pour (une levée de terre de) trois hauteurs d'hommes, il y eut trois écroulements [2]. Il y fit alors un *étang : les Souverains* vinrent y édifier un MIRADOR [3]. Celui-ci, d'après une autre version, fut élevé, pour les *Souverains,* par Yu lui-même.

M. de Groot a traduit un récit qui prête aux mineurs du Yun-nan de bien curieuses croyances [4]. Dans les mines de ce pays, où l'on trouve les *cinq espèces de métal* 五金, les corps des mineurs enterrés par un éboulement ne se corrompent pas, car les émanations de la terre et du métal les nourrissent — si bien qu'ils ne sont ni vivants ni morts. Ces êtres, si de nouveaux mineurs pénètrent dans la mine, tâchent de ne point les laisser échapper. Mais, *si les mineurs portent sur leur tête une* LAMPE, ils sont reçus avec joie et se voient demander de quoi fumer. Après ce cadeau d'entrée en relation, les hommes, suppliés par ces êtres étranges de les tirer hors du puits, se font d'abord indiquer par eux les riches filons, puis ils ont soin de sortir les premiers et de couper à temps la corde où les autres se sont attachés. Si ces derniers arrivaient à l'air, s'ils étaient

[1] La glose dit : «sa graisse et son sang firent, en s'écoulant, des gouffres d'eau».

[2] Le chap. 8 dit : «Yu creusa [afin, dit la glose, de recouvrir (le cloaque)] : trois hauteurs d'homme, trois écroulements [car, dit la glose, le sang et la graisse humectaient la terre]. Alors Yu en fit un mirador pour tous les Souverains [car, dit la glose, la terre étant humectée, on pouvait l'accumuler 積 (*tsi,* comp. Tsi-che, Mont des Pierres Entassées par Yu) pour faire un belvédère 臺觀].

[3] Le chap. 17 (contrairement au chap. 8) n'attribue à Yu que le marais. — Les chap. 17 et 8 signalent tous deux l'existence, à proximité, d'un mirador de Kong-kong, où l'on n'ose pas, par respect, tirer à l'arc du côté du Nord. Le chap. 17 mentionne, tout de suite après, la déesse de la Sécheresse et son combat avec Tch'e-yeou.

[4] Cf. *Relig. Syst.,* t. II, p. 540-541. Je me borne à analyser le texte dont M. de Groot a donné tout au long la traduction.

exposés au *vent*, leurs vêtements, leurs chairs, leurs os se liquéfieraient 為 水 : leurs émanations *putrides et puantes* 腥 臭 feraient mourir de la *peste* qui les respirerait. Cette calamité peut être évitée *quand les mineurs sont assez forts pour enfermer ces êtres entre quatre murs d'argile et qu'ils placent au-dessus, en le munissant d'une* LAMPE, *un* MIRADOR.

Ces êtres étranges du Yun-nan, qui exhalent la *peste* dès qu'ils subissent l'action du *vent*, portent le nom de *cerfs* desséchés 乾 麂 [1]. — *Fei-lien*, qui est un oiseau à tête de *cerf*, est le Comte du *Vent*. Il est aussi le génie du Houo t'ai chan, où il mourut et où il fut enterré. Le *Fei* du T'ai chan assèche les rivières, tue les herbes et provoque la *peste* [2]. Le mot *houo* qui figure dans le nom du Houo t'ai chan, figure aussi dans le nom ancien du choléra (houo louan ping) [3]. Sous les Han, une année où il y eut sécheresse et où fut réparée une brèche du Fleuve, on construisit UN MIRADOR 觀 *de Fei-lien* [4].

Fei-lien fut employé par K'i (le fils de Yu, né comme son père, d'une pierre fendue) à recueillir dans les montagnes et les cours d'eau, les minerais qui devaient servir à fabriquer les chaudières des Hia. Ce fut aussi lui qui fondit ces chaudières. Fei-lien [5], Comte du Vent, fut un forgeron, en même temps qu'un mineur.

---

[1] M. de Groot traduit «celestial rocs»; il me paraît certain que *kan* a, dans l'expression, la valeur de «desséché».

[2] Sur ces faits, voir p. 364 et sa n. 4 (*Fei* et *Lien* désignent des animaux puants).

[3] Le choléra est défini pour les Chinois par la diarrhée et les vomissements qu'il provoque. On a vu que le vassal de Kong-kong formait d'immenses bourbiers avec ce qu'il «vomissait et retenait».

[4] Cf. *S.M.T.*, t. III, p. 508. En 109 av. J.-C., une sécheresse est signalée et l'Empereur Wou répare la brèche de Hou-tseu (cf. *ibid.*, p. 506).

[5] Cf. Mei ti, chap. 11. Sseu-ma Ts'ien (cf. t. II, p. 4) fait de Fei-lien un contemporain de la fin des Yin : il fabriquait, sur le Houo t'ai chan, un coffre de pierre, pour le compte du dernier des Yin, quand celui-ci fut vaincu par les Tcheou. On a vu que les dernières années des Yin coïncident (comme leurs

C'est d'ordinaire à Yu le Grand, le perceur de montagnes, que l'on attribue la gloire d'avoir accompli ce grand œuvre : la fonte des *Neuf* Chaudrons des Hia. Le métal lui fut apporté des Contrées Lointaines et offert en tribut par les *Neuf* Pasteurs [1]. Sur les Chaudières, furent représentés les symboles 象 de tous les Êtres (物 : «essence, drapeau»). Les Contrées Lointaines avaient dessiné ces emblèmes [2]. Tous les Êtres étant ainsi (représentés) au complet [3], le peuple sut reconnaître les choses divines et les choses impures [4] : les Chinois purent donc aller dans les Fleuves et dans les Marais, dans les Montagnes et dans les Forêts, sans se heurter

débuts) avec une sécheresse, cf. p. 398. Le dernier des Yin est célèbre pour avoir inventé le supplice de la poutre de métal : cette poutre, sans doute, servait à une ordalie. Fei-lien (cf. p. 142) s'oppose à la licorne, emblème de Kao-yao et animal des ordalies : Kao-yao passe pour être un ancêtre de Fei-lien.

[1] Cf. *Tso tchouan*, trad. Couvreur, t. III, p. 575 et suiv. (comp. trad. Legge, p. 293). (Un seigneur de Tch'ou, 605 av. J.-C., veut s'emparer des chaudières, talismans royaux alors possédés par les Tcheou.) *S.M.T.* (t. IV, p. 352) reproduit le récit, mais en procédant à quelques suppressions significatives : il ne parle ni des emblèmes dessinés par les Contrées Lointaines, ni des Tch'e-mei et des Wang-leang. — Le tribut des Contrées Lointaines est le tribut de l'avènement (cf. plus haut, p. 232, 245, 259). Ce tribut fut apporté au moment où la Vertu des Hia avait sa vigueur initiale : elle atteignait les confins du Monde, savoir, le Pays des Monstres. — Les métaux viennent des Neuf Régions de l'Empire puisqu'ils sont apportés par les Neuf Pasteurs : d'où la tradition que chacune des Neuf Chaudières *représente* une province; on entend que la carte d'une province y est représentée. (Legge et M. Chavannes déclarent «la légende sans fondement». (*S.M.T.*, t. IV, p. 352) : à dire le vrai, une province pouvait être *représentée* (par un symbolisme concret) à l'aide des emblèmes de ses Êtres caractéristiques.

[2] On notera ce fait : les emblèmes (autant que le métal) sont un tribut. On sait que le tribut de l'avènement consiste, pour les contrées éloignées, en objets étranges (cf. p. 259) : on voit ici qu'il s'agit d'emblèmes La suite du récit montre que ces emblèmes servent à donner prise sur les êtres réels (c'est-à-dire : des dieux ou des démons). Une part du tribut consiste donc essentiellement en valeurs religieuses.

[3] 備. Cette représentation *intégrale* est la qualité qui doit signaler un Talisman *royal*.

[4] C'est-à-dire éviter les contaminations.

jamais aux (êtres) Hostiles[1] et sans que jamais les Tch'e-mei et les Wang-leang[2] ne les heurtassent[3]. Ainsi fut assurée *l'union du Haut et du Bas*[4] et reçue la Faveur du Ciel. — Les Chaudières furent faites au plein moment de la Vertu des Hia. Le poids de ces Talismans diminuait quand s'usait la Vertu de la Race Royale; elles devenaient légères et faciles à transporter à qui était doué d'une intacte Vertu : mieux encore, elles se déplaçaient d'elles-mêmes[5]. La tortue

[1] 不若 : 不順. On a vu (cf. p. 261) que savoir le nom d'un monstre permet de l'utiliser. Disposer de son emblème le rend 順 accommodant et propice.

[2] Cf. plus haut, p. 309. Le Wang-leang, quand on le prend pour un des fils de Tchouan-hiu, est un génie de la peste. Les Tch'e-mei sont les auxiliaires de Tch'e-yeou, la victime de la Sécheresse (cf. p. 353). — La glose du *Tso tchouan*, distingue Tch'e (génies des Monts), de Mei (prodiges au sens général). Elle fait des Wang-leang un génie de l'Eau.

[3] Se rappeler l'épreuve de Chouen, qui est envoyé sur la forêt de montagne et qui en revient sauf (cf. p. 286). — On verra plus loin que «le *Pas de Yu*» servait à pénétrer sans danger dans les lieux hantés.

[4] Le mot rendu par «union» est 協 (: 和) : ce terme est employé par le *Kouo yu* (1er chap.) dans le sens de 合 «union» et y sert à décrire un contact sexuel entre une femme et un Esprit (Ancêtre).

[5] Cf. Mei ti, chap. 11. — Ces chaudières avaient aussi le privilège de bouillir d'elles-mêmes. Je signale (mais sans prétendre suggérer aucune hypothèse) que l'invention des liqueurs fermentées par Yi Ti 儀狄 (cf. *Lu che tch'ouen ts'ieou*, chap. 17, S 4; Wang Tch'ong, trad. Forke, t. I, p. 70, 74, 75 et *Ts'eu yuan*) fut faite sous le règne de Yu le Grand. Yu aima la liqueur que Yi Ti lui fit boire. On dit parfois que, prévoyant les dangers de l'ivrognerie, il *bannit* Yi Ti. On dit aussi que lui-même fut ivrogne. Nous apprendrons bientôt que Yu semble avoir pratiqué la danse extatique. — On verra plus loin les rapports qui unissent et opposent : d'une part, hiboux et crapauds, d'autre part les bouillons de hiboux et de crapauds; on verra aussi que le hibou est représenté sur les chaudières (tandis que les grenouilles ou crapauds semblent en relation avec les tambours et les mortiers). On pourrait songer à un rapprochement entre : d'une part, les légendes de Yi l'archer, tirant contre le Soleil et obtenant la plante d'immortalité, et de sa femme (le crapaud de la Lune) dérobant cette plante; et, d'autre part, le thème du vol de la terre magique (qui croît d'elle-même) [vol opéré par Kouen qui périt dévoré par les hiboux] et le thème des chaudières qui bouillent d'elles-mêmes [ces dernières sont fondues par Yu, fils de Kouen]. Rapprocher encore (voir p. 509-514) les légendes relatives à K'ouei, tambour et forge, et à sa femme, miroir nocturne (tous deux

divine [1], consultée au moment de la fonte, leur avait
promis ce don. Elles devaient en outre posséder le privilège
de bouillir sans que l'on eût besoin de les faire chauffer [2].
— Les Chaudrons magiques des Hia furent, dit-on, fon-
dus à *Kouen-wou* [3].

divinités du Soleil et de la Lune et, aussi bien, divinités de la Foudre et de
l'Éclair) dont le fils, le Glouton, paraît être un hibou et une chaudière.

[1] 若之龜. Le *Tcheou li* (cf. trad. Biot, t. II, p. 76) appelle ainsi la
tortue du Nord, tortue femelle et dont la tête est orientée à droite. Le *Eul ya*,
chap. 16, donne des indications analogues.

[2] Ce détail est, peut-être, de grand intérêt. Ces chaudières savaient reconnaître la Vertu. Or, on sait qu'un des grands supplices consistait à faire bouillir le
coupable (cf. p. 162-166 : les cas d'endocannibalisme signalés comportent souvent une ingestion de bouillon. Nous avons noté leur caractère d'ordalie). Les
chaudières servaient peut-être à éprouver les accusés comme à punir les cou-
pables. [Le *Tso tchouan* signale que le code pénal du pays de Tcheng fut en
535 av. J.-C. (cf. trad. Couvreur, t. III, p. 116) gravé sur des chaudières.
Leur fonte fut considérée par un sage comme devant provoquer une calamité,
savoir, le Feu (p. 120). Il y eut en effet un incendie à Tcheng (cf. p. 122.)
Le code pénal de Tsin (cf. *ibid.*, t. III, p. 456) fut en 512 gravé sur des chaudières de fer. Le fer fut donné en tribut par les habitants du pays. Ce code en
remplaçait un autre qui avait été *promulgué à la chasse* (en 620, cf. *ibid.*, t. I,
p. 468). On sait que la chasse servait à s'emparer des êtres (*wou*, «essence,
drapeau») dont on tirait des emblèmes. On a vu (p. 240) que le grand supplice
de Tch'ou s'appelait T'ao-wou (nom de l'un des quatre bannis : le Pieu). Un
autre banni, le Glouton (T'ao-t'ie) passe pour avoir été représenté sur les Chaudières des Hia. C'est un monstre anthropophage (cf. *Chan hai king*, chap. 3)
habitant un mont (鉤吾) riche en cuivre : bien que par son nom il paraisse
être un *hibou*, il est décrit comme ressemblant à un *bélier* (les béliers servaient
aux ordalies, cf. p. 142) avec une tête humaine, des dents de tigre, des ongles
d'homme et les yeux sous les aisselles. La glose affirme d'une part qu'il s'agit
bien du *Glouton*, et d'autre part que celui-ci était représenté sur les chaudières
des Hia. — La chaudière qui bout toute seule rappelle le mortier qui produit
de l'eau dont il est question dans l'histoire de Yi Yin. [Les mortiers, qui furent
d'abord en pierre, servaient à piler les grains. — Ces grains servent principalement à fabriquer des liqueurs fermentées (cf. *Che king*, trad. Couvreur,
p. 440) réservées aux vieillards et aux chefs.]

[3] Cf. Mei ti, chap. 11. Mei ti dit : «Kouen-wou», sans plus, mais parle un
peu plus loin d'un sacrifice au *tertre* 墟 de Kouen-wou. On remarquera que
Mei ti emploie pour dire *fondre* les mots 陶鑄. Le mot 陶 *t'ao* désigne les

Kouen-wou avait, comme *Fei-lien,* son MIRADOR 觀 [1].

Kouen-wou est le Soleil de Midi. C'est aussi une montagne dont la cîme abonde en cuivre *rouge* [2]. D'après une tradition, ce fut sur cette montagne que Houang-ti combattit Tch'e-yeou [3]. Houang-ti est célèbre, comme Yu, pour avoir fondu des chaudières [4]. L'invention des armes est tantôt attribuée à Houang-ti et tantôt à Tch'e-yeou [5]. Che tseu affirme que ce dernier découvrit la fonte des métaux [6]. Tch'e-yeou, ou plutôt les soixante-douze membres de sa confrérie, avaient des têtes de cuivre et des fronts de fer : on retrouvait leurs crânes en creusant le sol sur les lieux de leur défaite [7].

On a vu que les mineurs enterrés du Yun-nan sont nourris

potiers, la cuisson des poteries et *le four à potiers.* Le *Lu che tch'ouen ts'ieou,* chap. 17, attribue *l'invention du t'ao (poteries ou four) à Kouen-wou.*

[1] Cf. *Tso tchouan,* t. III, p. 735. En 479 av. J.-C., le prince de Wei vit en songe un homme montant sur le tertre 墟 (on entend ici : «palais en ruine») de Kouen-wou : mais l'expression est reprise, dans le même texte, avec une variante importante : tour d'observation, mirador 觀 de Kouen-wou. (Le même caractère désigne le spectacle des fêtes, l'assistance aux fêtes.)

[2] Cf. *Chan hai king,* chap. 5. La glose ajoute que de cette montagne provient un cuivre renommé, rouge comme feu et dont on se sert pour faire des épées coupant le jade aussi facilement que la boue. Le chap. 18 mentionne le tertre 邱 de Kouen-wou : il en sort, dit la note, du métal célèbre (金 métal est ici, sans doute, pour 銅 cuivre, mais dans la langue ancienne, il est impossible de distinguer : cuivre, bronze et fer).

[3] *Che yi ki,* chap. 10.

[4] Cf. *S.M.T.,* t. III, p. 488. La fabrication du trépied au bas du Mont King précède immédiatement l'Ascension de Houang-ti, ravi au ciel sur un dragon qui est descendu le chercher. Des dragons descendirent aussi, quand Yu le Grand eut porté à son faite le prestige des Hia; ils l'aidèrent à combattre les génies de Fang-fong, armés d'épées (cf. p. 343).

[5] Le *Long yu ho t'ou* attribue l'invention des armes à Tch'e-yeou (cf. p. 353). D'après un chapitre important de Kouan tseu (chap. 77) où est fait le recensement des montagnes à cuivre et des montagnes à fer, ce fut Houang-ti qui chargea Tch'e-yeou (selon Kouan tseu, chap. 41, Tch'e-yeou est, non pas l'adversaire de Houang-ti, mais le ministre du Ciel de ce Souverain) de fabriquer des armes de cuivre et des armes de fer.

[6] 造冶者 (chap. 2).

[7] Cf. plus haut, p. 354.

par les émanations de la terre et du métal. Deux lièvres du pays de Wou mangèrent toutes les armes conservées dans l'arsenal : leurs fiels servirent à fabriquer deux épées [1]. Cette dernière histoire nous est contée à propos du mont *Kouen-wou*. Quand Keou-tsien, *roi* de Yue, se fit fondre huit épées merveilleuses, avant de recueillir le métal, il sacrifia des bœufs et des chevaux blancs au génie de *Kouen-wou* [2]. — *Kouen-wou est un nom d'épée* [3].

L'épée *Kouen-wou* fut, dit-on, offerte en tribut au Roi Mou par les Barbares de l'Ouest [4]. — Le Roi Mou visita une montagne [5], le Mont *Ts'ai-che* (Pierres Recueillies), où l'on trouvait les mêmes pierres précieuses que dans la région du Mont *Tsi-che* (Pierres Entassées); ce dernier fut édifié par Yu, vainqueur des Eaux Débordées, qui y creusa un défilé pour le Fleuve. A côté de Tsi-che habitent les Trois Miao que Yu sut réduire à l'ordre par une danse [6]. Le Roi Mou, avec les pierres recueillies

---

[1] *Che yi ki*, chap. 10. Mont Kouen-wou. — Le fiel est le siège du courage.

[2] Cf. *ibid.* On ne peut dire s'il y eut une ou plusieurs victimes de chaque espèce. Mei ti (chap. 11) parle, à propos de la fonte des trépieds des Hia, d'un sacrifice au tertre de Kouen-wou. — Les épées de Keou-tsien ont d'étonnantes vertus. L'une d'elles a précisément la même puissance que les chaudières de Yu le Grand. Celui qui la porte sur soi la nuit, peut cheminer sans se heurter aux Tch'e-mei des monts, des bois et des montagnes.

[3] Cf. Che tseu, chap. 2. « L'épée (de?) Kouen-wou 昆吾 peut couper le jade. »

[4] Cf. Lie tseu, chap. 5, trad. Wieger, p. 149. (Cf. *Po wou tche*, chap. 2.) L'épée (de?) Kouen-wou 錕鋙 (écrit ici avec la clé du métal) fut offerte en présent au Roi Mou des Tcheou par les Barbares de l'Ouest : elle fendait le jade aussi bien que la boue. La glose le qualifie d'épée du Dragon ou d'Épée-Dragon 龍劍 et cite une tradition d'après laquelle *Kouen-wou serait le nom d'*AMAS DE PIERRES 積石 (*tsi che*, cf. *le Mont des* PIERRES ENTASSÉES, *œuvre de Yu*) avec lesquelles on peut fabriquer des épées. [Le Mont des Pierres entassées est un défilé du Fleuve qui précède la passe du Dragon. Le *Tribut de Yu* signale que le tribut de la région consistait en pierres précieuses, dites k'icou, lin et lang-kan. — Là, habitaient les San Miao réduits à l'ordre par Yu (cf. *S.M.T.*, t. I, p. 134).]

[5] Cf. *Mou t'ien tseu chouan*, chap. 4.

[6] Cf. sur cette danse, voir p. 243.

à Ts'ai-che se fit fondre des objets précieux par les descendants
des Trois Miao [1]. Ces fondeurs résidaient près du Marécage
des Eaux Débordées et ils le mangeaient [2]. Kouen-wou, de
même, mangea les Trois Mares, près du Mont du Dragon où
se couchent la Lune et le Soleil [3]. Kouen-wou se baigna aussi
dans un gouffre du Sud [4], car Kouen-wou est le Soleil de
Midi [5]. Il est du reste le petit-fils de Wou-houei, Génie du
Feu. *Comme pour Yu, on dut, à sa naissance, ouvrir le corps
de sa mère* [6].

A côté des Trois *Mares* de Kouen-wou et du *Mont du Dragon*,
se voit une femme que le feu des Dix Soleils *a brûlée* : elle
protège son visage à l'aide de ses manches ou tient un *crabe*,
grand de mille *li* [7]. Près du *Défilé du Dragon*, que Yu perça,
aux environs de la capitale du Comte du Fleuve, où se dévoua

---

[1] Cf. *Mou t'ien tseu chouan*, chap. 4 : il y a une lacune dans le texte, mais
le sens est certain.

[2] Cf. *ibid.* La glose fait elle-même le rapprochement avec les Trois Mares
mangées par Kouen-wou. Le mot : manger s'entend : manger (les revenus de)
tel fief. Le nom de ces fondeurs est, semble-t-il, Yao 鯀.

[3] Cf. *Chan hai king*, chap. 16. C'est là que se trouve Niu-tch'eou, la
femme grillée par les Dix Soleils qui protège sa figure avec ses manches.

[4] Cf. *Chan hai king*, chap. 15. On voit la parenté des thèmes du bain du
soleil, du bain du souverain et de la trempe de l'épée. Se reporter p. 449, n. 5.

[5] Cf. *Houai-nan tseu*, chap. 3. La glose dit : Le Mont de Kouen-wou est
dans le Sud.

[6] Cf. *S.M.T.*, t. IV, p. 338; voir plus haut, p. 254, Kouen-wou est un
personnage historique, à la manière de Yu. Il fut vaincu par T'ang le Victorieux (dont l'emblème est le Soleil de l'Est) avant que T'ang ne battît Kie,
le dernier Roi de la race des Hia, issue de Yu le Grand (cf. *S.M.T.*, t. I, p. 181).
Il est qualifié, comme Yu, de Comte de Hia (on sait que Hia signifie Été et que
Comte peut être un titre de divinité). La généalogie de Kouen-wou est donnée
dans le *Kouo yu*, chap. 16. Kouen-wou passe pour l'Ancêtre des princes de Wei.
(C'est à Wei, cf. *Tso tchouan*, trad. Couvreur, t. III, p. 735, qu'était situé
l'observatoire de Kouen-wou.) Le nom de Kouen-wou revient souvent dans les
Annales sur bambou qui furent rédigées à partir d'une chronique de Wei.

[7] Niu-tch'eou (cf. *Chan hai king*, chap. 16) est dite (chap. 7) avoir été
brûlée par les 10 Soleils (elle est alors nommée à côté des pays des hommes
porteurs d'épées). Au chapitre 14, on la considère comme le seigneur de Yi

Yu, se trouvent deux femmes, qui sont les filles de Chouen, le Souverain dont Yu fut le ministre et le successeur [1]. Elles résident dans le grand *marais* du Fleuve (près d'elles est un immense *crabe*, grand de mille *li*); l'une s'appelle : Siao-ming, *Brille-la-nuit*; l'autre se nomme : Tchou-kouang, *Éclat-de-flambeau*. Elles ont la puissance d'éclairer mille *li* à la ronde [2]. Yu le Grand, dit-on, quand il perça la *Passe du Dragon*, pénétra profondément sous la terre obscure, *Yu portait une flamme* 火 afin de pouvoir avancer. Il rencontra deux animaux qui le guidèrent et qui devaient, un peu plus tard, reprendre une apparence humaine. Ils le conduisirent en présence de Fou-hi, dont un autre nom est T'ai-hao : le Grand Éclat. L'une des deux

(cf. p. 479, n. 1) métamorphosé, et l'on déclare que c'est un double personnage : ces deux personnes tiennent un grand *crabe*, d'une largeur de 1,000 li. — Ce grand *crabe* est mentionné au chapitre 12 peu après les deux filles de Chouen dont il va être question.

[1] Cf. *Chan hai king*, chap. 12 et Houai-nan tseu, chap. 4 : ce dernier nomme, immédiatement après, le défilé du Dragon (Long-men) dont il dit qu'il est auprès du Gouffre du Fleuve. Le *Chan hai king* situe la Capitale du Comte du Fleuve près d'un gouffre très profond et nomme ensuite Yang-yu, lieu où Yu se dévoua, et le défilé de Ling (= Long : Dragon, disent les gloses). — Il est assez curieux de constater qu'entre le lieu du dévouement de Yu et celui où l'on place les filles de Chouen, on nous parle d'un être dont le corps est dépecé et dispersé en divers endroits : il se nomme Wang-tseu Ye : mot à mot : le fils-de-roi *Nuit*. — Aucun texte, à ma connaissance, ne dit que Yu le Grand ait épousé les deux filles de Chouen, son prédécesseur, comme Chouen épousa les deux filles de Yao.

[2] J'écris : à la ronde, mais le texte dit : un carré de 1,000 *li*. La lumière, comme la Vertu souveraine, se propage dans des zones carrées, car la Terre est carrée. — Nous retrouverons plus loin un flambeau des ténèbres, le Dragon-Flambeau. Lui aussi est situé près d'un marais : Houai-nan tseu (chap. 4) le place en effet à la Porte des Oies sauvages, laquelle est située auprès du Grand Marais du Nord où les Oiseaux font leur mue (cf. *Chan hai king*, chap. 11). — On remarquera que Siao-ming : Celle qui brille la nuit, est le nom d'une plante (laquelle, selon le *Che yi ki*, chap. 6, fut offerte, à titre de production régionale, à l'Empereur Siuan des Han (73-49) par un peuple habitant au delà de l'Arbre du Levant, en un pays obscur où l'on voit le soleil sortir de l'Occident). Cette plante, la nuit, brillait comme un flambeau et, le jour, était sans éclat.

Bêtes portait, *éclairant comme un flambeau*, la perle *Qui-brille-la-nuit* 夜明 [1].

Ce détail est indiqué à l'occasion de la fonte des Neuf Chaudières. Yu le Grand, le perceur de montagne, fut un mineur heureux qui assainit la terre au lieu de l'empester.

Il connaissait les rites du Métier.

L'hiérogamie des fondeurs.

Yu le Grand s'entendait aussi dans l'art de la fonte.

Cinq de ses neuf chaudières furent mises en correspondance 應 avec le Yang et *quatre* avec le Yin. *Yu savait reconnaître les métaux mâles et les métaux femelles* [2]. Car les concrétions métalliques ont un sexe. Les lièvres de Wou dont le fiel servit à faire une paire d'épées, étaient un couple, mâle et femelle, et chacune des deux épées fut sexuée [3].

---

[1] Cf. *Che yi ki*, chap. 2. C'est alors que Yu fut mis en présence de Fou-hi et des 8 trigrammes (lesquels, dit-on d'ordinaire, étaient réprésentés sur le diagramme du Fleuve, apparu sur le dos d'un Dragon). Fou-hi qui a un corps de serpent et une tête d'homme (cf. *S.M.T.*, t. I, p. 5) est né, dit notre auteur, d'une ondine, celle des Neuf Fleuves. (Les Neuf Fleuves sont la partie basse du Fleuve Jaune [cf. *S.M.T.*, t. I, p. 141] qui fut arrangée par Yu.) [On sait que la tradition affirme que Yu le Grand reçut d'une tortue sortant de la rivière Lo un diagramme magique. — On verra (cf. p. 513, n. 1) que la rivière Lo a pour déesse Fou-fei qui passe, comme Niu-koua, pour la femme (ou la fille) de Fou-hi. Or Niu-koua (d'après le *Ti wang che ki*) serait la fille de Tou-chan : c'est le nom porté par la femme de Yu. — Tout ceci témoigne de contaminations légendaires (ou graphiques). Elles ont été rendues possibles par une croyance, savoir que les Dieux fluviaux forment un ménage ou pratiquent des joutes sexuelles — croyance qui paraît en rapport avec des rites hiérogamiques.] — Tchouang tseu (chap. 32, trad. Wieger, p. 497) parle d'une perle dérobée, pendant son sommeil, à un dragon noir dans un gouffre abyssal. Lie tseu (chap. 2, trad. Wieger, p. 89) indique, comme une épreuve subie pour entrer dans une clientèle, une plongée faite dans un gouffre pour en rapporter une perle. — Les escarboucles (perles qui brillent la nuit) passent pour protéger des calamités du feu.

[2] Cf. *Che yi ki*, chap. 2.

[3] Cf. *Che yi ki*, chap. 10.

Les mineurs du Yun-nan recherchent les *cinq espèces de métaux*. Niu-koua, au temps des Eaux Diluviennes, répara le Ciel après avoir fait fondre des *pierres de cinq couleurs*. Wang Tch'ong nous dit que pour fabriquer le miroir qui capte le feu du Soleil, on purifiait au feu et faisait fondre les *cinq espèces de pierres* [1]. Quand il enseigne les procédés de fabrication d'épées telles que, en les portant, on puisse pénétrer dans l'eau sans qu'aucun des monstres aquatiques ose approcher, le Pao p'o tseu déclare qu'il faut extraire le cuivre de *cinq pierres*. Ce sont : le hiong-houang (jaune-mâle : *noir? vert?*), le tan-cha (poudre de cinabre : *rouge?*), le ts'eu-houang (jaune-femelle; orpiment : *jaune?*), le fan-che (couperose : *blanche?*) et le ts'eng-ts'ing (*vert? noir?*). La fonte faite, pour distinguer le cuivre mâle du cuivre femelle, on doit jeter de l'eau sur le métal qui tourne au rouge. S'il se produit une boursouflure 凸, le métal est mâle. Il est femelle, s'il se produit un creux 凹. — Mais il faut que l'eau soit jetée *par des garçons* ET *par des filles* VIERGES [2].

La *Passe du Dragon* se trouve dans le massif de Houa-yin où abondent pierres et métaux [3]. Ce fut en la creusant que Yu le Grand, cheminant sous terre, rencontra Fou-hi. Fou-hi eut pour auxiliaire Niu-koua. La tombe de Niu-koua, qui régna en vertu du Métal, se trouvait, dit-on, près du rapide de T'ong,

---

[1] Cf. *Louen heng*, chap. 8 (trad. Forke, t. I, p. 378) et 80 (cf. *ibid.*, t. II, p. 132).

[2] Cf. chap. 17. L'énumération des minéraux (en tenant compte des équivalences de couleurs [mais celles-ci sont douteuses] et d'Orients) semble faite dans l'ordre : Nord, Sud, Centre, Ouest, Est ou encore E., S., Centre, W., N. — L'épée qui doit servir à protéger des Monstres de l'Eau (Yin), doit être mâle (Yang).

[3] Cf. *S.M.T.*, t. I, p. 126 et 137 (note 1 : Le Mont T'ai-houa). — Le pic de l'Ouest, principal sommet du massif est à l'extrémité orientale de la chaine partant de Tsi-che (*Pierres Entassées*); cf. p. 148 et 243 (où l'on voit la relation du Mont Houa ou T'ai-houa avec la Forêt des pêchers, lieu où se métamorphosa K'oua-fou). C'est là aussi que se trouve le rapide de T'ong, où se noya le Comte du Fleuve. — Houai-nan tseu (chap. 4) écrit que les choses les plus belles du Sud-Ouest sont les métaux et les pierres du Mont Houa.

c'est-à-dire précisément dans la région de Houa-yin [1]. Niu-koua et Fou-hi sont représentés vêtus, l'un en homme et l'autre en femme, mais leur corps se termine en queue de serpent ou de dragon. Tous deux s'enlacent par la queue [2]. Niu-koua fit fondre les *pierres des cinq couleurs;* elle inventa aussi *le mariage* [3].

La trempe d'une épée était considérée comme une union [4]

[1] Indication fournie par le 唐曆 que je cite d'après le *P'ei wen yum fou* (chap. 21) v° 嬌.

[2] Cf. CHAVANNES, *Miss. arch., Textes*, t. I, p. 126 et suiv. M. Chavannes admet dans ce passage que Niu-koua est une femme (p. 129) : «les caractères qui composent son nom permettent, en effet, de le considérer comme une femme» (Niu = femme). Je crois, en effet, qu'il y a lieu de présumer le sexe féminin pour tous les personnages mythiques ou légendaires dont le nom comprend le mot : femme. M. Chavannes admettait (*in S.M.T.*, t. I, p. 9, note 5) l'idée contraire, à la suite d'un article de Mayers. Sseu-ma Tcheng présente, en effet, Niu-koua comme un souverain, descendant de Fou-hi. Niu-koua est considérée comme la sœur de Fou-hi, née d'une même mère : elle aida Fou-hi en réglant le mariage (cf. CHAVANNES, *Miss.*, *ibid.*, p. 129). Le compas (*kouei*) et l'équerre (*kiu*) symbolisent le *Kouei-kiu* (bon ordre, convenances). Le compas (rond) est attribué à la femme, bien que le Ciel (rond) soit mâle, et, bien que la Terre (carrée) soit féminine, l'équerre est attribuée à l'homme. [Le Pao p'o tseu (chap. 17) nous apprend que l'on portait à gauche une arme mâle; à droite, une arme femelle. Wang Tch'ong (chap. 36, trad. Forke, p. 85) déclare que l'on portait à gauche l'épée (qui est droite) et à droite le couteau (qui est courbe). Nous sommes ici en présence d'un système de représentations qui est peut-être caractéristique de certaines techniques, et d'après lequel le *rond* est féminin, le *droit* masculin.] Le mot 尾 *queue* a le sens de *coït*.

[3] Cf. CHAVANNES, *Miss. archéol., Textes*, t. I, p. 129. L'invention du mariage est aussi attribuée à Fou-hi; cf. *S.M.T.*, t. I, p. 7. [Il s'agit spécialement du cadeau rituel de la double peau de cerf. Ce cadeau caractéristique des rites nuptiaux (cf. *Yi li*, trad. Couvreur, p. 29 et 46) s'emploie aussi aux rites de majorité (cf. *ibid.*, p. 14), ces deux espèces de rites formant un ensemble toujours lié pour les garçons (et resté indivisible pour les filles).]

[4] 火與水合爲焠 Cette formule est employée par *S.M.T.*, t. III, p. 369, à propos des planètes de l'Eau (Mercure) et du Feu (Mars). Le mot 焠 ou 淬 désigne la trempe du métal. — Dans le même passage *S.M.T.* (t. III, p. 368) qualifie de Femelle-Mâle la position où le Bois est au Nord et le Métal au Sud. M. Chavannes a signalé une représentation du couple Niu-

de l'eau et du feu. Le feu est le mâle de l'eau [1]. Une épée n'était précieuse que si les *cinq couleurs* composantes se compensaient parfaitement et si le cuivre et l'étain, intimement combinés, formaient un ensemble indissoluble [2]. Les épées qui forment un couple, comme celles que l'on fondit avec les fiels d'une paire de lièvres, restent fidèles l'une à l'autre et cherchent toujours à s'unir [3]. L'alliage est le résultat d'une alliance : c'est un rite de mariage.

koua-Fou-hi, où, à côté de ce dernier (qui régna en vertu du Bois), se trouve l'Oiseau Rouge (= Sud : M. Chavannes écrit, par inadvertance, Nord) tandis que le Guerrier Sombre (= Nord) est à côté de Niu-koua (Métal) : position symétrique inverse de celle qui s'appelle Femelle-Mâle.

[1] 水火之牡. Cf. *Tso tchouan*, trad. Couvreur, t. III, p. 281. Il est question d'une comète qui balaie l'Étoile du Feu et atteint la Voie Lactée (Fleuve Céleste). On en conclut que l'Eau et le Feu produiront des désastres, le jour où ils s'uniront, dans divers pays qui sont en rapport avec le Feu : Song qui est situé au lieu terrestre correspondant à la Constellation du Feu (Scorpion), Tcheng, qui est la demeure de Tchou-jong, Génie du Feu, et Tch'en qui est la demeure de T'ai-hao (Éclat suprème) c'est-à-dire Fou-hi (Bois), le compagnon de Niu-koua (Métal). — Un thème significatif est celui de la transformation des épées en dragon, au moment de la trempe. Un nom d'épée célèbre est : 龍淵 (ou 泉) «gouffre (ou source) du Dragon» (cf. *Wou tsiue chou*, chap. 11; cf. *Louen heng*, chap. 8, trad. Forke, t. I, p. 377). C'est le nom d'un lieu (cf. *Ts'eu yuan*, 龍泉) où l'on trempait des épées. L'une d'elles se transforma en dragon et s'enfuit. (La rivière où se faisait la trempe a porté plus tard le nom de Rivière des Épées (cf. trad. Forke, t. I, p. 377, n. 4). Les épées ont une tendance à se jeter à l'eau; cf. *Che yi ki* : une épée va retrouver dans l'eau celle avec qui elle fait paire : on voit alors au fond de l'eau deux dragons dont les yeux brillent *comme des éclairs*. — De même, les trépieds des Hia *s'évanouirent* dans une rivière (cf. *S.M.T.*, t. III, p. 429). Un *dragon* empêcha de les repêcher.

[2] Cf. *Wou tsiue chou*, chap. 11. Le *roi de Yue*, Keou-tsien, présenta ses épées à un expert pour qu'il les examinât. Celui-ci déclara que l'une d'elles n'était point précieuse, car les cinq couleurs ne s'y compensaient pas : une seconde fut aussi jugée défavorablement parce que l'union 和 du cuivre et de l'étain n'était point indissoluble.

[3] Cf. *Che yi ki*, chap. 10. Les deux épées s'appellent Kan-tsiang 干將 (celle qui est mâle) et (celle qui est femelle) 鏌鎁 Mo-ye. Ce sont des épées en fer. — Nous allons voir que Mo-ye est la femme de Kan-tsiang, forgeron : celui-ci fondit et forgea deux épées après avoir recueilli du fer dans cinq

Mo-ye et Kan-tsiang, mâle et femelle, sont un couple d'épées : ils sont aussi, mari et femme, un ménage de forgerons [1].

Kan-tsiang, le mari, ayant reçu l'ordre de forger *deux* épées, se mit à la besogne et ne put réussir, après trois mois d'efforts, à faire entrer le métal en fusion. A sa femme, Mo-ye, qui lui demandait la raison de son insuccès, il répondit d'abord évasivement. Elle insista, rappelant le principe que la transformation de la *matière sainte* (qu'est le métal) exige pour s'accomplir (le sacrifice d')une personne 神 物 之 化 須 人 而 成 [2]. Kan-tsiang raconta alors que son maître n'avait réussi à réaliser la fusion qu'en se jetant, *lui et sa femme,* dans la fournaise. Mo-ye se déclara prête à donner son corps, si son mari faisait fondre le sien 爍 身 [3].

Mo-ye était une bonne épouse. Elle méritait, tout autant que son mari, de donner son nom à l'une des deux épées. Son

montagnes (cf. les cinq pierres et les cinq couleurs) et du métal 金 (or?) dans les six directions 六 合 [4 orients, haut (Ciel), bas (Terre)]. (5 : nombre *Yang*; 6 : nombre *Yin*.) La technique du fer comporte des alliages, de même que la technique du cuivre (voir plus haut) comporte une sorte de baptême analogue à la trempe. — Kan-tsiang dans le *Che yi ki* est une épée de fer et dans le *Wou Yue tch'ouen ts'ieou* (chap. 4) un ouvrier en fer. Dans le *Yue tsiue chou*, chap. 11, de même. Mais cet ouvrage, parlant d'armes de bronze déclare qu'elles furent fondues par Ngeou-ye [*Ngeou* (vomir) *le fondeur*], lequel est présenté un peu plus loin comme travaillant avec Kan-tsiang. Selon le *Wou Yue tch'ouen ts'ieou,* Ngeou-ye et Kan-tsiang avaient eu le même maître. — D'autre part, le *Yue tsiue chou,* à propos d'armes de bronze, affirme qu'on ne put en faire de parfaites qu'au temps où le Mont Tch'e-k'in (argile *rouge*) s'entr'ouvrit et produisit de l'étain et où le Val de Jo-ye se dessécha et produisit du cuivre. Jo-ye 若 耶 est-il absolument distinct de 莫 耶 Mo-ye ? Cf. chap. 40 du *Commentaire du Chouei king.*

[1] *Wou Yue tch'ouen ts'ieou* (chap. 4) 莫 耶 干 將 之 妻.

[2] Le texte ne permet pas de dire s'il s'agit d'une ou de plusieurs personnes humaines.

[3] Le mot 爍 ou 鑠 désigne spécialement la fonte du métal. Le mot 鑄 tchou (Cf. 禱 tao : prière-dévouement) employé souvent avec 陶 t'ao) désigne spécialement l'opération de jeter au moule.

dévouement fut total. Il n'alla pas jusqu'à faire consumer son corps sur l'heure. Comme Yu le Grand, T'ang et le duc de Tcheou, le mari et la femme coupèrent leurs cheveux et rognèrent leurs ongles. *Ensemble*, ils jetèrent dans le fourneau rognures et cheveux. Ils donnèrent la partie pour donner le tout.

Pendant que se dévouait le couple conjugal, le Yin et le Yang *mêlaient leurs souffles* pour collaborer à la fusion : la soufflerie était actionnée par trois cents *filles* ET *garçons* VIERGES[1].

Un autre auteur répète ce nombre de trois cents; d'après lui, SEULES des *filles* VIERGES furent appelées à procurer le souffle[2].

Mo-ye, selon une version, se dévoua SEULE. Elle se jeta dans la fournaise. Ce fut là une autre espèce d'union sacrée, un *mariage* avec le dieu du Fourneau[3].

[1] Rapprocher le rôle joué par les garçons et filles vierges pour donner leur sexe au métal, dans la tradition recueillie par le *Pao p'o tseu*, chap. 17, (l'auteur s'appuie sur un ouvrage antérieur : le 金 簡 記). — On sait que *le souffle, c'est l'âme. C'est aussi le nom :* voir la note suivante.

[2] Cf. *Yue tsiue chou*, chap. 3. Il s'agit de la fonte de l'épée Kan-tsiang par Ngeou le fondeur. Le *Wou Yue tch'ouen ts'ieou* (chap. 4), racontant la fabrication de deux 鉤 «crochets ou coutelas en forme de faucille» signale que l'artisan, les consacra avec le sang de ses deux fils. Les deux coutelas (?) étant placés au milieu de coutelas semblables, *le père les appela en criant le nom personnel* 名 *de ses fils : aussitôt les deux coutelas s'envolèrent et vinrent s'appuyer contre la poitrine paternelle;* le *roi* qui doutait de la valeur des armes, fut alors obligé de reconnaître le *génie* qui était en elles (le père a crié : «je suis ici! Le *roi* ne reconnaît pas votre *génie!*» 不 知 汝 之 神). — Il y avait une autre manière de consacrer une épée et de lui donner une âme : le *Tso tchouan* (trad. Couvreur, t. III, p. 360) raconte qu'un prince de Kiu, quand on avait fondu pour lui une épée nouvelle, *l'essayait toujours sur quelqu'un* 試 諸 人.

[3] Cette version est donnée par le *Wou ti ki*. Mo-ye ayant demandé à son mari pourquoi le métal n'entrait pas en fusion, celui-ci répondit : Ngeou le fondeur, mon maître défunt (ou l'Ancien Maître) voulant fondre une épée et la fusion ne se produisant pas, se servit d'*une fille pour la marier* 聘 [*p'ing* qui a le sens général d'ambassade, a aussi le sens d'entrevue faite — au moyen d'un entremetteur — pour conclure une alliance matrimoniale (cf. *Li ki*, trad. Couvreur, s. 1, p. 676); il s'oppose à 奔 «union sans entremetteur»] au génie du Fourneau 爐 神. Mo-ye, à ses paroles, se jeta dans le fourneau et

Ping-yi est le nom du Génie du Fleuve. On dit que c'est le nom du Comte; on dit aussi que c'est le nom de sa femme [1]. A l'époque classique, Ping-yi paraît être une divinité masculine : on lui sacrifie des vierges et l'on appelle ce sacrifice un *mariage*. La divinité du Fleuve était-elle féminine au temps où Yu le Grand se dévoua? Ce sacrifice fut-il aussi un mariage sacré? Yu le Grand s'offrit en victime, ainsi que T'ang, pour allier sa Race à un Lieu-Saint et pour s'unir à son Génie. Yu et T'ang se donnèrent au Dieu comme Mo-ye et Kan-tsiang par l'offrande de leurs ongles et de leurs cheveux. S'ils se donnèrent entièrement, le Dieu ne les prit point tout entiers : l'un et l'autre devinrent seulement hémiplégiques, à demi-consumés. Peut-être leur sacrifice se doubla-t-il du sacrifice d'une femme [2].

la coulée se fit. Ensuite de quoi furent fabriquées deux épées dont l'une fut mâle et l'autre femelle : *l'épée femelle s'appela Mo-ye, l'épée mâle Kan-tsiang.* — On voit ici l'hiérogamie transformée en un sacrifice unique, mais le métal persiste à être bisexué (mi-parti mâle, mi-parti femelle).

[1] Cf. p. 479, n. 1; 480, n. 3; 494-495.

[2] Les Lieux-Saints apparaissent comme des puissances complexes et neutres (cf. *Fêtes et chansons*, p. 243 et *Dépôt de l'Enfant sur le sol*, Rev. Arch., 1921, p. 356 et suiv.). — Le Lieu-Saint a été conçu comme un génie individualisé et le Génie du Lieu-Saint a reçu un sexe, lorsqu'un Chef a présidé au culte. L'hésitation sur le nom de Ping-yi, donné au comte du Fleuve ou à sa femme, est un fait significatif. La divinité du Fleuve n'est devenue franchement masculine que lorsqu'on s'est borné à lui faire épouser des femmes. La personnalité de la déesse s'est effacée au moment où l'offrande ne s'est plus composée que de femmes, c'est-à-dire au moment où les femmes, estimées à moins haut prix que les hommes, ont été préférées comme victimes. La comparaison entre les faits relatifs aux sacrifices au Fleuve et ceux relatifs au dévouement des forgerons montre comment s'est opéré le *passage de l'hiérogamie totale au sacrifice, que l'on fait au Dieu, de l'épouse du Dieu.* — La danse et le dévouement sont des faits liés. On verra plus loin que la danse du Chef (hémiplégique) se fait sur un pied, une jambe étant traînante ou ployée. Mais il faut que la danse [celle tout au moins du Chang-yang (cf. p. 552)] soit exécutée par des couples de danseurs : les danseurs, formant couple, joutent ensemble. Les danses paysannes, préludes à des unions exogames, étaient essentiellement des joutes sexuelles.

Sang-lin où T'ang le Victorieux se dévoua est encore considéré par Mei-ti comme un Lieu Saint populaire où les filles et les garçons se réunissent pour les Fêtes. Dans les Fêtes paysannes se célébraient des noces collectives : quand apparaissait, dans sa gloire, *l'arc-en-ciel* AUX CINQ COULEURS, tout le peuple savait que, par son œuvre, le Yin et le Yang s'étaient unis et que l'Univers était fécondé [1]. — L'union du Roi et de la Reine suffit plus tard à obtenir l'harmonie et la prospérité de la Nature.

Toutes les dynasties débutent par un dévouement. Ce dévouement est analogue à celui des fondeurs ou des forgerons. Yu le Grand, qui fonda la première lignée royale, est aussi le forgeron des Talismans royaux. Les Chefs ne seraient-ils pas des forgerons et des fondeurs, qui, en coopérant aux noces mystérieuses des métaux, ont acquis le commandement des hommes et de la Nature, le pouvoir de féconder le Monde et d'en entretenir la santé ?

LE TAMBOUR DE YU.

Yu le Grand, sans doute, ne fondit point que des chaudières [2]. On lui attribue l'invention des armes de bronze. Yu

---

[1] Cf. *Fêtes et chansons*, p. 199, 243 et suiv., et 272 et suiv.

[2] Cf. *Yue tsiue chou*, chap. 11. L'auteur propose une théorie de préhistoire assez curieuse. Au temps de Hien-yuan (distingué ici de Houang-ti), de Chen-nong et de Ho-siu (cf. Sseu-ma Tcheng, *in S.M.T.*, t. I, p. 20) on faisait des armes avec des *pierres*; au temps de Houang-ti, on les fit avec du *jade*; au temps de Yu, avec du *bronze* 銅 (ce mot désigne le cuivre, mais s'emploie aussi pour le bronze); au temps présent, on les fait en *fer*. — Je ne connais aucun moyen de dater ces différents âges : je me borne à rappeler que la tradition attribue au Roi Wou des Tcheou (xii° siècle avant notre ère d'après la chronologie classique) une hache noire qui servit à décapiter les femmes du

fut enterré à Kouei-ki, qui devint sa montagne sainte. C'est là qu'il avait tué et exposé le corps de Fang-fong dont les génies allaient au combat armés d'épées. C'est là aussi, qu'en creusant le sol, on retrouva les ossements de Fang-fong. Aucun texte ne laisse supposer que les os de Fang-fong aient été (comme ceux de Tch'e-yeou, victime de Houang-ti, autre forgeron) des concrétions métalliques. Nous savons seulement que le métal abondait au sommet du Mont Kouei-ki (çomme au sommet de Kouen-wou)[1].

A Kouei-ki, se trouvait un tambour dont le son s'entendait à d'immenses distances. Ce fut le Tonnerre qui fit perdre la bataille aux génies de Fang-fong, ancêtres des Poitrines-percées. Le tambour de Kouei-ki s'appelait : tambour de la Porte du Tonnerre[2].

Les tambours de bataille, portés, ainsi que les cymbales ou les clochettes métalliques, sur le char du Chef, étaient, aux temps classiques, disposés sur un pied[3]. Les tambours, au

---

dernier des Yin (cf. *S.M.T.*, t. I, p. 235) et que l'on affirme avoir été en fer (cf. p. 112, n. 4).

[1] Cf. *Chan hai king*, chap. 1. Le métal, ainsi que le jade et les belles pierres.

[2] Il y est fait allusion dans le *Ts'ien Han chou*, Biog. de 王襃 (chap. 76, p. 10, r°). Yen Che-kou ajoute en note que la Porte du Tonnerre était une porte de la ville de Kouei-ki. Il y avait là un grand tambour; quand les gens de Yue le frappaient, le son s'entendait jusqu'à Lo-yang. — Cette donnée traditionnelle est confirmée par une indication qui figure au *P'ei wen yun fou*, chap. 21, v° 鼓, où il est dit que le son du tambour s'entend jusqu'à Lo-yang lorsque *une grue blanche* pénètre en volant dans la Porte du Tonnerre (et, je suppose, heurte le tambour). [Sur les grues voir plus haut p. 222, n. 1, et plus bas (à propos du Pi-fang) p. 526.]

[3] Cf. *Tso tchouan*, trad., Couvreur, t. I, p. 586. Dans un combat livré entre gens de Tch'ou (en 604 avant J.-C.) une flèche tirée contre le prince effleure le limon du char et le pied du tambour, puis touche la clochette (*ning-ting*; le mot *ning* a le sens d'apaiser, calmer). *Ning-ting* a pour équivalent 鉦 *tcheng* (ce mot peut servir à désigner des tambours de pierre) ou 鐃 *nao*. Il semble que *tcheng* désigne une clochette à battant et *nao* une clochette sans battant. (Tous ces mots ont aussi servi à désigner des cymbales). La clochette *nao* est

temps des Hia, étaient, affirme la tradition, des tambours à un pied [1].

K'ouei, maître de danse et maître de forge.

Yu le Grand eut pour compagnons dans ses labeurs Yi (Po-yi) le forestier, qui, avec le secours de ses aides, *Sapin, Tigre, Ours, Ours rayé,* sut domestiquer les bêtes de toutes sortes, et *K'ouei,* qui, chef de la musique royale, savait, en touchant les pierres sonores, faire danser à l'envi *les cent animaux* [2].

mentionnée par allusion dans le *Li ki* (trad. Couvreur, t. II, p. 80-81), à propos de la Danse triomphale du Roi Wou. On bat le tambour pour annoncer le début du combat et la marche en avant et on sonne la cloche ou les cymbales (le *Tso tchouan*, trad. Couvreur, t. III, p. 670, dit simplement : le Métal) pour marquer la fin du combat et la remise en main des troupes. [Le tambour et la clochette jouent donc, dans les danses de guerre, le rôle de l'auge de bois et du tigre sonore (cf. p. 339, n. 4) dans la musique ordinaire.] Le *Tcheou li*, trad. Biot t. I, p. 266 déclare que la clochette *nao* sert à arrêter le bruit des tambours. — Clochette ou cymbale, le *ning-ting* est considéré comme un instrument de métal destiné (à l'armée) à arrêter le combat. Le tambour, au contraire, est employé pour pousser au combat. — Le *Tcheou li*, trad. Biot, t. II, p. 163 et suiv., indique longuement l'emploi des tambours, des cymbales ou des clochettes à la chasse et à la guerre. Le chef disposait d'un tambour porté sur un cheval (*p'i*) et d'un grand tambour porté sur un char. — Le grand rôle du chef était de battre le tambour sans s'arrêter, même s'il était blessé (cf. *Tso tchouan*, trad. Couvreur, t. III, p. 611).

[1] Cf. *Li ki*, trad. Couvreur, t. I, p. 738. — Les tambours des Yin étaient fixés à un poteau; ceux des Tcheou étaient suspendus, comme les cloches et les pierres sonores, à une suspension formée de deux montants et d'une barre transversale.

[2] Cf. *Wou Yue tch'ouen ts'ieou*, chap. 6. Yu eut pour compagnons Yi et K'ouei au cours d'une inspection des fiefs (cette expression veut dire aussi : chasse et revue guerrière) qui l'amena au bord d'un grand marais; il en questionna la divinité, s'informant sur les Monts et les Fleuves, les Métaux, les Pierres, les Animaux, les mœurs des peuples des Huit Directions : telle est l'origine du *Chan hai king*. — Sur Yi = Po-yi = Ta-fei, voir plus haut p. 367, et *S.M.T.*, t. II, p. 2. — Sur les compagnons de Yi, voir *S.M.T.*, t. I, p. 84-85. Yi fut nommé forestier par Chouen. K'ouei (*ibid.*, p. 86) fut nommé Chef de la musique après qu'un autre vassal de Chouen eut voulu lui céder la

Yi (Po-yi = Ta-fei) est l'Ancêtre des princes de Ts'in. Sa destinée fut glorieuse. K'ouei n'a pas fondé de lignée seigneuriale. Son fils, *le Grand Sanglier,* fut tué par Yi l'archer. Les sacrifices furent interrompus et la race s'éteignit [1].

K'ouei 夔 est parfois accusé d'avoir eu mauvais caractère et mauvais cœur : sans doute ne montra-t-il pas assez d'humilité quand il fut nommé par Chouen maître de musique [2].

place de Directeur du temple ancestral. Sur K'ouei, se reporter p. 311 et n. 5, p. 312).

[1] Cf. *Tso tchouan,* trad. Couvreur, t. III, p. 438 (*S.M.T.,* t. IV, page 186, note que K'ouei, Long, Chouei (Tch'ouei) et Yi (Po-yi) ne figurent pas dans l'histoire et qu'on ne sait où ils furent fieffés). — Sur le Grand Sanglier tué à Sang-lin, voir p. 379 et 444. Le meurtrier est Yi l'Archer : selon le *Tso tchouan,* il s'agit ici du Mauvais Chasseur, prince de K'iong. — Le Grand Sanglier était fils de K'ouei et d'une femme néfaste, dont nous aurons à reparler.

[2] Sur le manque d'humilité de K'ouei, cf. *S.M.T.,* t. 1, p. 87, n. 1, et plus haut p. 312, n. 5. Sur la mauvaise réputation de K'ouei, cf. Han Fei tseu, chap. 12. Han Fei tseu affirme que les gens disaient de K'ouei «mauvais, mais loyal : ceci, à soi seul, suffit (à compenser le reste)». La formule 夔 一 足 est un centon dont le sens littéral est : «K'ouei n'a qu'une jambe» : c'est ainsi que l'entendait le duc Ngai de Lou qui demanda à Confucius si le fait était historique. Une première version est donnée de cette consultation dans le chapitre 22, § 6, de Lu Pou-wei : c'est la plus complète et la plus claire. «Jadis (répond Confucius), Chouen désirait instruire l'Empire à l'aide de la musique. Il chargea Tchong-li d'aller prendre K'ouei au milieu de la brousse et de l'emmener à la Cour. Chouen fit (de K'ouei) son chef de musique. K'ouei régularisa les Six Tubes sonores et mit en harmonie les Cinq Sons. Tchong-li voulut encore aller chercher un (autre musicien). Chouen lui dit : «La musique est l'essence du Ciel et de la Terre... Seul un Saint sait mettre de l'harmonie dans «les principes de la musique. K'ouei a le talent de créer cette harmonie afin «donner la Paix à l'Empire. Bien que K'ouei soit seul, cependant il suffit «夔 者 一 而 足 也.» Donc, quand on dit (conclut Confucius) *K'ouei yi tsiu* (cela veut dire *K'ouei — à lui seul — suffit et cela*) ne signifie pas que *K'ouei — a un seul — pied* (足 *tsiu* = pied = suffire).» Lu Pou wei raconte tout de suite après, une autre anecdote : un homme qui voulait creuser un puits, cherchait un artisan capable; il trouva l'homme, creusa le puits et dit : «j'ai creusé un puits ! j'avais (l'antériorité n'est pas marquée en chinois) trouvé un homme!» On comprit : «j'ai creusé un puits et (y) ai trouvé un homme.» — On voit que, malgré l'autorité de Confucius, le caractère plaisant de l'anecdote restait sensible. Mais elle a été prise au sérieux : elle servait à dé-

Mais, si, comme méchant homme, il fut sans pareil, il fut sans second comme musicien. En frappant les pierres [1], il savait imiter les sons des jades et des pierres sonores du Souverain d'En-Haut. Ce fut lui qui inventa de recouvrir une jarre d'argile [2] avec une peau de cerf pour jouer du tambour. Chouen n'avait pas pris un moindre personnage que Tchong-li [3] pour découvrir, dans la brousse, ce talent hors pair.

Cet homme unique n'avait qu'un pied. C'est là du moins ce que croyaient les ignorants, sur la foi du centon « K'ouei yi tsiu » qu'ils entendaient « *K'ouei — a un seul —* PIED ». Mais les érudits savaient comprendre « *K'ouei — à lui seul —* SUFFIT ». C'était là assurément la formule que Chouen avait employée pour repousser la demande de Tchong-li, désireux de se mettre en quête d'un second prodige musical.

Confucius a eu le mérite de faire prévaloir cette interpréta-

fendre l'historicité du *Chou king* (dont Confucius passe pour être le dernier rédacteur). — Han Fei tseu donne une version analogue, mais Confucius y commence son discours par une affirmation : « K'ouei était un homme : comment n'aurait-il eu qu'un pied ?» Han Fei tseu donne encore une deuxième version du même type. M. DE GROOT (*Relig. Syst.*, t. II, p. 497) a traduit ces deux passages de manière inintelligible et n'a pas cité le passage de Lu Pou-wei. M. DE GROOT semble croire que le jeu de mot sur *tsiu* est l'origine de la légende de K'ouei. M. FORKE (trad. du *Louen heng*, t. II, p. 257) déclare avec raison que l'explication est plus ingénieuse que fondée. Wang Tch'ong emploie la formule : quand on fait une musique en harmonie 調樂 (à la manière de K'ouei) cela à soi seul est suffisant. — Wang Tch'ong (cf. *ibid.*, p. 258) opine que K'ouei ne pouvait être ni unijambiste ni amputé d'un pied, car dans ce cas, il n'aurait pu prétendre à exercer des fonctions religieuses.

[1] Cf. *Lu che tch'ouen ts'ieou*, chap. 5, § 5. Le texte porte 質 par erreur au lieu de 夔.

[2] On notera le fait que la jarre d'argile (instrument de musique des paysans, cf. p. 333) est considérée comme le point de départ du tambour de peau.

[3] *Tchong-li* (cf. plus haut p. 254 et suiv.) n'est autre qu'un équivalent de Hi-ho et Hi-ho est le Soleil. On va voir que K'ouei eut pour femme une femme noire et brillante comme un miroir qui ne peut guère être que la personnification de la nuit, de la lune ou de l'éclair.

tion raisonnable. Il prit soin d'affirmer que K'ouei, étant un homme, était un bipède. Wang Tch'ong, autre esprit critique, émet l'hypothèse que K'ouei, à la rigueur, aurait pu être un amputé : hypothèse absurde, ajoute-t-il, car, en ce cas, on en aurait fait un portier [1]. On n'aurait point parlé de lui comme d'un directeur possible du Temple ancestral [2]. On n'en aurait point voulu comme chef de musique et maître de danse.

K'ouei, ministre de Chouen, est un personnage historique, selon Confucius; toujours au dire du Maître, K'ouei est encore le nom d'un prodige de la pierre et du bois, c'est-à-dire un Esprit des montagnes [3]. Le *Chouo wen* déclare que le K'ouei est un dragon, cornu et muni de bras, qui a une face humaine mais ne possède qu'une jambe. Wei Tchao signale le même trait caractéristique [4]. Tch'ouang tseu oppose au mille-pieds le K'ouei à jambe unique [5].

Wei Tchao assimile les K'ouei aux Chan-sao ou Chan-siao du pays de Yue, dont le *Chen yi king* [6] raconte que pour se nourrir, ils font griller des *crabes*. Comme ils donnent aux hommes

---

[1] L'amputation des pieds était l'un des supplices; les amputés étaient employés comme portiers (cf. par exemple : *Tso tchouan*, trad. Couvreur, t. I, p. 171).

[2] Un défaut aux jambes est une des causes d'incapacité cultuelle, cf. *Tso tchouan*, trad. Couvreur, t. III, p. 151-152, et *S.M.T.*, t. V, p. 288, n. 1.

[3] Cf. *S.M.T.*, t. V, p. 311. Voir plus haut p. 310 et suiv.

[4] Note au *Kouo yu*, chap. 5. Wei Tchao identifie le K'ouei aux 山繅 ou 山猱 Chan-sao ou Chan-siao, du pays de Yue, lesquels ont figure humaine, corps de singe et savent parler : certains disent qu'ils n'ont qu'une jambe.

[5] Cf. chap. 17 (trad. Wieger, p. 343). Le discours du K'ouei au mille-pieds commence par les mots : «Moi qui n'ai qu'une jambe....». M. Giles (*Chuang tse*, p. 211) a traduit K'ouei par «walrus». L'identification du K'ouei au morse vaut ce que vaut l'identification du jen-yu (poisson-homme) au phoque. On trouve des jen-yu en abondance dans les sous-affluents du Fleuve jaune. K'ouei (walrus) a pour résidence assignée : les montagnes.

[6] Le *Chen yi king* (qui écrit 山猱 et 山臊) place ces démons dans l'Extrême-Occident et au fond des montagnes.

la *fièvre*, ceux-ci s'en défendent en faisant *éclater au feu des morceaux de bambou* [1]. Les démons à un pied s'enfuient aussitôt. *Ils ont la forme d'un tambour* [2].

Si K'ouei, le musicien au pied unique trouvé dans la brousse, inventa le tambour de terre recouvert d'une peau de cerf, les chants furent inventés par le Premier Crocodile. Celui-ci, avec sa queue, battait le tambour sur son ventre [3]. — Le *Chan hai king* situe en un même lieu le crocodile (dont la peau sert à faire des tambours, dit la glose) et le *bœuf* K'ouei [4].

Dans la Mer de l'Orient, se trouve un animal qui a l'aspect d'un *bœuf;* son corps est vert, et il n'a point de cornes. Il n'a qu'*un pied*. Quand il entre dans l'eau ou qu'il en sort, il faut qu'il vente ou qu'il pleuve. Son éclat est semblable à celui du Soleil et de la Lune. Le bruit qu'il fait est semblable au Tonnerre. Son nom est : K'ouei. Houang-ti, l'ayant pris, fit de sa peau un *tambour*. Il le frappait avec l'os de la Bête du Tonnerre

---

[1] Cf. *Calendrier de King Tch'ou*, 1er de l'an (l'orthographe est 山臊).

[2] Cf. glose à Tchouang tseu, chap. 19, trad. Wieger, p. 363. Cf. DE GROOT, *Relig. Syst.*, t. II, p. 510. Ce renseignement est extrait du 白澤圖. A cet ouvrage est attribuée une origine analogue à celle que le *Wou Yue tch'ouen ts'ieou* prête au *Chan hai king* (cf. *ibid.*, note 1). Au lieu que ce soit le génie du Marais qui enseigne Yu, c'est la Bête du Marais qui instruit Houang-ti. — Le *Chen yi king* dit que les Chan-siao sont tout petits (un peu plus d'un pied) et ont le corps nu. Le même ouvrage décrit de façon analogue les démons de la sécheresse qui ont deux ou trois pieds et le corps nu : ils marchent à la vitesse du Vent. — Le *Chan hai king*, chap. 3, appelle 山獋 un être qui marche à la vitesse du vent et qui présage le vent pour tout l'Empire. Le *Pao p'o tseu*, chap. 17, qui écrit 山精 (esprits des monts) déclare qu'ils s'appellent Pa (Sécheresse) et n'ont qu'un pied lequel est tourné vers l'arrière.

[3] Cf. *Lu che tch'ouen ts'ieou*, chap. 5, § 5. Le *Chan hai king*, chap. 5, parle d'un divin crocodile (ou alligator) qui a figure humaine, cornes de bélier et griffes de tigre; il réside dans le Gouffre de Tsouei-tchang : quand il y entre ou qu'il en sort, il se produit un éclat de lumière.

[4] Cf. *Chan hai king*, chap. 5 (dans le Kiang et sur le Mont 岷). Les tambours en peau de crocodile (alligator) sont mentionnés dans le *Che king* (cf. trad. Couvreur, p. 342).

— le bruit s'entendait à cinq cent *li* — *afin d'inspirer à l'Empire une crainte respectueuse* [1].

La Bête du Tonnerre a le corps d'un Dragon et une tête humaine; (tout comme le Premier Crocodile) elle joue du tambour sur son ventre — et elle éclate de rire [2].

Le Génie du Tonnerre était représenté, au temps des Han, monté sur un char garni de quatre ou de deux tambours. Il les frappait à tour de bras [3]. Il devait ainsi produire un effet de roulement discontinu assez analogue à celui qu'on obtient en faisant éclater dans le feu des morceaux de bambou ou des carapaces. Comme les tambours des Hia et les tambours de guerre, les tambours du char du Tonnerre sont plantés *sur un pied unique* [4].

[1] Cf. *Chan hai king*, chap. 14. On remarquera la crainte respectueuse, analogue à celle qu'inspire l'effigie de Tch'e-yeou, cf. p. 354. La glose rapporte ici la note de Wei Tchao sur le K'ouei. — L'animal du Tonnerre, dit-elle encore, est le génie du Tonnerre 雷 神. Houang-ti est parfois considéré comme le Génie du Tonnerre. Le *Li sao* (trad. Hervey de Saint Denys, p. 33) parle du génie du Tonnerre : les commentaires l'appellent soit Hien-yuan (qui est un des noms de Houang-ti : cf. *S.M.T.*, t. I, p. 26 : Houang-ti naquit sur la colline Hien-yuan; sa mère l'avait conçu, impressionnée par un éclair), soit Fong-long. Le *Mou t'ien tseu tchouan*, chap. 2, parle, dans un même passage, de la visite du Roi Mou au palais de Houang-ti et à la tombe de (Fong-)long. Houang-ti passe pour avoir eu un vassal du nom de Lei-kong; ce nom est porté par le dieu du tonnerre (cf. *Louen heng*, trad. Forke, t. I, p. 292).

[2] Cf. Houai-nan tseu, chap. 4. Le mot 熙 est employé par Houai-nan tseu, chap. 6, à propos de Yu, avec le sens d'éclater de rire. Il a aussi le sens de lumière. Le mot ne se trouve pas dans la description que le *Chan hai king*, chap. 13, donne de la Bête du Tonnerre, mais une citation du *Chan hai king* faite par *Ts'ai Tch'en*, in *S.M.T.*, t. I, p. 72 (et citée par M. Chavannes, t. I, p. 110) remplace ce mot par 雷 «tonnerre» : le mot 熙 peut donc avoir dans Houai-nan tseu, chap. 4, la valeur de : et alors c'est un éclat de foudre.

[3] Cf. CHAVANNES, *Miss. Archéol. Textes*, t. I, p. 84, 210 et 212 et fig. 48, 132 et 133. Le tambour du Tonnerre est, selon les rituels, fait d'un assemblage de 4 tambours à deux faces.

[4] Du moins d'après les figures 132 et 133. Sur la figure 48 les quatre tambours semblent enfilés sur un même support : ceci se rapproche de la

Houang-ti fondit une chaudière : après quoi il s'éleva au Ciel, monté sur un Dragon [1]. Yu le Grand qui fondit de même des chaudières, talismans dynastiques (à moins que le fondeur ne soit son fils, lequel, comme Houang-ti, monta au Ciel [2] sur des dragons), fut aidé, dans la bataille contre les génies de Fang-fong, par des Dragons et par le Tonnerre. Le Marais où vit la Bête du Tonnerre, qui est un Dragon, s'appelle le marais du Tonnerre, ou le marais de Lei-Hia (Tonnerre-Hia). On affirme qu'il s'appela jadis le marais de Hia [3]. Hia est le nom de la dynastie fondée par Yu. Cette dynastie était au plein de son prestige quand les dragons vinrent au secours de Yu contre les génies armés d'épées [4]. Si K'ouei fut le collègue et le compagnon de Yu le Grand, ce fut avec sa peau que Houang-ti se fit un Talisman royal.

La femme de Houang-ti [5] s'appelait Lei-tsou (Tonnerre-An-

description de Wang Tch'ong (chap. 23 du *Louen heng*, trad. Forke, t. I, p. 292). (Wang Tch'ong décrit d'après des représentations figurées.) Le génie du Tonnerre brandit un marteau de la main droite et agite avec la gauche des tambours enfilés. — (On sait que les bambous éclatés au feu ont été, particulièrement dans les fêtes du nouvel an, remplacés par des pétards enfilés.) — Les figures 132 et 133 montrent très nettement deux tambours plats à un pied, placés l'un à l'avant, l'autre à l'arrière du char. Ces tambours ressemblent à des tamtams. L'un correspond, sans doute, au tambour, l'autre (à la clochette ou) aux cymbales des chars du chef de guerre. — Dans ces scènes figurées, le Dieu du Tonnerre est accompagné du Dieu du Vent.

[1] Voir plus haut p. 492, n. 4.

[2] Voir plus loin p. 580.

[3] Cf. *S.M.T.*, t, I, p. 110.

[4] Voir plus haut p. 343. — Le génie de la foudre ou du tonnerre tue ses victimes à l'aide d'une espèce de ciseau qu'il enfonce à coups de marteau. Cf. Chavannes, *Miss. archéol. Textes*, t. I, p. 210.

[5] Cf. *S.M.T.*, t. I, p. 35. Lei-tsou s'écrit 雷祖 (Tonnerre-Ancêtre) ou 嫘祖. — 累 *Lei* signifie *lier* (Lei-tsou passe pour avoir inventé l'art d'élever les vers à soie) et s'écrit aussi 纍 (*lei* : «enfilade») qui est formé de la clef de la soie et de 畾 («entassement» qui se prononce *lei*) et est formé de trois 田. 田 combiné à 雨 (pluie) donne Tonnerre, qui s'écrit 雷 ou 靁. Le mot 田 *t'ien* dans le *Che king* (trad. Couvreur, p. 430) désigne un petit tambour qui

cêtre). La femme de K'ouei s'appelait l'Épouse Noire 玄妻.
C'était une femme fatale[1]. Son fils, le Grand Sanglier, fut un

répond au grand Tambour, lequel est un tambour suspendu. — L'expression
殷其靁 *Yin* k'i *lei* (k'i particule de liaison) rend les grondements du tonnerre (cf. *Che king*, trad. Couvreur, p. 23). L'expression *yin-yin t'ien-t'ien*
殷殷田田 (cf. *Li ki*, trad. Couvreur, t. II, p. 553) donne l'impression
d'un mur qui s'écroule et décrit le sautillement des femmes en deuil : elles
frappent le sol des pieds à la manière des oiseaux sans que la pointe des pieds
quitte la terre.

   [1] Cf. *Tso tchouan* (trad. Couvreur, t. III, p. 438). Il s'agit d'un ensemble
de faits extrêmement complexe. Voici d'abord les faits dits historiques (extraits
des *Annales*, du chap. du *Chou king : Chant des cinq fils*, et du *Tso tchouan*,
trad. Couvreur, t. II, p. 204 et suiv. et t. III, p. 513 et suiv. Les dates entre
parenthèses sont celles de la chronologie traditionnelle). T'ai-k'ang, fils de K'i
et petit-fils de Yu, chassa sur les bords de la *rivière Lo* (2170), il s'y attarda,
malgré les remontrances de ses cinq frères et de leur mère. *Yi l'Archer* (le
Mauvais Chasseur), seigneur de *K'iong* 窮 (= *trou* = *creux*), l'empêcha de repasser *le Fleuve*; il mourut en exil. Il eut pour successeur Tchong-k'ang.
La 5ᵉ année, en automne, le 1ᵉʳ jour de la 9ᵉ lune (date précisée par les as-
tronomes européens : le 12 octobre 2155), il y eut une ÉCLIPSE DE SOLEIL : une
expédition fut faite contre *Hi-ho* (héritiers des délégués de Yao à l'astrono-
mie. — Hi-ho est le *Soleil*) et l'année suivante *Kouen-wou* (Kouen-wou est le
Soleil de midi) fut nommé comte. HI-HO AVAIT COMPLOTÉ AVEC YI L'ARCHER.
Siang, fils de Chao-k'ang, fut tué (en 2119) par Tchouo de Han 寒浞 qui
avait supplanté Yi, trop adonné à la chasse. Il en avait d'abord suborné la femme
qu'il épousa, une fois veuve. Il en eut deux fils : Yao 澆 et Hi 豷. Ce fut Yao
qui tua Siang. La veuve de celui-ci, la Reine 緡 Min, S'ÉCHAPPA PAR UN TROU et
se réfugia dans sa famille, celle des *princes de Jeng* 仍. Elle y mit au monde
(2118) un fils, qui fut d'abord chef de pasteurs du prince de Jeng. Yao le faisant inquiéter, il s'enfuit à Yu où il devint chef de cuisine, puis épousa deux
filles du prince de Yu (polygynie sororale). Aidé d'un vassal de son père, il réussit (en 2079 : 40 ans après la mort de celui-ci) à tuer Yao, Hi et leur père Tchouo
de Han (il régna de 2079 à 2058). — Passons aux légendes : la femme de
K'ouei, le musicien à une jambe, était fille d'un *prince de Jeng*. Son fils fut le
Grand Sanglier. Il fut tué par Yi l'Archer. Une version veut que Yi l'Archer
soit le Bon archer de Yao; une autre que ce soit le Mauvais Archer, prince
de K'iong (*Tso tchouan*, t. III, p. 438). Le Mauvais Chasseur, dépeint comme
un grand mangeur, aurait offert la graisse de sa victime au Souverain qui
n'agréa pas le sacrifice (*T'ien wen*). Yi, le Bon Archer, blessa le *Comte du
Fleuve* À L'ŒIL. Yi, le Mauvais Chasseur, tira aussi sur le Comte du Fleuve
(celui-ci se plaignit au Souverain, qui le débouta, parce qu'au moment où la
flèche fut tirée, il se promenait indûment en dehors de son gouffre, sous

Glouton [1] : il périt et sa race avec lui. L'Épouse Noire avait des cheveux noirs splendides. Si l'éclat de K'ouei était semblable à

l'aspect d'un dragon blanc) et, de plus, il épousa l'Épouse de *la Rivière Lo* 雒嬪, c'est-à-dire la déesse de ce fleuve 水神 (*T'ien wen*). (On a vu que le *Comte du Fleuve* jouta contre le *Comte de la Lo*; on l'a vu aussi mêlé à une histoire de vendetta dont l'origine fut une conduite *débauchée*.) [La déesse de la Lo est 宓妃 Fou-fei, dont on dit qu'elle est une fille (glose du *Li sao*, trad. Hervey de Saint-Denys, p. 40) ou (comme Niu-koua) une sœur de Fou-hi (*Ts'eu yuan*). Fou fait partie du nom de Fou-hi; fei veut dire «épouse». (Fou-hi recevait un culte de princes portant son nom de famille — Fong : «vent» — lesquels sacrifiaient aussi à la divinité de la rivière Tsi. Cf. *Tso tchouan, ibid.*, t. I, p. 328). *Fou-fei s'était noyée dans la rivière Lo et en était devenue la déesse.* L'auteur du *Li sao* la présente comme *dissolue.* Rebuté par elle (qu'il avait fait chercher par Fong-long, dieu du tonnerre ou de la pluie), il se dirige vers le Mont *K'iong-che* (*Li sao, ibid.*, p. 41), lequel est le domaine de Yi le Mauvais Chasseur (cf. *Tso tchouan, ibid.*, t. II, p. 204 : *K'iong-che* veut dire «pierre creuse»).] Han Tchouo couche avec la femme de Yi, puis tue Yi et épouse la veuve. (Cf. *Tso tchouan, ibid.*, t. II, p. 205.) *Il fait avec sa femme le complot de tuer Yi* (*T'ien wen*). Le nom de famille de cette femme est, selon une tradition insérée aux *Annales* : Renard mâle. Le *T'ien-wen* au lieu de 雄 (mâle) écrit 純 (où l'on voit un équivalent de 大 «grand»). Faut-il lire: *Grand Renard ?* Yi, le Mauvais Archer, qui (comme le Bon Archer) tua le *Grand Sanglier* (*T'ien wen*), tua aussi le *Grand Renard* 封狐 (*Li sao*). Un des fils de Tchouo et de la femme de Yi s'appelle 獖 Hi (mot bien proche de 豨 Hi qui figure dans l'expression *Grand Sanglier,* Houai-nan tseu, chap. 8). — Tout cela, on le voit, forme un amalgame inextricable de vendettas, de combats mythiques, où les histoires de femmes et les noms d'animaux jouent le plus grand rôle. — Un vers du *T'ien wen* relatif à (Han) Tchouo 浞娶純狐眩妻爰謀 est d'ordinaire compris en donnant à 眩 *Hiuan* la valeur d'un verbe (: 惑 «troubler la vue, obscurcir les idées»), et le vers (à l'aide d'une construction difficile) se lit : Tchouo (de Han) épousa (une femme de la famille) Grand Renard (ou Renard mâle); (lui) obscurcissant (l'esprit), son épouse l'amena à comploter (contre Yi). 眩 *hiuán* ne diffère que graphiquement (clef de l'œil 目 ajoutée) de *hiuán* 玄 «noir, sombre» : qui, formant épithète à Épouse, donne le nom de la femme de K'ouei : l'Épouse Noire, l'Épouse Sombre. Dans l'hypothèse où il faudrait entendre *sombre,* le vers devrait se lire : Tchouo épousa (dans la famille) Grand Renard : l'Épouse Noire l'engagea dans des complots. — Les légendes du Bon et du Mauvais Archer sont extrêmement emmêlées, de même les légendes des Gloutons. Mais leur fond mythique est transparent.

[1] Le *Chen yi king* décrit le Glouton comme un être poilu qui sur sa tête porte un sanglier. On a vu p. 491, n. 3, que le Glouton était représenté sur les Chaudières fondues par Yu le Grand.

celui de la Lune ou du Soleil, l'éclat de sa femme était tel qu'elle pouvait servir de miroir (*Kien*) 光可以鑑 [1]. — Le terme *kien* désigne le miroir métallique que la Reine portait à la ceinture [2]. [On nomme du même mot l'instrument qui servait à tirer l'eau de la Lune [3]].

[1] La glose dit : elle pouvait, par la beauté et l'éclat de sa chevelure et de sa peau, illuminer les hommes. Se rappeler les deux filles de Chouen : « Brille-la-nuit » et « Éclat-de-flambeau » qui illuminent d'immenses espaces.

[2] Cf. *Tso tchouan*, trad. Couvreur, t. I, p. 176. En 672, le Roi Houei reçut un festin des princes de Kouo et de Tcheng. Il donna à Kouo une coupe et à Tcheng une ceinture de Reine ornée d'un miroir. La glose déclare qu'il s'agit d'un ornement *archaïque*, mais encore employé dans les régions occidentales par les Huns et les Tibétains. — D'après le *Li ki* (trad. Couvreur, t. I, p. 621 et 622), hommes et femmes suspendaient à la partie gauche de leur ceinture un miroir métallique nommé Kin-souei 金燧 et à droite un foret de bois, nommé Mou-souei 木燧. Tous deux servaient à obtenir du feu, l'un à l'aide du soleil, l'autre par frottement. On distingue, d'autre part, le Yang-souei et le Yin-souei. Le Yang-souei est un instrument métallique qui, exposé au soleil, en plein midi, en tire du feu qui sert à allumer de l'armoise. Le Yin-souei est une grande coquille 大蛤 qui, exposée à la lune, à la pleine lune, en tire de l'eau que l'on reçoit dans un bassin (de cuivre ou) de bronze 銅盤. Le Yin-souei s'appelle le plus souvent 方諸 Fang-tchou (cf. Houai-nan tseu, chap. 3 et les gloses de Kao Sieou) on dit aussi 鑑諸 *Kien*-tchou ou tout simplement *Kien*. Le Kien est aussi décrit comme un bassin qui sert à recevoir de la glace au début du printemps (cf. *Tcheou li*, trad. Biot, t. I, p. 106). Le Kien, comme bassin ou miroir, est toujours en rapport avec le principe Yin : aussi figure-t-il à la ceinture de la Reine. Voilà pourquoi le prince de Tcheng mécontent de recevoir un talisman féminin se détacha du Fils du Ciel.

[3] On remarquera que, d'après le *Tcheou li* (trad. Biot, t. II, p. 381), le Kien destiné à prendre de l'eau à la lune s'oppose au Yang-souei. D'après une note, le Yang-souei aurait dû être fondu au solstice d'hiver et le Kien au solstice d'été. D'après Wang Tch'ong (trad. Forke, t. I, p. 378) le Yang-souei se fabriquerait un jour *ping-wou* (= Été = Feu) du 5ᵉ mois (mois du solstice d'été), à l'aide des *pierres des cinq couleurs* (le Pao p'o tseu, chap. 17, fixe au même jour la fabrication d'une épée). — On notera que le *Tcheou li* attribue au même officier la garde des deux miroirs, solaire et lunaire et la charge de promulguer les interdits à l'aide d'une clochette à battants de bois : ces interdits sont en rapport avec les premiers grondements du Tonnerre (cf. *Li ki*, trad. Couvreur, t. I, p. 342). — Dans les idées chinoises modernes, l'Éclair est une déesse qui a pour attribut un miroir.

Avec leur fils, le *Glouton*, qui fut peut-être une chaudière,
l'Épouse Noire aux beaux cheveux, miroir nocturne, et son
mari au pied unique, le tambour du Tonnerre, ne font-ils pas
un bon ménage de fondeurs ? Faut-il s'étonner si, lorsque le
Chan hai king décrit K'ouei, il donne à ce musicien l'aspect
d'une forge ?

Le Hibou.

Le *Glouton*, figuré sur les *Chaudrons* des Hia avec ses yeux
sous les aisselles, avait pour nom 狍（：咆）鸮 P'ao-hiao, le
Hibou aux cris féroces [1]. *Glouton*, on le sait, est le sobriquet
des **Trois Miao** [2]. Ceux-ci, que Yu le Grand réduisit au devoir
par la danse [3], habitent sur le Mont Trois Wei où l'on voit
un oiseau, **corps** triple et tête unique, qui a l'aspect d'un grand
rapace et se nomme *Hibou* 鸱 (Tch'e) [4]. Les Trois Miao, bannis, allèrent résider tout près du Mont des Pierres Entassées,
bâti et creusé par Yu, et devinrent les ancêtres d'un peuple de
forgerons [5]. Le Mont des San Miao est un Mont des Oiseaux.
Kouen, père de Yu, puni pour avoir dérobé au Souverain la

[1] Cf. *Chan hai king*, chap. 3. Cet animal se trouve sur le mont Keou-wou 鉤
吾 (鉤 : «crochet, coutelas». Le mont Keou-wou est riche en cuivre. Cf. le mont
Kouen-wou). Il ressemble à un bélier à face humaine; ses yeux sont sous les
aisselles; il a dents de tigres et ongles d'hommes : le son qu'il rend est celui
d'un enfant (ceci, dans le *Chan hai king*, est caractéristique des Bêtes les plus
féroces). Il est anthropophage.

[2] Voir plus haut, p. 243.

[3] Voir plus haut, p. 242.

[4] Cf. *Chan hai king*, chap. 2. Ce grand oiseau de proie (écrit 鷩 :
mot qui a la valeur de 鵰 Tiao : Tiao désigne les grands rapaces : aigles pêcheurs, aigles du désert :) a un plumage bigarré de noir; son cou est rouge.
— Une note indique que les animaux ou les arbres sur lesquels il se pose
meurent ou se dessèchent. Cf. (p. 364) le Fei, dont on sait le rapport avec
Fei-lien, le forgeron.

[5] Cf. plus haut, p. 493.

terre magique, fut, sur un autre Mont des Oiseaux, dépecé
par les *Hibous* [1].

Tambour le hibou et les Fêtes de la Fonte.

K'ouei, qui, de la Femme Noire, engendra le Glouton,
paraît être [2] l'animal d'un mont riche en cuivre rouge où l'on
trouve aussi un oiseau qui, comme K'ouei, n'a qu'une patte mais
qui est un hibou, le hibou T'ŏ, le T'ŏ-fei [3]. Le T'ŏ-fei 橐 蜚 est
un hibou à face humaine, *à patte unique*, qui se voit en hiver
et se cache [4] en été : qui le porte sur soi, ne craint pas le Tonnerre.

Le mot t'ŏ se dit d'un sac ouvert aux deux extrémités et
désigne le *soufflet de forge* [5]. *Le tambour* sur lequel frappent

---

[1] Cf. plus haut, p. 246 et 266, n. 1.

[2] Cf. *Chan hai king*, chap. 2. Mont 渝 次. Le texte appelle l'animal
嚚 Hiao (crier) et le décrit comme un singe; la glose déclare qu'il s'agit d'un
夒 Nao, mal écrit. Nao signifie «singe» et figure au *Chouo wen* à côté de K'ouei
夒 qui n'en diffère que par des points passant pour figurer des cornes (on a
vu que le *Chan hai king*, chap. 14, décrit K'ouei comme un bœuf sans cornes).
— Le K'ouei, esprit des pierres et des forêts identifié au Chan-sao ou Chan-
siao, est le plus souvent décrit comme un singe. [Tels le 狒 狒 Fei-fei, en
particulier (cf. *Eul-ya*, chap. 18) et le 山 𤟤 Chan-houei (cf. *Chan hai king*,
chap. 3, Mont 獄 法).]

[3] Le T'ŏ-fei ressemble au hibou 梟 kiao ou hiao (cf. *hiao* «crier») dont les
cris passent pour néfastes (cf. *Tcheou li*, trad. Biot, t. II, p. 389). Le mot
fei 蜚 ou 蜚 signifie «hibou de montagne» 山 梟. Le mot t'ŏ signifie
«sac» : le *Che king* (trad. Couvreur, p. 360) l'oppose en ce sens au mot nang
橐. T'ŏ désignerait les *sacs qui peuvent s'ouvrir par les deux extrémités*, et
nang les sacs munis de fond.

[4] Le mot que je traduis par *se cache* est le mot 蟄 : *ce mot désigne la
retraite des animaux hibernants, lesquels se mettent en mouvement et sortent de
leur retraite quand, vers l'équinoxe de printemps, se font entendre les premiers
grondements du tonnerre. Cf. Li ki, trad. Couvreur, t. I, p. 342. Le T'ŏ-fei
n'apparaît que pendant la saison où le Tonnerre ne gronde pas : c'est un
Anti-tonnerre.*

[5] Actionner le soufflet de forge se dit : 鼓 橐 «frapper le soufflet comme
un tambour». Cf. *Houai-nan tseu*, chap. 68.

les *veilleurs de nuit*, s'appelle t'ŏ[1]. On nomme t'ŏ 鐸 la *clochette* à battants de bois des interdits qui sert à signaler, *trois jours d'avance*, les premiers grondements du *Tonnerre* [2].

« TAMBOUR [3] 鼓 est le fils du *Mont de la Cloche* : IL A FIGURE HUMAINE ET CORPS DE DRAGON [4]. — Avec l'aide de K'in-pei [5],

[1] Le mot s'écrit d'ordinaire 欜 (avec la clef du bois surajoutée) ou 柝. Cf. *Tso tchouan* (trad. Couvreur, t. III, p. 314). *Ibid.*, p. 642, l'instrument des veilleurs de nuit est appelé 鐸 t'ŏ « clochette » (voir plus bas). Le *Chan hai king* qualifie de *t'ŏ* plusieurs animaux, entre autres le 橐 駝 T'ŏ-t'ŏ que l'on identifie au chameau (cf. chap. 3, Mont 虢.) Il parle (*ibid.*, chap. 3, Mont 小 咸) d'un grand serpent 蛇 à poils de sanglier *dont le son est analogue à celui d'un t'ŏ* 柝 *que frappe un veilleur de nuit*. Au même chapitre (Mont 饒) il signale côte à côte des T'ŏ-t'ŏ (chameaux ?) et des hiboux. — Une glose au *Li ki* (trad. Couvreur, t. I, p. 439) affirme qu'en cas d'éclipse les nobles du dernier rang frappaient sur des *t'ŏ* 柝 : il s'agit de morceaux de bois creux. — T'ŏ-t'ŏ est un auxiliaire descriptif qui peint le pilonnement de la terre entassée entre des planches afin d'élever un mur (cf. *Che king*, trad. Couvreur, p. 221).

[2] Orthographe différente, prononciation identique. Le *t'ŏ* est une clochette à usage militaire quand elle a un battant de métal, à usage civil quand elle a un battant de bois (cf. *Tso tchouan*, trad. Couvreur, t. II, p. 310). Le *Li ki* (trad. Couvreur, t. I, p. 342) dit que trois jours avant les premiers grondements du Tonnerre (lesquels *doivent* avoir lieu à date fixe) (et sitôt après l'équinoxe de printemps), un héraut agitait le t'ŏ à battant de bois afin d'avertir le peuple entier. Il disait : « Le tonnerre va se faire entendre. S'il y a des femmes qui ne se tiennent pas convenablement, elles enfanteront des enfants incomplets (avorteront) et il y aura des calamités. » Comp. p. 570.

[3] Cf. *Chan hai king*, chap. 2. Le Mont de la Cloche (Tchōng) est identifié au Mont du Printemps (Tch'ouen) du chap. 2 du *Mou t'ien tseu tchouan*. Là se rassemblent toutes sortes d'oiseaux et de quadrupèdes et en particulier des oiseaux rapaces.

[4] Nous retrouverons plus loin cet aspect significatif.

[5] 欽 䲹. Ce personnage se retrouve avec des variantes d'écritures au chap. 6 de Tchouang tseu (堪 坏) et au chap. 11 de Houai-nan tseu (鉗 且) parmi d'autres Héros, qui tous 得 道 ont obtenu un génie caractéristique (*Tao*) et le talent de commander à une province du Monde, savoir, dans Houai-nan tseu : Ping-yi, Comte du Fleuve ; Tsao-fou le cocher ; Yi l'archer ; Pien ts'io, le médecin ; Chouei l'artisan [le chef des travailleurs (共 工 kong-kong) de Yao et de Chouen. Cf. *S.M.T.*, t. I, p. 84 et plus bas p. 520, n. 7] et, selon Tchouang tseu : Hi-wei et Fou-hi, régulateurs des astres ; Houang-ti qui

il tua Pao-kiang[1] (la *berge rouge* de la rivière Yao) à
l'adret du K'ouen-louen. Le Souverain, alors, exposa le

monta au Ciel; Tchouan-hiu (souverain du Nord), qui résida dans le palais
sombre; Yu-kiang (génie du Nord) qui se tint au Pôle boréal; la Si-wang-mou
qui s'établit à Chao-kouang; P'ong-tsou, qui vécut plusieurs dynasties; Fou-yue
qui devint une constellation; et, *avec Kan-pei* (= K'in-pei) *qui eut pour résidence
le* K'ouen-louen, Kien-wou 肩吾 qui *habita sur le* T'ai chan (ou sur un grand
mont). Kien-wou (avec une variante d'écriture 陸吾 Lou-wou) figure dans
le *Chan hai king*, chap. 2, *comme gouverneur du* K'ouen-louen. Il a une figure
humaine et le corps d'un tigre à neuf queues. Les animaux qui sont à ses côtés
sont : un oiseau qui ressemble à une abeille et fait, quand il les pique, mourir
les bêtes et dessécher les arbres [c'est donc une bête analogue au Fei du
T'ai chan (cf. plus haut, p. 364), un génie de la sécheresse] et un quadrupède
qui ressemble à un bélier anthropophage à quatre cornes et dont le nom est
土螻 T'ou-leou. On identifie le T'ou-leou au Fei-fei (*Eul ya*, chap. 18) ou
au Kiao-yang 梟陽 (cf. *Chan hai king*, chap. 10). Or, ce dernier est un hibou
particulièrement néfaste (l'un des noms d'une espèce de hibou qui se creuse
des nids en terre est T'ou-kiao 土梟). — On sait que les taoïstes sont chi-
mistes et métallurgistes. Il est curieux de trouver dans Tchouang tseu deux
Génies, tels que K'in-pei et Kien-wou, qui ont des emblèmes animaux fort
analogues et tous en rapport avec la sécheresse et le travail de la forge.
Tout au moins pour K'in-pei, la liaison avec les légendes populaires semble
certaine. Il me paraît certain que la mythologie *dite* taoïste a des sources profondes.

[1] Pao-kiang, dit la glose, devrait, par comparaison avec le *Lu che tch'ouen
ts'ieou*, chap. 14, S 2, s'écrire 沮江 et désigner la berge de la rivière 搖
(ou 瑤) Yao. Une glose [introduite dans le texte du *Chan hai king* et que j'ai
remplacé par des....] dit : «L'Est de la Montagne de la Cloche s'appelle la
berge Yao 瑤.» On entend que cette berge est rouge. Yao désigne les pierres
de prix. Le K'ouen-louen possède un tertre *Yao* où la Si-wang-mou reçoit ses
hôtes : cf. *Mou t'ien tseu tchouan*, chap. 3. Le Roi Mou offrit un banquet à la
Si-wang-mou sur le lac *Yao*. Le *Chan hai king* signale (chap. 2) à côté de
l'étang de Heou-tsi [on retrouve cet étang quelques pages plus loin avec la
mention : on y trouve beaucoup de jade et, à l'hubac, il y a beaucoup d'arbres 搖
Yao — et l'indication qu'en sort la rivière 瑤 *Yao*. — Le *Mou t'ien tseu
tchouan* qui parle au chap. 2 de pierres *Yao* 瑤 du Mont Tch'ouen (= Tchong
= Mont de la Cloche) parle au chap. 6 d'un mirador des anneaux de jade
empilés où le Roi Mou fut traité par son épouse Tcheng-ki qui tomba aussitôt
malade et mourut. Au cours du deuil, le Roi revint près dudit mirador et fit
le tour de la rivière *Kou-yao* 姑繇; plus tard il alla voir l'arbre de *Kou-yao.*
Les glossateurs du *Chan hai king* identifient l'arbre *Yao* et l'arbre *Kou-yao*]
quantité de jade blanc dont la graisse 膏 coule à flot et humecte l'arbre Tan

cadavre... [1] K'in-pei se métamorphosa en aigle-pêcheur, il eut l'aspect d'un rapace : dessins noirs, tête blanche, bec rouge,

(rouge, cinabre) : Houang-ti en mangea (c'est ainsi, dit la glose, qu'il obtint de monter au Ciel — après avoir fait son trépied). Houang-ti jeta la fleur de jade (de ce lieu) à l'adret du Mont de la Cloche. — Le *Chan hai king*, chap. 5, décrivant la *Montagne du Tambour et de la Cloche*, déclare qu'il s'y trouve un Mirador de Souverain 帝臺 où l'on traite les cent divinités 百神. (Sur ce mont se rencontrent en abondance des pierres à polir et à aiguiser.) A côté est le Mont 姑媱 Kou-yao. La fille morte du Souverain [elle s'appelait *Yao* 瑤 (pierre *yao*)] s'y transforma en plante 䔄 *Yao* : qui porte cette plante est aimé. (Le *Po wou tche*, chap. 3, raconte la même histoire.) La tradition veut que la fille de Souverain soit la fille du *Souverain rouge* (= *Yen-ti* ou *Chen-nong*) morte sans avoir été mariée. Une autre histoire est contée à propos de la fille du Souverain du Feu [dont la femme (cf. *Chan hai king*, chap. 18) était la fille de la *Rivière Rouge* et dont un descendant engendra trois fils : deux d'entre eux, nommés «Tambour» 鼓 et Yen 延, inventèrent les *cloches* et les chants (cf. *ibid.*)]. Niu-wa, fille du Souverain du Feu, se promenait sur la Mer Orientale, elle se noya, ne revint plus et devint Tsing-wei — oiseau qui ressemble à un corbeau, à tête bigarrée, à bec blanc et à pieds rouges (cf. *Chan hai king*, chap. 3, Mont 發鳩 et *Chou yi ki*.) [Le *Lie sien tchouan* raconte que 赤松子 (*rouge* sapin, ou pomme de pin rouge) Tch'e-song-tseu, portant sur lui du *jade liquide* pour apprendre à Chen-nong à traverser le feu, se brûla; la fille de *Chen-nong* courut après lui et devint immortelle.] La fille de *Chen-nong* transporte constamment des pierres et du bois pris aux *Monts de l'Occident afin de combler la Mer Orientale.* — À côté du Mont de la Cloche (*Chan hai king*, chap. 2) se trouve le Mont T'ai-k'ï 泰器 (grands ou abondants ustensiles) dont sort la rivière Kouan : là se trouvent beaucoup de poissons volants bigarrés : ils ressemblent à des carpes, ont un corps de poisson, des ailes d'oiseau, des bigarrures vertes et une tête blanche. Ils vont continuellement *de la Mer Occidentale à la Mer Orientale* et *volent de nuit.* Leur apparition présage l'abondance (cf. *Lu che tch'ouen ts'ieou*, chap. 14, S 2). Ces poissons s'appellent 鰩 *Yao.* — Les poissons volants (*Chan hai king*, chap. 4, Mont 子同) qui, lorsqu'ils entrent ou sortent, font un éclat de lumière, présagent la sécheresse. Certains de ces poissons (*Chan hai king*, chap. 5, Mont 騩), si on les porte sur soi, font qu'on n'a rien à craindre du tonnerre; ils peuvent repousser les armes 可以禦兵. On l'a vu, qui porte sur soi le T'o-fei (hibou-sac) ne craint pas le tonnerre.

[1] 帝乃戮之 : phrase peu claire : le Souverain punit-il les meurtriers ou expose-t-il le cadavre de l'assassiné (en l'espèce, la berge rouge de la rivière Yao)? La première version est la plus vraisemblable. Le Souverain apparaît (*Chan hai king*, chap. 11) garrottant au sommet d'un mont les meurtriers du Ya-yu.

griffes de tigre. Sa voix ressemble à celle d'un canard sauvage (?)[1]; quand il se montre, il y a de grandes *guerres*. TAMBOUR se métamorphosa en grand oiseau[2]; il eut l'aspect du *hibou*, pattes rouges, bec droit, dessins jaunes, tête blanche. Sa voix ressemble à celle du cygne (?); là où il apparaît, le pays souffre d'une grande *sécheresse*[3]. »

Bien qu'après le meurtre de la BERGE ROUGE[4], TAMBOUR fût devenu un hibou, on pouvait le voir avec l'aspect d'un *Dragon*, au pied de la montagne de la *Cloche*[5] — non loin de ce Mont Pou-tcheou qui fut encorné et écorné par KONG-KONG[6] [K'ouei, *le tambour à un pied*, eut pour collègue, au service du sage Chouen, Tch'ouei 倕 qui était KONG-KONG[7] (chef des

---

[1] 晨 鵠 identifié par le commentaire à 鳧 Fou. — D'après le *Tcheou li*, trad. Biot, t. II, p. 490, les fabricants de *cloches* s'appelaient Fou-che 鳧 氏 (canards sauvages).

[2] 鵔鸑 mot à mot : faisan doré. Le commentaire substitue 大 : grand (oiseau).

[3] L'un des deux acolytes est en rapport avec la guerre, l'autre (Tambour) avec la sécheresse. [On a déjà noté le lien constant entre les idées : armes, tonnerre, sécheresse.] Tous deux sont des oiseaux de proie, ont une analogie avec les aigles pêcheurs et l'un au moins est un nocturne. Y a-t-il un rapport entre le meurtre qu'ils commettent et les poissons qui volent la nuit et dont il est parlé tout à côté? Ces poissons s'appellent *Yao* comme la rive assassinée. Pour répondre à la question, il faudrait être renseigné sur la technique ancienne du métal. Des poissons sont parfois représentés sur les tambours de bronze : il est difficile de dire s'ils sont ailés.

[4] J'identifie, d'après les gloses, Pao-kiang et 袓 (: 沮) 江 qui est défini comme une berge rouge.

[5] *Chan hai king*, chap. 8. 鍾 山 下.

[6] Le *Chan hai king*, raconte l'histoire du fils **du Mont de la Cloche** immédiatement après celle de la Rivière et de l'Arbre rouge-cinabre qui suit la description du Mont Pou-tcheou : défini comme étant 缺 écorné. On a vu (p. 359) que Kong-kong encorna 觸 le Mont Pou-tcheou et que la calamité des Eaux Débordées s'en suivit.

[7] Sur (Chouei ou) Tch'ouei, cf. *S.M.T.*, t. I, p. 80 et 84. Il fut nommé Kong-kong 共 工 quand K'ouei fut nommé maître de musique [son nom est écrit par *S.M.T.* 垂, caractère qui se prononce Tch'ouei ou Chouei : cette deuxième prononciation passe pour correcte (*S.M.T.*, t. I, p. 84, note 3).

artisans) et ne diffère pas de 錘 Tch'ouei, *le tube de fer qui sert d'orifice au soufflet de forge*, T'ŏ — *hibou-sac, à patte unique*)].

Houai-nan tseu, chap. 6, écrit 倕 : on voit que la clef importe peu]. On admet en général que Kong-kong est un titre d'une fonction analogue à celle de Sseu-kong (chef des travaux publics) 司 空 (空 et 工 contiennent le même élément : 工. [cf. *S.M.T.*, t. I, note 3 de la page 81]. Le texte définit la tâche de Chouei à titre de Kong-kong par les mots : surveiller les travailleurs 工. Le mot *kong* désigne toute espèce d'artisans et plus particulièrement *les musiciens*. Houai-nan tseu parlant de Tch'ouei (Chouei) emploie les mots 大 巧 qui désignent l'habileté dans les arts et métiers. La glose de Kao Sieou, précise que Tch'ouei fut le 巧 工 *chef des artisans* de Yao et de Chouen. — (Le chap. 18 du *Chan hai king* dit par deux fois que Tch'ouei était 巧 *un chef d'artisans*.) Kong-kong a donc la valeur de chef des artisans. — Houai-nan tseu (*l. c.*) [dans le même passage où il signale que Po-yi, autre ministre de Yao et de Chouen fut l'inventeur des puits] affirme que *l'effigie de Tch'ouei était gravée sur les chaudières des Tcheou*. Or (au même chapitre) il écrit, en parlant de la fonte des métaux : 鼓 橐 吹 埵 *actionner* (en frappant comme sur un tambour) *le soufflet de forge* t'o et *souffler* (à l'aide) *du* [t'o 埵 mot à mot « terre compacte »; mais le mot est l'équivalent (la clé importe peu) de 錘] *tch'ouei*. Le tch'ouei est un instrument de fondeur : Kao Sieou, le définit ainsi : *un tube de fer qui forme l'orifice du t'o (soufflet, lequel est en cuivre) et que l'on peut mettre au milieu du feu*. Il est regrettable que nous n'ayons pas, comme pour K'ouei, un portrait physique de Chouei (Tch'ouei], ministre de Chouen. Mais Lu Pou-wei (chap. 5, § 5) nous donne une indication fort précieuse : c'est Tch'ouei 倕 (exactement 有 倕 : le Maître de Tch'ouei) qui, sous Ti K'ou, *inventa les tambours et les cloches*. Lu Pou-wei, en sus qu'il confirme ce qu'on peut penser de la personnalité de Tch'ouei, nous induit à croire, *en rapprochant*, une fois de plus, *cloches et tambours, que certains de ces derniers étaient, comme les cloches, des instruments métalliques*. Tch'ouei inventa aussi des instruments à vent (on pouvait s'y attendre). L'un est le kouan 管 « la flûte à bec », qui comme le 籥 Yo (flûte traversière), *sert à désigner le soufflet de forge* : l'expression 橐 籥 t'ŏ-yo se trouve au *Tao tŏ king* avec le sens de soufflet de forge (dont le nom commun est 風 箱, mot à mot : boîte à vent). Les Man d'Indochine, spécialement les Man-lan-ten (cf. M. ABADIE, *Les Races du Haut-Tonkin*, Paris, 1924, voir p. 115) « utilisent deux systèmes de soufflerie : dans l'un, le vent est produit par un piston qu'un aide fait mouvoir, à l'aide d'une tige, dans un tube cylindrique en bois; dans l'autre, la soufflerie est produite au moyen de grandes poches en peau de buffle ». On remarquera que parmi les instruments inventés par Tch'ouei est le tambour *p'i* 鼙, tambour militaire *sans pied* porté à dos de cheval. — Le *Dragon-Flambeau*, selon Houai-nan tseu, chap. 4, *n'a pas de pied*. — D'après le *Yi li* (trad. Couvreur, p. 213) le tambour *p'i* fait face et répond au tambour (planté ou) fixé sur un poteau. — K'ouei,

Là, auprès du *Grand Marais*, où les oiseaux font leur mue [1] et que K'oua-fou, le rival du Soleil, ne put *boire*, ni atteindre [2], [tandis que, destiné à périr, victime, comme K'oua-fou, du Dragon pluvieux, ou vaincu, malgré ses alliés le Maître de la Pluie et le Comte du Vent (Fei-lien), par la *déesse en habits verts de la Sécheresse*, Tch'e-yeou, l'inventeur des armes, *tête de cuivre et front de fer*, montait jusqu'aux *Neuf Marécages* [3] — tandis que, Épée ou Soleil de Midi, Kouen-wou, à côté de la *fille vêtue de vert* grillée par les Dix Soleils, *mangeait* les *Trois Marécages* du *Mont du Dragon* [4] — tandis, enfin, que Yao 鯀, auprès du *Mont des Pierres Recueillies*, *mangeait* la *Marc des Eaux Débordées* [5]], là, dans la région où le vainqueur des *Eaux Débordées* qui aménagea le *Mont des Pierres Entassées*, Yu le Grand, assainit le Monde en tuant le vassal de Kong-kong (l'artisan), (Siang-) Yao 鯀, qui vomissait des bourbiers pestilentiels [6], là, tout au Nord-Ouest de l'Univers, dans les pa-

---

tambour à un pied, fait face, dans le monde mythique, au Dragon-Flambeau (tambour sans pied) : K'ouei est à l'Extrême-Orient, le Dragon-Flambeau à l'Extrême-Occident (N. W.). — On remarquera que 鶹 *tch'ouei* ou *chouei* signifie hibou *ou* corbeau.

[1] Cf. Houai-nan tseu, chap. 4.

[2] Voir plus haut, p. 362.

[3] Voir plus haut, p. 359. Tch'e-yeou, avec sa tête de cuivre et son front de fer, fait penser au soufflet de cuivre à extrémité de fer.

[4] Voir plus haut, p. 494. Neuf est d'ordinaire une surenchère de Trois.

[5] Voir plus haut, p. 494, et *Mou t'ien tseu tchouan*, chap. 4. Yao ne paraît pas se distinguer des descendants des San Miao. Ils mangent (c'est-à-dire, en droit féodal, possèdent) le Mont Ts'ai-che.

[6] Voir plus haut, p. 486, et *Chan hai king*, chap. 8 et 17 : le personnage est appelé 相柳, chap. 8 et 相鯀 chap. 17. Le mot 相 fait-il partie du nom ou signifie-t-il conseiller, ministre? Question insoluble. — Il est curieux de retrouver ici encore ce mot *Yao* (cf. p. 518, n. 1). On sait que 鯀 Yao est une des orthographes possibles de Kao-yao, ministre de Chouen et de Yu. Kao-yao passe pour être le père de (Po-)yi. La tradition historique veut que Yu ait choisi pour successeur Kao-yao, puis (Po-)yi au détriment de son fils K'i. K'i succéda pourtant : on verra (p. 580, cf. p. 436) qu'une tradition veut que K'i ait tué (Po-)yi. — Kao-yao et Yu avaient soutenu devant Chouen un tournoi

rages où le Ciel manque et où règnent les *Neuf* Obscurités [1],
le Génie du *Mont de la Cloche* [2] (Tambour le hibou) le *Dragon-
Flambeau*, AVEC SA FACE HUMAINE ET SON CORPS DE DRAGON grand
de mille *li*, se dresse tout rouge et les yeux fixes. S'il ouvre les
yeux, c'est le jour; s'il les ferme, c'est la nuit; s'il souffle, c'est
l'hiver; s'il aspire, c'est l'été. Il ne boit, ne mange, ni ne respire : vent et pluie, alors, s'arrêtent à sa gorge. Il respire :
c'est le vent.

On ne dit pas ce que mange et boit le Dragon-Flambeau [3],
ni ce qu'il en advient. Mais n'est-il pas une Forge? Trois Miao,
le Glouton, Hibou à triple corps, est l'ancêtre d'un peuple de
fondeurs et sur le *Mont des Pierres Recueillies* que mange ce
peuple, se trouvent, entre autres pierres précieuses, des
pierres YAO 瑤 [4]. Tambour le hibou tua Pao-kiang qui n'est
autre que la *Berge Rouge* de la rivière YAO, OU BIEN LA BERGE

oratoire où Yu fut le vainqueur (cf. *S.M.T.*, t. I, p. 150 et suiv.). Les *Annales*
mentionnent ce fait curieux que la mort de Kao-yao eut lieu trois ans après
l'avènement de Yu.

[1] 九 陰 (*Chan hai king*, chap. 17.) Kao Sieou (glose à Houai-nan tseu,
chap. 4) écrit 太 陰 le Yin suprême : Yin suprême ou Neuf Yin désignent la
région du N. W. où (par suite du trou fait par Kong-kong à la Matière) le
Ciel manque et où, en conséquence, le Soleil ne peut aller.

[2] Je combine les descriptions du *Chan hai king*, chap. 8 et 17 et de Houai-
nan tseu, chap. 4, qui sont pleinement concordantes. Houai-nan tseu ajoute le
détail que le Dragon-Flambeau n'a pas de pied. Le chap. 8 du *Chan hai king*
l'appelle : Flambeau du Yin 燭 陰 et le chap. 17 : Dragon-Flambeau; c'est de
ce chapitre que sont extraits les détails caractéristiques des yeux fixes 直 目
et du corps tout rouge, ainsi que la belle expression : s'arrêtent à sa gorge
噎 (écrit 謁). Le Dragon est placé sur le Mont 章 尾 (章 : 鍾); 尾 désigne l'arrière d'une montagne, c'est-à-dire, ici : l'arrière partie du Mont
de la Cloche.

[3] Le *Chen yi king* signale, dans le Sud, un animal qui, par les cornes, les
pattes, la taille, l'apparence ressemble au *buffle* 水 牛; sa peau et ses poils
sont noirs comme du vernis; il mange du fer et boit de l'eau : avec ses excré-
ments, on peut faire des armes qui ont le tranchant du diamant. Son nom
est Mange-Fer.

[4] Cf. *Mou t'ien tseu tchouan*, chap. 4.

DES PIERRES YAO 瑤 崖 [1]. Cette berge est à l'est du *Mont de la Cloche* et c'est à l'adret du *Mont de la Cloche* que HOUANG-TI jeta la fleur du jade, après avoir lui-même *mangé* du jade liquéfié [2]. Tout à côté du lieu où pousse la plante YAO 蕃 (c'est, paraît-il, la fille — nommée YAO 瑤 — du SOUVERAIN ROUGE, laquelle mourut *vierge*), se trouve le *Mont du Tambour et de la Cloche* : là est aussi le MIRADOR *du Souverain* 帝 臺 où banquètent les Cent Dieux 觴 百 神 [3].

Quand HOUANG-TI réunit les Esprits et les Dieux au sommet

[1] Se reporter p. 518, n. 1.

[2] *Chan hai king*, chap. 2. La graisse de jade arrose l'arbre Tan (rouge-cinabre) d'où sort la rivière Tan, laquelle coule dans l'étang de (Heou-) tsi au fond duquel Heou-tsi s'est *évanoui* et près duquel sont des arbres Yao 搖 (même chapitre). La sépulture de Heou-Tsi, entourée d'eau, est placée, d'autre part, à côté d'un Grand Saule 高 柳 (cf. *ibid.*, chap. 11) [notons, en passant, que le ministre de Kong-kong, tué par Yu, est appelé (Siang-)Yao ou (Siang-)Licou 柳 (saule)] lequel est à côté du Grand Marais et de la Porte des Oies sauvages. (Il est question, auparavant, du meurtre du Ya-yu; ce monstre est, au chapitre 18, mis en relation avec l'Arbre Kien). Houai-nan tseu (chap. 4) place la tombe de Heou-tsi à l'ouest de l'Arbre Kien, qu'il a présenté (*ibid.*) comme un Arbre Solaire placé entre le Mûrier du Levant et l'Arbre (Jo) du Couchant. C'est par l'Arbre Kien que montent et descendent les Souverains.

[3] *Chan hai king*, chap. 5. — Se rappeler le mirador élevé par Yu pour les Souverains à l'endroit où il tua (Siang-) Yao ou (Siang-) Licou (cf. p. 486). Se rappeler aussi (cf. p. 346) que Yu convoqua tous les *Chen* (Dieux, Génies) 群 神 sur le Mont Kouei-ki (c'est alors qu'eut lieu le combat entre dragons-tonnerres et génies de Fan-fong : ceux-ci furent percés avec leurs propres épées. — Avant le Mont de la Cloche et du Tambour, il est parlé d'une montagne au sommet de laquelle est une pierre qui a pour nom : 帝 臺 之 棋 | mot à mot : K'i de (du) Mirador du Souverain. — Les glossateurs admettent que Mirador du Souverain est le nom d'un 神 人 personnage divin. — K'i est l'équivalent de 博 tablettes : on se servait de tablettes ayant, dit-on, une face noire et une face blanche pour jouer à un certain jeu : voir plus loin, p. 541. Comparer 棋 à 供 K'i, 其頁 K'i 鬼其 K'i (cf. p. 335) qui signifient masques] tablette-effigie du Mirador du Souverain : elle a *cinq couleurs* et des dessins, elle ressemble à un œuf de caille 鶉. La pierre du Mirador du Souverain 帝 臺 之 石 sert à prier 禱 les Cent Dieux. Quand on la porte sur soi, on ne craint plus les choses maléficientes 蠱.

du T'ai chan [1], il fit jouer un air de musique qui — si on l'exécutait imprudemment — *provoquait la sécheresse et rendait pendant trois ans la* TERRE ROUGE [2]. Des démons sans tête apparaissaient alors et dansaient en agitant des armes [3]. Le vent et la pluie faisaient rage. Mais Houang-ti possédait la Science qui permettait d'exécuter impunément cette œuvre souveraine. Le Sage [4] 眞 人 sait chevaucher FEI-LIEN, suivre Touen-yu, éclairer les DIX SOLEILS, prendre pour envoyé le COMTE DU VENT, pour vassal le GÉNIE DU TONNERRE, pour satellite K'OUA-FOU [5]. HOUANG-

[1] Cf. Han Fei tseu, chap. 3. *S.M.T.* (t. III, p. 287 et suiv.) a utilisé ce récit de Han Fei tseu en en supprimant le passage le plus intéressant, qui est analysé ici. Le duc Ling de Wei (534-493) se rendant à Tsin entend un luth qui joue, dans la nuit, auprès de la rivière Pou. K'ouang, maître de musique de Tsin, lui apprend que cet air a été inventé par le musicien du dernier des Yin lequel, à la chute de son maître, se noya dans la rivière P'ou. Le duc de Tsin fait alors jouer cet air, puis deux autres airs signalés comme plus dangereux encore. L'exécution du premier fait surgir, puis danser deux bandes de huit grues noires. Le second air est celui de Houang-ti. — Houang-ti (cf. *S.M.T.*, t. III, p. 484), passe pour avoir fait le sacrifice *Fong* sur le T'ai chan [on entend par T'ai chan la Montagne sainte du Chan-tong; se rappeler pourtant le T'ai chan de l'Est où réside le Fei, peste et sécheresse, et le (Houo) t'ai chan de l'Ouest, où fut enterré Fei-lien, Comte du Vent et forgeron] et le sacrifice *Chan* sur le Tong-t'ing; Yu le Grand pour avoir fait le sacrifice *Fong* sur le T'ai chan et le sacrifice *Chan* sur le Kouei-ki (*c'est là qu'il assembla tous les génies*). Les sacrifices *Fong* et *Chan* sont des sacrifices signalant l'établissement d'une dynastie, on a vu que *Chan* 禪 est considéré comme un équivalent de *Jang* 讓 (céder pour avoir; cf. 攘 et 禳 : expulser). [Cf. *S.M.T.*, t. III, p. 413.] — Le duc de Tsin, simple seigneur (mais Tsin a l'hégémonie), n'a pas qualité pour faire jouer un air de Houang-ti : d'où les mauvais effets de l'exécution : le duc fut malade. Cf. les résultats de l'exécution de Sang-lin : voir plus haut, p. 460 (et n. 3 de cette page).

[2] Cf. Han Fei tseu et *S.M.T.*, *loc. cit.*, et Houai-nan tseu, chap. 6 (où Kao Sieou donne le détail des danseurs sans tête). Comp. *S.M.T.*, t. III, p. 509.

[3] Sur le rapport de ces démons et de la sécheresse, voir plus haut, p. 313.

[4] Je traduis par « Sage » un terme de la langue taoïste qui désigne l'ascète arrivé à la pleine puissance.

[5] Cf. Houai-nan tseu, chap. 2. Le texte ajoute : « pour épouse secondaire, Fou-fei (déesse de la Lo, cf. p. 513, note); pour épouse, la Tisserande (voir *Fêtes et chansons*, p. 257 et *Relig. des Chinois*, p. 31). » — Le Touen-yu 敦

TI, le fondeur de chaudière qui fut ravi au Ciel, avait, autour
de son char, quand il réunit les Esprits et les Dieux, TCH'E-
YEOU qui était devant, le COMTE DU VENT qui balayait la
terre et le MAÎTRE DE LA PLUIE qui l'arrosait [1]. Des animaux
divins l'escortaient et, parmi eux, KIAO-LONG [2] et *Pi-
fang* [3] : cet oiseau à visage humain *ressemble à la grue, il est*
vert, à dessins rouges et à bec blanc; il est l'Esprit du bois;
il présage l'incendie; *il n'a qu'une patte* (tout comme K'ouei, le
Tambour du Tonnerre et T'ŏ le hibou) et (tout comme Tambour le hibou, le Dragon-Flambeau [4]) *il tient dans sa gueule du*
feu. — Pour que s'accomplisse — mariage sacré, sacrifice
où des victimes, un ménage, une vierge, sont dévorés —
l'œuvre mystérieuse de l'alliage et de la fusion des métaux, il
faut que tous les Dieux soient présents à la fête 觀 [5]. Or,
donc, les KIAO-LONG (*Dragons* Kiao) soutiennent le fourneau;

圍 est, selon la glose, semblable à un tigre, mais plus petit. Je ne sais rien
autre sur cet être divin. A-t-il quelque rapport avec le tigre sonore 圍 ou 敔
(Yu) qu'on frappait pour terminer un morceau de musique? (cf. *Che king*,
trad. Couvreur, p. 430). — Le développement de Houai-nan tseu a pour but
de peindre le pouvoir du Sage qui s'identifie à l'Univers (*Tao*).

[1] Cf. Han Fei tseu, chap. 3. Balayer et arroser sont un travail prélimi-
naire destiné à préparer l'aire du sacrifice.

[2] Dragon à écailles. Les Kiao-long sont attelés. Le Pi-fang semble en
rapport avec les essieux et Tch'e-yeou avec l'avant du char.

[3] Sur le Pi-fang, voir Che tseu (chap. 9) qui écrit : 必方 et en fait
l'esprit 精 (essence) du bois (la glose cite un passage du 白澤圖 qui fait
du Pi-fang (même orthographe) l'esprit du feu et déclare que c'est un oiseau
à une patte : quand on l'appelle par son nom (voir p. 261) *il s'en va*. Houai-
nan tseu (chap. 13) déclare qu'il est produit par le bois et écrit 畢方.
Même orthographe aux chapitres 2 et 6 du *Chan hai king*. Au chapitre 2 est
la description la plus complète. Le chapitre 6 signale le visage humain. Le
chapitre 11 se borne à mentionner le Pi-fang.

[4] Glose à Houai-nan tseu, chap. 13 : 衝火. Cf. la glose du chapitre 4 à
propos du Dragon-flambeau : 衝燭. Une tradition représentée par Kao Sieou
admet que le Pi-fang a deux pattes, mais une seule aile.

[5] cf. *Yue tsiue chou*, chap. 11, à propos de la fonte de huit épées de bronze,
c'est à propos de 太 — T'ai-yi, divinité suprême, qu'est employé le mot 觀
«assister à la fête» (*noter qu'il signifie aussi : mirador*).

le Souverain rouge (Yen-ti, Chen-nong) le bourre de charbon de bois ; le Maître de la Pluie arrose et balaie ; et c'est, comme de juste, le Génie du Tonnerre qui, le frappant comme un *tambour* [1], actionne *le soufflet de forge* (T'ŏ).

Hiboux, Forgerons et Foudre.

Est-ce parce que le Hibou est l'animal des fondeurs — les métaux, pour entrer en fusion exigent une victime humaine (et de préférence une femme) — qu'il se plaît à s'emparer des petites filles [2]? Une victime peut être remplacée par ses

___

[1] L'auteur emploie le mot 擊 qui, dans Houai-nan tseu, chap. 6, sert à gloser 鼓 (frapper du tambour) dans l'expression 鼓橐.

[2] Cf. *Calendrier de King Tch'ou*, 1ᵉʳ mois. Ces hibous sont désignés par l'expression 鬼鳥 « Oiseaux-démons » : la glose les identifie à la fille du Souverain du Ciel (T'ien Ti-niu : cette expression peut se traduire par Souveraine [Déesse] Céleste) ou à la Promeneuse nocturne. [La tradition en fait une femme morte en couches (cf. de Groot, *Relig. Syst.*, t. V, p. 642) — (se rappeler le thème des naissances héroïques où le sein de la mère doit être ouvert)]. Elle vole les petites filles ou bien tache de sang leurs vêtements [un rite de protection consiste à marquer le front des enfants d'une tache rouge de cinabre. — Dans l'ancien Cambodge, une tache de sang était faite au front d'une fille, devenue nubile, par le prêtre qui l'avait déflorée cérémoniellement (cf. Pelliot, in *B.É.F.É.-O.*, t. II, p. 153 et suiv., et n. 4 de p. 153)]. L'Oiseau-démon porte aussi le nom de Char des démons (cf. *Ts'eu yuan* et de Groot, *Relig. Syst.*, t. V, p. 642), hibou à dix têtes, dont l'une a été mangée par le Chien (je suppose qu'il s'agit du *Chien céleste*, voir plus loin p. 537-538). Aussi se défend-on de lui en tirant l'oreille des chiens pour les faire aboyer (cf. *Cal. de King Tch'ou*); on frappe aussi sur les lits et les *portes* et l'on éteint toute lumière. — La coutume existe en Chine du parrainage : paternité fictive qu'on établit pour procurer un protecteur à un enfant. La même coutume se retrouve chez les T'ou-jen du Kouang-si (cf. *B.É.F.E.-O.*, t. VII, p. 266). Le parrain est choisi au moment où l'on décide de laisser pousser les cheveux d'un enfant : c'est le plus souvent un dieu, un rocher ou un arbre. Le P. Cadière (*ibid.*, t. II, p. 353) a signalé que dans la vallée de Nguon-son, les enfants sont souvent *vendus au forgeron*. Fait curieux, le génie malfaisant des premiers jours de la naissance (que l'on finit par aller vendre) s'appelle le Fong-long : terme que le P. Cadière assimile à l'expression chinoise Fong-long, nom du dieu du tonnerre. On se protège du Fong-long en suspendant à la porte de la maison des

ongles : le hibou est voleur d'ongles [1]. — Le hibou exerce ses ravages *au début de l'année*. On l'appelle l'Oiseau-démon, le Char des démons (on l'appelle aussi la fille du Souverain du Ciel; on dit que c'est une femme morte en couches). Il ne lui reste que *neuf* têtes des *dix* qu'il avait; le *Chien* en a dévoré une : si le sang qui coule de la blessure tache les vêtements d'un enfant, laissés dehors pendant la nuit, le pauvre petit tombe en convulsions. Le hibou prend les âmes.

Le *premier mois de l'année* est un mois dangereux : les enfants qui naissent ce mois-là sont voués à une destinée néfaste; de même ceux qui naissent le *cinquième mois* et, pis encore, le cinquième jour du cinquième mois [2]. C'est alors l'apogée du principe Yang et des vertus ignées. C'est aussi le jour du hibou.

pots cassés. — On sait qu'en Chine la règle était, à la naissance d'un garçon, de suspendre à la *porte* des flèches (cf. *Dépôt de l'enfant sur le sol, Rev. arch.*, 1921, p. 309. Un morceau de terre cuite joue un rôle rituel à la naissance des filles, p. 307). On verra bientôt qu'il existe un rapport entre la foudre et les flèches. — Enfin le thème des naissances héroïques comporte très souvent l'idée que, pour que naisse le Héros, le corps de sa mère doit être fendu (voir plus loin la légende du fils de Yu le Grand [cf. p. 562 et suiv.] et noter que si la mère est une pierre fendue, le père, perceur de montagne qui piétine les pierres, est en rapport avec le tambour du Tonnerre). Or, sur les amulettes taoïstes modernes qui prétendent aider à l'accouchement, sont écrites les invocations suivantes [cf. F. Doré, *De l'influence des superstitions sur le développement des sciences médicopharmaceutiques* (en Chine), p. 125-126] : «De même que la *Foudre*, élément puissant et irrésistible, *fend le sein de la nue* pour la changer en eau, qu'ainsi elle ouvre le sein de cette femme enceinte et procure de suite l'accouchement!» — «Nous, *Dieux du Ministère du Tonnerre*, nous ordonnons que la *matrice s'ouvre*, pas d'objection ! et que promptement sorte le fruit de tes entrailles».

[1] Cf. DE GROOT, *Relig. Syst.*, t. V, p. 642. Aussi doit-on enterrer les rognures d'ongles à l'intérieur de la *porte intérieure* (on sait que c'est la place où l'on met les balayures; il y réside un dieu protecteur (voir plus haut, p. 308) qui s'appelle Tonnerre-Foudre.

[2] Cf. *Louen heng*, chap. 20 et 68 (trad. Forke, t. I, p. 161 et t. II, p. 383 et suiv.). Voir *Dépôt de l'enfant sur le sol, Rev. arch.*, 1921, p. 332. Le fait typique signalé par Wang Tch'ong est que l'enfant tuera son père ou sa mère lorsque sa taille atteindra la hauteur de la *porte* : cette taille était

Ce jour-là, au temps des Han, les fonctionnaires recevaient à boire du bouillon de hibou; ils buvaient encore du bouillon de *hia-ma* [1]. Une autre date est assignée à cette ingestion [2] : *le jour de la pleine lune du cinquième mois.* Houai-nan tseu, à ce propos, emploie l'expression *kou-tsao* 鼓造 qui signifie (si l'on doit traduire mot à mot) *l'inventeur du tambour* : on pense qu'elle s'applique au hibou (Tambour n'est-il pas un hibou ?) à moins que ce ne soit au *hia-ma* ou au *tchen-tchou* : ce sont, crapaud ou grenouille, *les animaux de la Lune,* qui est Eau et foncièrement Yin [3]. Le milieu du cinquième mois (pleine

sans doute exceptionnelle et, peut-être, seuls pouvaient l'atteindre les hommes nés dans la période des plus grands jours (le 5 du 5ᵉ mois est, comme les jours du 5ᵉ mois qui sont *ping-wou* (caractères cycliques correspondant au feu), un équivalent du solstice qui, théoriquement, doit tomber le 15 du 5ᵉ mois). Wang Tch'ong suppose que l'excès de Yang acquis par une naissance suprêmement estivale implique un caractère excessif et violent.

[1] Gloses à *S.M.T.*, t. III, p. 468 et au chapitre *Kiao sseu* du *Ts'ien Han chou.* Les hiboux (et les p'o-king) dévorant (leur père ou) leur mère, Houang-ti désira détruire leur espèce 絕其類. Les Han faisaient venir des hiboux de la commanderie de Tong et en faisaient du bouillon que l'on distribuait aux officiers.

[2] Cf. Houai-nan tseu, chap. 17. L'auteur ne parle que du bouillon de kou-tsao : le glossateur identifie ᴅᴜʙɪᴛᴀᴛɪᴠᴇᴍᴇɴᴛ le kou-tsao au hibou et signale l'usage des bouillons de hia-ma ingéré le même jour que les bouillons de hiboux. On trouve au chapitre 6 de Wen tseu la formule qu'emploie Houai-nan tseu; mais kou-tsao est remplacé par tchen-tchou (crapaud?). Le *Petit Calendrier des Hia* note, au 4ᵉ mois, le cri des 蛼 *yu* (ordinairement identifiés aux tortues à trois pattes, cf. p. 310); les gloses les rapprochent des 居造 ou 鼓造 kou-tsao. D'autre part, les glossateurs du *Tcheou li* (trad. Biot, t. II, p. 390) identifient les *yu* aux hia-ma. En revanche, les glossateurs du *Chan hai king,* chap. 2, rappellent à 'propos de Tambour le hibou l'expression kou-tsao, dont le sens littéral est «inventeur du tambour». Mythiquement et rituellement, les grenouilles (hia-ma) et les hiboux, liés au tambour et aux cérémonies estivales pour la pluie s'opposent et se correspondent.

[3] Sur le *tchen-tchou* «crapaud» (?) de la Lune, voir Houai-nan tseu, chap. 17. «La Lune éclaire le monde et est éclipsée (蝕 *mangée*) par le Tchen-tchou (cf. plus loin le rôle du P'o-king).» Le tchen-tchou passe pour ressembler au hia-ma, à la différence près que ce n'est pas un animal aquatique. (Voir *Eul ya,* chap. 16, qui le classe sous la rubrique : poisson.)

lune) est le point critique où le Yin succède au Yang [1]. C'est
le moment du grand sacrifice pour la Pluie [2]. Les grenouilles
servent à demander la pluie : on en voit sur les tambours de
bronze [3].

Les *tchen-tchou* (crapauds?), quand ils sont très vieux,
mangent les démons de la sécheresse [4]. Plus vieux encore, si,
le *cinq du cinquième mois,* on les prend et si on les fait sécher à
l'ombre (*yin*), ils peuvent produire de l'eau. Ils peuvent aussi,
quand on les porte sur soi, du côté gauche, écarter les cinq
espèces d'armes 辟五兵 : si un ennemi tire alors sur vous,
*c'est sur lui-même que reviendront les flèches de son arc ou de son
arbalète* [5]. Grâce au crapaud, un tireur peut être victime de
sa propre flèche.

Le glossateur de Houai-nan tseu (*loc. cit.*) dit que le *Tchen-tchou* est le *Hia-
ma* de la Lune. *Hia-ma* désigne une espèce de grenouille. Les Chinois semblent admettre qu'il s'agit d'une espèce de grenouille non comestible. Ceci
s'accorde assez bien avec l'usage, à titre d'ordalie, du bouillon de *tchen-tchou*
ou de *hia-ma*. Nous ne renverrons pas, à propos du crapaud-grenouille de la
Lune, aux discussions oiseuses de Wang Tch'ong (trad. Forke, t. I, p. 268 et suiv.).

[1] Voir *Li ki*, trad. Couvreur, t. I, p. 363 : «le Yin et le Yang se disputent
爭 (alors)» le sage vit dans la retraite (vacances d'été, symétriques des vacances d'hiver) «il refuse les mets bien préparés».

[2] Cf. *ibid.*, p. 361.

[3] Voir plus haut, p. 440.

[4] Sur ces démons, voir p. 313-317.

[5] Voir DE GROOT, *Fêtes d'Émouy*, p. 494. Si l'on se sert des pattes du
tchen-tchou pour faire des dessins sur la terre, cela produira de l'eau courante. (On notera le fait que le *tchen-tchou* doit être desséché pour produire
de l'eau : cf. *le cas des sorcières et des princes*, voir p. 455. Comp. les légendes
de Yi Yin et de K'ong-sang.) — Il est assez curieux de retrouver une expression
analogue au *Che yi ki*, chap. 1, à propos d'un peuple présenté comme lié à
l'histoire de Tch'e-yeou (lequel combattit K'ong-sang à l'aide d'un déluge et
lequel, aussi, *mangeait du métal et des pierres*). Les gens du pays de Hiao-
yang *avalent métaux et pierres* et quand, avec leurs ongles, ils font des dessins
sur le sol 以爪畫地, il jaillit des sources diluviennes 洪泉. Ce peuple
auquel on attribue le culte d'un Dragon marin à corne (ainsi est parfois représenté Tch'e-yeou) que l'on va saisir dans la mer et que l'on nourrit dans une
maison ronde, est, dit l'auteur, de l'espèce des *Barbares des Iles* du *Chou king*,
c'est-à-dire des Niao-yi, Barbares Oiseaux, de *S.M.T.*, t. I, p. 108, qui appor-

Le *kou-tsao* (inventeur du tambour) a les mêmes vertus :
il *repousse les armes* et fait arriver au terme de la vieillesse.
Le *kou-tsao* est un hibou, sans doute; en tout cas, le Hibou
T'ŏ (sac) évite, à qui porte son plumage, d'avoir à redouter le
Tonnerre [1].

Aux angles des toits, sous les Han, on plaçait, nous dit-on,
un ornement appelé [鴟吻 (hibou-coin) ou] 鴟尾, queue de
hibou [2]. [De fait, au sommet des colonnes qui soutiennent le
toit des palais figurés sur les bas-reliefs sculptés au temps des
Han, on voit fréquemment des hiboux représentés au naturel [3].] Cet ornement qui servait à protéger des calamités du
feu, s'appelait aussi, paraît-il, 魚尾, queue de poisson [4]. Qui
porte sur soi certains poissons volants *n'a rien à craindre du
tonnerre et cela sert encore à repousser les armes* 禦兵 [5].

tent à l'Empire un tribut de vêtements de peau (voir p. 190, n. 3). [Les Niao-
yi, si l'on en croit les auteurs chinois (cf. *S.M.T.*, t. I, p. 108, n. 2), seraient
apparentés à des Mandchouriens.] Le lecteur n'a pas oublié que Tch'e-yeou
est l'inventeur des armes et il sait que Tch'e-yeou fut vaincu par le dragon
Ying, employé par Houang-ti. Le *T'ien wen* met ce dragon en relation avec *Yu*
qu'il aida (bien qu'il fût un dragon pluvieux) à vaincre les Eaux Débordées.
Les gloses rappellent la tradition suivante : le dragon Ying, avec sa queue, *fit
des dessins sur la terre* et ainsi furent créés les chenaux par lesquels s'écoulè-
rent les eaux. — On sait que le *Chan hai king* (avant Tong Tchong-chou)
montre que l'on utilisait des effigies du dragon Ying pour obtenir la pluie. —
Les Maîtres de la Pluie sont aussi les Maîtres de la Sécheresse.

[1] Cf. p. 261.
[2] Cf. *Ts'eu yuan*, à ces mots.
[3] Cf. CHAVANNES, *Mission archéol.*, Textes, t. I, p. 76-77 (fig. 45), p. 121
(fig. 73). Dans un estampage publié par Laufer (cf. *ibid.*, p. 276), on voit un
crapaud brandissant deux armes (fig. 1267, cf. fig. 75) — On notera ce fait :
[de même que, si M. Chavannes ne s'est point trompé (*ibid.*, p. 75), dans un
cortège de cavaliers, l'oiseau Kin-wou, figuré sur les sceptres et destiné à
écarter les mauvaises influences, est figuré par un oiseau au naturel] les crapauds et hiboux reproduits au naturel devaient être, en réalité, sculptés sur
les maisons.
[4] Cf. *Ts'eu yuan*, à ces mots.
[5] Cf. *Chan hai king*, chap. 5. (Voir plus haut, p. 261.) On sait qu'il existe
au moins un lien de proximité locale entre le Hibou (Tambour) et certains

Le *cinq du cinquième mois*, après une bataille de fleurs, on buvait une infusion d'armoise : on fabriquait aussi avec de l'armoise des figurines humaines et on les suspendait 縣 *au sommet des portes* [1]. [Le mot 縣 (suspendre) est l'équivalent du mot 梟 qui signifie pendre une tête à un poteau et qui est le nom courant du hibou [2].]

Les enfants qui naissent le *cinquième mois* (*surtout le cinq*),

poissons qui volent de nuit. — La légende de Wou-yi (cf. p. 541 et suiv.) illustre le thème de l'action réflexe.

[1] Sur le bouillon d'armoise 艾, voir le *Ts'eu yuan* à ce mot : l'usage est présenté comme datant des Leao (10° siècle *p. C.*), mais le rôle que prête à l'armoise, au 5 du 5° mois le *Calendrier de King Tch'ou* donne à penser qu'il n'y eut pas, autant qu'on dit, innovation. Selon le *Calendrier de King Tch'ou*, les figurines d'armoise étaient destinées à expulser (*jang*) les émanations empoisonnées. L'armoise devait être cueillie au premier chant du coq. — Ces figurines sont les équivalents des figurines du premier mois (comme au 1er mois, on faisait, au 5° mois, des effigies de tigres, mais en armoise. Cf. p. 302, n. 2 : il y a donc des chances que les figurines du premier mois aient été, elles aussi, faites avec des plantes odoriférantes dont le nom est passé à des génies.) — *Les plantes recueillies sont d'ordinaire enfermées dans des sachets* (cf. par exemple, même calendrier, 9° mois, les ovaires de xanthoxyle). Ces sachets se nomment 囊 nang : ce sont des sacs analogues aux sacs 橐 t'o (cf. p. 516). T'o figure dans un nom de hibou (T'o fei) qui protège du Tonnerre quand on revêt son plumage. Les hiboux sculptés sur les angles du toit pour les protéger du feu du ciel ont sans doute remplacé des hiboux véritables, desséchés et plantés sur les maisons. Peut-être étaient-ils plantés, comme les figurines d'armoise, au-dessus des portes. Ne pas oublier que le génie de la porte intérieure s'appelle (selon Tchouang tseu) Lei-ting : Tonnerre-Foudre.

[2] Le mot 梟 kiao (composé du signe oiseau et du signe bois) veut dire : « hibou, scélérat, homme éminent, planter une tête sur un poteau » [cf. 桀 kie : « nom du dernier des Hia, homme éminent, poteau sur lequel perche une poule et (= 磔 kie) dépecer »]. — Le rapprochement des thèmes : tête plantée sur un poteau, Hibou-parricide et Enfant-parricide (quand il atteint la hauteur de la porte), suggère l'idée que les Hiboux ont pu être plantés sur les poteaux médians des portes. Ce poteau s'appelle *ye* (mot composé avec la porte et 臬 *ye* qui désigne de même le poteau central de la porte et qui désigne aussi *une cible*. — Les enfants nés le (5 du) 5° mois *doivent* être exposés. Où les expose-t-on ? [Heou-tsi fut exposé dans une venelle, cf. *Revue arch.*, 1921, p. 331 à 333.] Ne serait-ce point devant la porte ? Et cette exposition n'est-elle pas une forme atténuée de sacrifice ? Voir p. 548, n. 2.

quand leur taille atteint la *hauteur de la porte*, tuent leurs parents. Or, deux animaux sont parricides : le p'o-king et le hibou détruisent leur espèce [1].

[1] Le p'o-king est nommé dans *S.M.T.*, t. III, p. 468 (le chapitre *Kiao sseu* du *Ts'ien Han chou* reproduit le même passage). M. Chavannes (sur la foi, je suppose, du *P'ei wen yun fou*) a avancé que le p'o-king n'apparaissait que dans ces deux passages et a traduit : «miroir brisé». Les glossateurs disent que le p'o-king ressemble à un léopard : le *Chou yi ki* nomme le 獧 *king*, animal semblable au léopard, mais plus petit : il est à peine né qu'il REVIENT 還 (*houan*) manger sa mère (et non son père comme le disent les gloses de *S.M.T.*). [On retrouve l'expression p'o-king avec cette orthographe au *P'ei wen yun fou*, chap. 83, qui cite *S.M.T.*, et ajoute une référence au *Yen che kia hiun.*] — Mais les renseignements les plus intéressants sont au *Che yi king* [(cité par le *Ts'eu yuan*, aux mots 鵲鏡 «miroirs à la pie»; il s'agit de miroirs au revers desquels était représentée une pie); jadis, quand un mari et une femme allaient se séparer, ils *brisaient un miroir* (p'o king). L'homme en prenait une moitié à titre de gage de foi (信, on appelait ainsi les tessères partagées entre deux parties). S'il arrivait que sa femme eût des rapports avec un autre homme, le miroir se changeait en pie et venait, en volant, jusqu'au mari. — Nous avons ici le sens de miroir brisé], et dans un vieux poème, qui semble se rapporter aussi à la fidélité conjugale et où se trouve la formule : *le P'o-king monte au Ciel* 破鏡飛上天. Cette formule est expliquée par une glose (*P'ei wen yun fou*, chap. 266 v° 頭) farcie de jeux de mots, mais qui apprend ceci : le P'o-king symbolise l'ébrèchement 缺 (de la Lune qui se produit) au milieu du mois. «Le P'o-king monte au ciel» signifie que la lunaison est à son milieu et qu'il faut *revenir*. [Les femmes royales (cf. *Fêtes et chansons*, p. 72) portaient des *anneaux* différents selon qu'elles allaient coucher avec le Roi ou qu'elles en revenaient.] REVENIR 還 (*houan*) rappelle, par jeu de mot, 璟 *houan* «anneau», et spécialement, dit-on, l'anneau qui termine les épées et les couteaux. — On a vu que Wang Tch'ong (trad. Forke, t. I, p. 578) en parlant de la fonte du Yang-souei (le miroir qui prend le feu du soleil) prétend que le pommeau circulaire d'une épée, si on le polit bien, fait aussi bien l'affaire qu'un Yang-souei ; il emploie, au lieu du mot *anneau*, l'expression 鉤 月 «lune annulaire» [le mot 鉤 (coutelas, crochet) a, à lui seul, le sens de pommeau annulaire d'une épée (sur ces anneaux, voir CHAVANNES, *Mission archéol.*, Textes, t. I, p. 37 : à l'anneau était fixée une dragonne, fig. 109, 126)]. Le vieux poème cité oppose de même le pommeau d'épée et le p'o-king. — Il est sans doute difficile de comprendre des représentations aussi enveloppées : je croirais volontiers que le droit, le rond, l'ébréché impliquent [comme l'équerre (droit) et le compas (rond) de Fou-hi et de Niu-koua (cf. p. 498, n. 2) ou le creux et le sortant de cuivre du *Pao p'o tseu* (cf. p. 497)] des représentations sexuelles.

Le rôle du hibou est grand au moment des solstices, dans les périodes où l'action du Yin et du Yang se trouve renversée, et surtout le cinq du cinquième mois, au plein du Yang. C'est quand la lune a fini de croître et va décroître que le P'o-king se manifeste. Il ressemble, dit-on, à un léopard; son nom signifie : Brise-miroir ou Miroir-brisé. Quand la Lune est toute ronde et fait face au Soleil, le Roi et la Reine couchent ensemble[1]. (La Reine représente la Lune et a pour insigne un miroir)[2]. Les époux royaux, après ce contact propice, se séparent : le Miroir-brisé est l'emblème des séparations conjugales. La Lune, après qu'elle est pleine, doit décroître. Au milieu du mois, le P'o-king s'envole au haut du Ciel, et la Lune est ébréchée. — Brise-miroir mange son *père*. Le Hibou, inversement, mange sa *mère*[3].

Le mari de Lei-tsou (Tonnerre-Ancêtre), Houang-ti — le grand fondeur qui se fit un tambour de la peau de K'ouei, ce mari de l'Epouse Sombre, brillante comme un miroir et mère d'un Glouton (la chaudière «glouton» est un hibou féroce) qui *mit fin à sa race* — passe pour avoir détesté p'o-king

Quoi qu'il en soit, il est clair que le P'o-king ébrèche la lune; il est, tout autant qu'un miroir brisé, un brise-miroir (ou, mieux encore, un *miroir qui se brise*) : il est la lune et il est le principe (sans doute sexuel) des phases de la lune. —- Il convient de rapprocher le P'o-king du Lièvre de la Lune. Le *T'ien wen* signale son existence dans le ventre de la Lune et lui donne l'épithète de «regardant». — Le lièvre est l'emblème de la paire et l'animal du caractère cyclique 卯 qui correspond à l'équinoxe et à la pleine lune 望. C'est alors, dit-on, que le lièvre est dans la lune et *regarde de loin* 望 (le soleil); or, le lièvre conçoit en *regardant de loin* (la lune) 望 et il fait ses petits par la bouche : sa bouche est donc ébréchée 缺 et la Lune l'est aussi (sitôt finie la pleine lune). — Les femmes enceintes ne doivent pas manger de lièvre, sinon leurs enfants auront des becs de lièvre.

[1] Voir *Polyg. sororale*, p. 39-40.

[2] Voir plus haut, p. 514.

[3] Cf. *Lu che tch'ouen ts'ieou*, chap. 25, § 4. La glose dit : le hibou (femelle) élève avec amour ses petits 子 (mâles). Quand ils sont grands (cf. p. 529, n. 1), ils mangent leur mère.

et hiboux, ces êtres mauvais qui pratiquaient l'endocannibalisme. Il voulut *mettre fin à leur espèce* 類.

Le jour du solstice, on coupait en quartier 磔 *des hiboux.* —
Entre un rite d'aversion et un rite communiel, la distance est
faible. — On ingurgitait, au milieu de l'été, du bouillon de
hibou. Ce consommé était fourni par le prince à ses vassaux.
Or, un prince est *le père et la mère* de ses sujets. La potion dont il
les gratifie est tout ensemble poison et contre-poison. C'est une
purge qui expulse les germes d'impiété filiale. C'est aussi un
sacrement. Grâce au bouillon de hibou, le loyalisme des vassaux est éprouvé, en même temps qu'il est réconforté.

Le hibou fut sans doute, de tous temps, un être terrible. Fut-
il toujours un être néfaste [1]? Houang-ti détestait-il cette espèce?
S'il se nourrissait de hiboux, c'est qu'on les lui sacrifiait [2].

[1] Il est uniformément considéré comme néfaste dans les textes classiques.
Le *Che king*, (trad. Couvreur, p. 414) compare au hibou (le hibou est néfaste
principalement par ses cris) une femme belle et habile à parler, c'est-à-dire ce
qu'il y a de plus dangereux au monde (en l'espèce Pao-sseu, femme fatale du
Roi Yeou, laquelle périt, dit l'histoire (cf. *S.M.T.*, t. 1, p. 285), pour s'être
amusée à faire allumer un bûcher à côté duquel était placé un grand tambour). — Yen tseu, chap. 6, décrit la terreur que les hiboux inspiraient au
duc de Ts'i. — *S.M.T.*, t. III, p. 427, les oppose aux animaux de bon au-
gure dont la venue manifeste la Vertu souveraine : le duc Houan de Ts'i ne
peut sacrifier sur le T'ai chan parce que des hiboux se montrent trop souvent.

[2] Cf. *S.M.T.*, t. III, p. 468. Cette assertion (que l'on sacrifiait des hiboux et des p'o-king à Houang-ti) est prêtée à un anonyme : elle paraît présenter les plus fortes garanties de non-authenticité. Or, il se trouve, on va le
voir, que le fait indiqué a sa place dans un ensemble, fort cohérent, de traditions. L'auteur inconnu de l'assertion est très évidemment un personnage
cherchant à capter la confiance de l'empereur Wou des Han, recherchée par
toutes les sectes (plus ou moins bien définies) de ce temps. Houang-ti était l'un
des patrons de ceux que l'on appelle taoïstes (on a vu, cf. p.45, que Sseu-ma
Ts'ien fut blâmé par des orthodoxes pour avoir commencé son histoire par lui
et non par Yao et Chouen). Mais les taoïstes sont essentiellement des techniciens [les lettrés (confucéens) sont des moralistes : et toute l'histoire de
Chine (ou, tout au moins, l'histoire de l'histoire de Chine) pourrait se résumer
dans la formule : «les moralistes (politiciens) ont accentué, au cours des

On sait que Houang-ti est Hien-yuan [1]. Hien-yuan est le Dieu qui préside au Tonnerre [2]. Houang-ti, fut conçu par l'effet d'un éclair sur le mont Hien-yuan [3]. Il existe un mont Hien-yuan au sommet duquel le cuivre abonde. On y trouve aussi un oiseau qui a l'aspect d'un *hibou* et se nomme *Oiseau Jaune* [4]. — Houang-ti (le *Souverain Jaune*) voulait-il détruire une espèce associée ? S'il se nourrissait de hiboux, c'était, bien au contraire, pour alimenter la substance spécifique de son génie [5].

siècles, une victoire acquise sur les techniciens dès les premiers temps historiques (disons, pour être strict, l'époque des Han, ou, pour être large, l'époque de Confucius-Tchouang tseu)]. C'est chez les auteurs dits taoïstes qu'il faut rechercher les traditions antiques relatives aux techniques et particulièrement (les taoïstes étaient alchimistes) les traditions relatives au travail des métaux. Or, Houang-ti est un fondeur : sur son compte, ce sont les taoïstes qui sont le mieux renseignés. — On notera que dans le récit de *S.M.T.* le passage sur les hiboux de Houang-ti *précède immédiatement l'indication d'une émission de monnaie* (se reporter p. 588, n. 1).

[1] Cf. *S.M.T.*, t. I, p. 26. La tradition sur ce point est à peu près constante (voir, cependant, p. 503, n. 2).

[2] Le *Li sao* (trad. Hervey de Saint-Denys, p. 36) nomme le génie du Tonnerre (Lei-kong) et plus loin Fong-long (p. 40). Les glossateurs hésitent : les uns disent que Fong-long est le génie de la pluie, les autres qu'il est le génie du Tonnerre. L'un d'eux écrit que Hien-yuan préside aux nuages et au Tonnerre. — Le *Mou t'ien tseu tchouan*, chap. 2 parle, dans un même passage, du palais de Houang-ti et de la tombe de Fong-long. Houang-ti (Hien-yuan) et Fong-long sont des divinités parentes.

[3] Cf. *S.M.T.*, t. I, p. 26.

[4] Cf. *Chan hai king*, chap. 3. Il faut dire que la naissance de Houang-ti eut lieu, selon le même ouvrage, sur le tertre Hien-yuan (chap. 2) lequel ne se trouve pas dans le Nord, mais dans l'Ouest [comp. les deux K'ong-t'ong (Paulownia creux), voir p. 339] et qui est à côté du Mont des Pierres Entassées. Le chap. 7 place le pays de Hien-yuan dans l'Ouest, près du mont K'iong (Creux) sur lequel on tire à l'arc, mais non face à l'Ouest par respect pour le tertre de Hien-yuan. Au chap. 16, il est question du pays de Hien-yuan et du Mirador de Hien-yuan sur lequel l'on ne tire pas vers l'Ouest (par respect dit la glose pour le *chen* de Houang-ti). — Remarquer ce fait que *l'on tire à l'arc, sur le mirador du génie de la foudre* (voir, plus loin, l'histoire de Wou-yi).

[5] Voir p. 150 et suiv. Les sacrifices (offerts à Houang-ti, au printemps) d'un hibou et d'un p'o-king sont mentionnés à côté de sacrifices faits au *Mouton*

Houang-ti est le premier des Souverains. A lui se rattachent toutes les lignées royales [1].

Il semble bien que le hibou a été, dans la Chine ancienne, l'emblème animal d'un clan royal de forgerons.

Ceux-ci étaient les maîtres de la Foudre. Ils commandaient les Saisons. Ils étaient les Ministres et les Rivaux du Ciel.

L'action réflexe.

On fabriquait, dans l'antiquité chinoise, des flèches courbes ou serpentantes 枉 矢 [2]. On en parle parfois comme d'armes de guerre; on les considère parfois comme inoffensives. On appelle de leur nom (par modestie, dit-on) les flèches que l'on présente quand on invite à jouer au *jeu du goulot* [3] — ce jeu où, parmi des hâbleries, on rivalisait pour le prestige, au point d'en arriver à des rixes [4]. On affirme que *les flèches serpentantes pouvaient porter du feu et ressemblaient à des étoiles filantes.*

Représentées sur des drapeaux, elles sont l'emblème d'une constellation qu'on appelle l'Arc et qui semble viser le *Loup céleste* [5]. *Flèche serpentante* est aussi le nom d'un météore qui

caché à qui l'on sacrifie un *mouton*, et à l'Activité du coursier à qui l'on sacrifie un étalon jeune (? ou vert?). — Même au temps des Han, les Dieux, quand ils sont de forme animale, se nourrissent de leur propre espèce.

[1] Cf. *Dépôt de l'Enfant sur le Sol. Rev. arch.*, 1921, p. 321.

[2] Sur ces flèches, voir le *Tcheou li*, trad. Biot, t. II, p. 241-242.

[3] Cf. *Li ki*, trad. Couvreur, t. II, p. 591. Le jeu du goulot (il s'agissait de faire pénétrer des flèches dans l'ouverture d'un vase) ressemble *trait pour trait* au tir à l'arc cérémoniel : même ordonnance, même musique, même pénalité (boire le premier). Les flèches étaient faites en mûrier tinctorial ou *en épines* (comme les flèches qui servent à expulser les calamités).

[4] Cf. *Tso tchouan*, trad. Couvreur, t. III, p. 195, voir p. 461 n. 1.

[5] Cf. *Tcheou li*, trad. Biot, t. II, p. 489. Cf. *S.M.T.*, t. III, p. 310 et 353. Le Loup céleste est-il très différent (mythologiquement) du Chien cé-

a l'aspect d'une grande étoile filante. Elle marche en serpentant et elle est d'un noir verdâtre : de loin il semble qu'elle ait *des poils ou des plumes* [1]. Elle ne diffère que par le fait qu'elle ne produit pas de bruit d'un autre météore qui a aussi l'aspect d'une étoile filante : c'est le *Chien céleste* ou le *Chien rouge* [2]. Il produit le bruit du tonnerre et la lueur d'un éclair : quand il descend à terre « il ressemble à ce que fait tomber un chien et à un feu ardent [3] ».

Le *Chien* est l'ennemi du Hibou; c'est le Chien qui a dévoré l'une des *dix* têtes de ce Hibou terrible des nuits d'hiver, que l'on appelle le Char des Démons. Le Chien dévore aussi, dit-on, au moment d'une éclipse, celui des *Dix* Soleils qui devait, ce jour là, éclairer le Monde [4]. On secourt alors le Soleil en tirant des flèches serpentantes [5].

leste? Che tseu, chap. 2, déclare qu'à l'intérieur de la Terre il y a un *chien*, dont le nom est : le *Loup* de la Terre. 地狼 [il est nommé à côté d'un être appelé 無傷 c.-à-d. 罔象 Wang-siang, démon de l'eau, semblable à un petit enfant de *couleur noire et rouge*, à ongles rouges, grandes oreilles et longs bras (cf. p. 309 et suiv.)]. Les Élégies de *Tch'ou* (Tong kiun) parlent de tirer sur le Loup Céleste avec de longues flèches, ceci à propos du Soleil.

[1] Cf. *S.M.T.*, t. III, p. 392.

[2] Cf. *S.M.T.*, t. III, p. 391. Le chap. 2 du *Chan hai king*, place le 天狗 Chien céleste sur la montagne du Yin et dit qu'il ressemble à un renard (ou à un léopard) à tête blanche. Le chap. 16 définit le 天犬 Chien céleste comme un Chien rouge. Là où il descend il y a la guerre. Une citation du *Tcheou chou* est faite à son occasion : on y voit que le Chien céleste 天狗 ressemble à une étoile filante, longue de plus de cent pieds, dont l'éclat illumine le Ciel; elle est rapide comme le vent; son bruit est celui du tonnerre; son éclat, celui de l'éclair.

[3] Comparer (*S.M.T.*, t. III, p. 422) le Joyau de Tch'en, météore et météorite, mais faisan et non chien (voir p. 571-572). Nous verrons plus loin les rapports du faisan et du Tonnerre : notons ici ce culte des météorites.

[4] Cf. Forke, trad. du *Louen-heng*, t. I, p. 270, n. 1.

[5] Cf. *Tcheou li*, trad. Biot, t. II, p. 392. Le fonctionnaire appelé Ting-che qui est chargé de tirer des flèches sur les oiseaux néfastes (hiboux), tire sur eux quand ils sont invisibles, avec l'arc qui sert à secourir le soleil (éclipse) et les flèches qui servent à secourir la lune. S'ils sont 神 divins, il tire avec l'arc de la lune et les flèches serpentantes (c'est-à-dire, s'il y a symétrie, ce que

Secourir le Soleil éclipsé est, proprement, l'office du Roi. Le devoir du Roi est aussi d'écarter de la capitale les hiboux. Il prépose à cette charge un officier : celui-ci, quand il a affaire à un hibou divin, doit tirer sur lui avec des flèches courbes ou serpentantes.

C'est aux solstices, moments tragiques de la vie du Soleil, qu'est liée l'activité des hiboux. Ces nocturnes dévorent leurs mères et sont les animaux du dieu de la foudre et des éclairs. Ils sont à la fois *tonnerre et anti-tonnerre.*

Tambour le hibou a un compagnon qui, s'il se montre, fait apparaître des armes [1], mais le *kou-tsao* (l'inventeur du tambour qui est un hibou) repousse les armes. Le Tonnerre emploie des armes pour tuer [2]. Mais, de même que les crapauds desséchés font revenir les flèches sur le tireur, le *T'o-fei, hibou-sac,* si on le porte sur soi, protège du Tonnerre.

T'o désigne le soufflet de forge et désigne aussi une espèce de sac [3]. L'expression *tch'e-yi* qui est le nom d'une outre, contient le mot *tch'e :* hibou. [*Tch'e-yi,* fut le nom que porta un personnage né dans un pays qu'on désigne par une expression contenant le mot *t'o* [4]].

tout le monde admet, avec les flèches qui servent à secourir le soleil éclipsé). Ce passage (on va voir que le fait qu'il signale s'insère fort bien dans une série importante de faits) est, *comme presque tous les passages intéressants du Tcheou li,* considéré comme une interpolation scandaleuse faite sous les Han par Lieou Hin. On sait ce que nous pensons de ces interpolations. — Sur le tir des flèches accompagné de roulements de tambour que l'on doit faire à la cour royale en cas d'éclipse, voir p. 233, n. 1.

[1] Voir plus haut, p. 520. Tambour le hibou fait apparaître la sécheresse.

[2] Cf. Chavannes, *Miss. arch.*, textes, t. I, p. 21 : il tue à l'aide d'une espèce de ciseau enfoncé à coups de marteau.

[3] Voir plus haut, p. 516.

[4] Il s'agit du sage et mystérieux Fan Li, conseiller de Keou-tsien, roi de Yue (cf. p. 81-82 et les notes). Fan Li, qui est aussi un commerçant (cf. *S.M.T.*, t. III, p. 441), *vécut* dans trois États différents, fit chaque fois fortune et chaque fois redistribua ses biens. Il quitta Keou-tsien après une victoire et prit

Or, *Tch'e-yi* est, paraît-il, le nom porté par les descendants du vicomte de Wei, frère du *dernier* Roi Yin et ancêtre des princes de Song [1].

La dynastie des Yin faillit périr avec le Roi Wou-yi; la maison de Song et la race des Yin s'éteignirent avec le duc Yen qui, à la fin des Tcheou, voulut usurper le titre de Roi [2].

Yen perçait de ses flèches ceux de *ses sujets* qui le morigénaient [3]. Il tirait de même des flèches contre *le Ciel*. Wou-yi, son aïeul, avait aussi tiré contre le Ciel.

alors pour nom Tch'e-yi 鴟夷 (outre) et pour appellation Tseu P'i (p'i = peau). On prétend qu'il prit ce nom parce que son rival malheureux, Wou Tseu-siu de Wou avait été jeté à l'eau le corps enfermé dans une outre et que lui-même avait quitté par eau le pays de son premier maître. J'ai indiqué plus haut (notes des p. 81-82) les rapports de ces légendes avec le 5 du cinquième mois (jour du hibou, mois propice à la fonte des métaux). On ne sait rien des origines de Fan Li. Un glossateur de Lu Pou-wei (chap. 2, § 4) dit que Fan Li naquit à 宛蘖 Yuan-t'o (mot à mot : *sac souple ou petit*).

[1] Je dis : *paraît*, car le renseignement est extrait du *Ts'eu yuan* (expression Tch'e-yi). Or, cet ouvrage cite de seconde main le *Ts'ien fou louen* où je n'ai pas retrouvé le texte. Mais on voit mal comment un tel renseignement (qui concorde avec un ensemble de faits dont les Chinois n'ont guère pu imaginer le lien) aurait été imaginé gratuitement.

[2] Cf. *S.M.T.*, t. IV, p. 247. — En 318 av. J.-C., le duc Yen prit le titre de *roi*. En 282, Song fut détruit par Ts'i aidé de Wei et de Tch'ou. Yen de Song après quelques victoires sur Ts'i avait pensé (comme son ancêtre le duc Siang qui fit un sacrifice humain, cf. p. 145) pouvoir s'emparer de l'hégémonie et fonder une dynastie royale. Tout ce que Sseu-ma Ts'ien raconte de lui (noter que les faits se passent au iii° siècle avant notre ère et peu de temps avant la fondation de l'Empire : on *devrait* avoir des récits historiques) reproduit : 1° l'histoire du dernier Roi des Yin et du dernier des Hia, Kie 桀 (homme éminent, tyran, poule perchée) et 2° celle de son ancêtre Wou yi [moins quelques détails, mais avec l'indication plus explicite que l'outre sur laquelle Yen tira était suspendue 縣 (: 梟 : tyran, homme éminent, tête sur un poteau, hibou)]. — Sur Wou-yi, cf. *S.M.T.*, t. I, p. 198 : l'historien, après Wou-yi, ne donne plus que des dates jusqu'au règne du dernier des Yin. Les *Annales* ne racontent du règne de Wou-yi rien qui se rapporte au Roi, sauf un changement de capitale et la mort de Wou-yi foudroyé par un grand éclat de foudre.

[3] *S.M.T.*, t. IV, p. 247. Dans les idées chinoises, le peuple représente le Ciel. Tcheou-sin, ancêtre de Yen, mangeait ses vassaux, cf. p. 165.

Le combat de Wou-yi contre le Ciel semble commencer par un jeu. Wou-yi fit une figurine de forme humaine et l'appela le Dieu du Ciel (T'ien-chen). Il joua avec elle *aux tablettes,* un homme étant chargé de disposer le jeu de l'adversaire[1]. — On ne sait quel était l'enjeu. Le Roi, sans doute, disputait au Dieu la suprématie du monde[2]. — Au jeu de *tablettes* le meilleur coup que l'on pût faire était le coup du *hibou* 梟. [Ce coup permettait de *manger* 食.]

Ce fut le Dieu qui perdit la partie. Comme de juste, le vainqueur bafoua le vaincu. Le Roi, alors, fit *un sac,* 橐

[1] Cf. *S.M.T.*, t. I, p. 98. Nous avons vu, qu'une pierre de cinq couleurs semblable à un œuf de caille s'appelait la *tablette* (棋 k'ï équivalent de 博 et homophone, au ton près, de 魌 k'ï, masque) de Ti-t'ai, nom de divinité, dit-on (mot à mot : Mirador du Souverain : une opinion est que 棋 k'ï est pour 基 kï, base, fondement). Cette pierre servait à prier les cent dieux et Ti-t'ai (mirador du Souverain, pierre ou génie) était ce qui (sur un Mont de la Cloche et du Tambour) servait au banquet des cent dieux. — La Caille est l'oiseau du Sud et du Feu. La pierre est-elle un météorite? Le mont où elle se trouvait était, disent les savants, dans le Ho-nan. C'est là aussi que Wou-yi, disent-ils encore, eut sa capitale (dans la sous-préfecture actuelle de *K'i* 淇). — Il n'y a apparemment pas lieu d'établir entre ces faits un rapport direct. Mais on peut se demander si une légende comme celle de Wou-yi ne convient pas à un milieu où se pratiquent le culte de la forge et celui des météorites. — Les pierres que Niu-koua fondit pour boucher le ciel avaient, comme l'œuf de caille, cinq couleurs. — Une tradition (cf. *Ts'eu yuan* au mot 雄) prétend que les bois du jeu des tablettes étaient sculptés : l'un représentait un hibou, un autre un faisan. [On verra plus loin les rapports du faisan et du Tonnerre.] — Le jeu d'échecs, sous les Han (cf. *S.M.T.*, t. III, p. 479), servait à des opérations magiques. *Les pièces s'animaient et se battaient.* Le *coup du hibou* permettait de *manger,* c'est-à-dire d'avancer ou non une pièce, de tenter un coup, de *faire un pari sur la Destinée* (voir plus haut, p. 170). On rappelait le *coup du hibou* aux princes tentant une action dangereuse en vue de l'hégémonie. [Voir *S.M.T.*, t. V, p. 172 (et n. 3).] A propos de l'homme chargé de tenir le jeu du ciel, se rappeler les thèmes des victimes substituées, des Rois fictifs et des Morts divinisantes qui opposent Roi et Anti-Roi.

[2] Rapprocher du thème de la joute des soleils, symbole des luttes pour la Royauté. [*Quand plusieurs soleils apparaissent ensemble on tire sur eux* (sauf sur un seul qui est le soleil qualifié) : cf. la légende de Yi l'Archer, p. 376 et suiv.).] *Il y a alors Roi et Anti-Roi, Soleil et Anti-Soleil.*

«*nang*» *de peau* et le remplit de *sang* (de quel sang le rem-
plit-il?). Il le suspendit 縣 en l'air, puis il tira des flèches sur
lui, disant qu'il tirait sur le Ciel. — Le Roi Wou-yi étant allé
chasser[1], il y eut un coup de tonnerre terrible. Le Roi
tomba foudroyé.

Les *outres* appelées *tch'e-yi* faites (les opinions varient) en
peau de cheval ou en peau crue de bœuf, servaient à contenir
du *vin*[2]. *On y enfermait aussi le corps d'un ennemi.* Wou Tseu-
siu, dévoué par son maître aux pires forces de destruction,
eut la *tête tranchée* (on l'exposa au sommet d'une tour) et
son corps fut placé dans une *outre* (*tch'e-yi*)[3].

[1] Comp. le thème du Mauvais Chasseur, qui était un grand mangeur, et
qui tua le Grand Sanglier, c'est-à-dire le Glouton, fils de l'Épouse noire,
cf. p. 512, n. 1.

[2] Cf. p. 82, n. 1; 282-283, 543, n. 1.

[3] Voir p. 82, n. 1. Wou Tseu-tsiu, selon une tradition, fut *d'abord mis
à bouillir.* En 110 av. J.-C. (cf. *S.M.T.*, t. III, p. 602) l'empereur Wou reçut
le conseil de faire bouillir un conseiller. «Faites le bouillir et le Ciel donnera
la pluie.» — Se rappeler les chaudières qui bouillent toutes seules. — On
a vu (p. 282) que Kouan Tchong fut livré au duc de Ts'i qui le réclamait,
pour «se délecter à *le mettre en saumure*», enfermé dans une outre de cuir,
tch'e-yi (cf. *Lu che tch'ouen ts'ieou*, chap. 24, § 2). — Nan-kong Wang (qui
devait être haché et mis en saumure) fut livré enfermé dans une peau (cf. *S.M.T.*,
t. IV, p. 237) de rhinocéros (dit le *Tso tchouan* (trad. Couvreur, t. I, p. 157).
Le fait se passa en 682 av. J.-C. On remarquera que Ngan-kong (Tchang-)
Wan n'avait pu être blessé que par *une flèche spéciale* (cf. *ibid.*, p. 154),
— que c'était une espèce de Samson capable de faire en un jour 260 *li*,
traînant sa mère dans une voiture à bras (cf. *ibid.*, p. 156), qu'il tuait à
coups de poing (cf. *ibid.*, p. 155), qu'il brisa (non pas une porte avec une
mâchoire, mais) une mâchoire contre une porte (*S.M.T.*, t. IV, p. 236), qu'il
arriva à crever l'outre où l'on l'enferma, faisant paraître ses pieds et ses
mains (cf. *Tso tchouan*, p. 157), que, pour s'emparer de lui, on dut charger
une femme de l'enivrer (cf. *ibid.*, p. 157, — les outres servent à contenir du
vin) — et, enfin, que le principe de ses malheurs [le *Tso tchouan* (cf. *ibid.*,
p. 155) dit qu'il devint furieux et tua son prince, parce que celui-ci l'avait
traité de prisonnier (il avait été prisonnier de Lou)] fut, dit Sseu-ma Ts'ien
(t. IV, p. 236) qui est mieux renseigné sur les faits historiques, une dispute
survenue avec le duc, un jour *qu'ils étaient ensemble* À LA CHASSE, *et qu'ils
jouaient au* JEU DES TABLETTES (il tua le duc avec l'échiquier). Or, Nan-kong

Pour fabriquer de telles outres, on prenait, dit un auteur [1], un mouton ou un bœuf dont on *coupait la tête;* puis on vidait de ses chairs l'intérieur du corps. — Il paraît que le nom vulgaire des outres dites *tch'e-yi* est : *houen-touen*.

Houen-touen est en effet un *sac de peau* — ou, du moins, il a cette apparence, car c'est *un Oiseau divin.* Il a six pieds et quatre ailes, mais il n'a *ni visage ni yeux.* Il habite sur le Mont du Ciel, riche en métaux. Son aspect est celui d'un *sac* 襄 «*nang*» de couleur jaune et qui pourtant est rouge comme du feu ardent [2].

Tchang-wan, comme le duc Yen, est du pays de Song (Chine orientale), dont les princes ont pour ancêtre Wou-yi, lequel tira des flèches sur le Ciel [et dont un descendant se brûla sur une tour avec ses trésors et ses femmes]. — L'emploi des outres pour envelopper les corps (pratiqué à Wou et à Ts'i) semble valoir pour toute la Chine (*au moins pour la Chine* ORIENTALE).

[1] Le 黎士宏筆記 que je cite d'après le *Ts'eu yuan,* expression tch'e-yi. Se reporter à l'histoire de Tch'e-yeou p. 355, n. 1.

[2] Cf. *Chan hai king.* Sur le Mont du Ciel se trouvent en abondance le métal 金 et le jade, ainsi que du hiong-houang (l'une des cinq pierres) vert. La rivière qui en sort (bien que le Mont soit placé dans l'Ouest, près du Mont du Couchant) se jette dans 湯谷 le val des Eaux bouillonnantes (où est l'Arbre du Soleil Levant). — Houen-touen (écrit ici 渾敦) est un *danseur et un chanteur* 舞歌 et l'on danse et chante en son honneur. On a vu (cf. p. 240, n. 1; 242, n. 2) que Houen-touen est le sobriquet de l'un des Quatre Monstres bannis : Houen-touen, selon le *Tso chouan,* est fils de Houang-ti (Souverain jaune) appelé Ti-hong : [Hong le souverain 鴻. Hong désigne un oiseau de grande taille, une grue; le *Chan hai king* écrit 帝江 Ti-kiang : kiang (qui figure dans hong) ne s'emploie guère que pour désigner le Fleuve Bleu; on admet que kiang est pour hong, dont un sens est Grandes Eaux]. Ici, c'est Houen-touen (et non Houang-ti) qui semble être Ti-hong. Or, si Houang-ti a pour animal le hibou, Houen-touen est un Oiseau et une Outre. — Le mot hong écrit 澒 (la partie de gauche restant la même) a la valeur de cinabre liquéfié : mercure. L'outre Houen-touen est rouge comme du feu de cinabre 丹火. — *Si le Chaos est une outre, il est aussi un tambour.* C'est du moins ce qu'admettait une tradition qui ne figure plus dans les notes du *Chan hai king,* mais que l'on peut retrouver au chapitre 11 du *P'ei wen yun fou :* 鼓神. Le Dieu du tambour (disons, tout aussi bien, le Tambour divin) était un nom du Chaos. (Le fait que cette note ait été supprimée est, par lui-même, assez significatif.)

Or, *Houen-touen* (Tchouang tseu le raconte agréablement [1])
ayant fort bien traité *Chou* et *Hou*, ceux-ci voulurent le payer
de retour [2] 報 (*pao*). *Houen-touen*, n'avait *aucune des sept ouvertures* (qui permettent aux hommes de voir, d'entendre, de
manger et de respirer). *Chou* et *Hou* imaginèrent de les lui
percer. Ils en percèrent une par jour [3]. Le septième jour,
Houen-touen mourut. — Tchouang tseu professe que changer
de nature, même en vue du mieux, est un mal. *Houen-touen,*
une fois opéré, cessa d'être. Il cessa d'être lui-même. *Houen-
touen,* opéré et tué en sept jours, est le *Chaos* [4].

Chou et *Hou* qui, *sept fois*, percèrent l'Outre Chaos sont
l'Éclair [5]. — On ne dit point ce qu'après l'opération il advint
d'eux.

[1] Chap. 7 (trad. Wieger, p. 269) Tchouang tseu qualifie de Souverain
(= Dieu) les trois personnages : Houen-touen est présenté comme le Souverain
du Centre, Chou comme le Souverain de la Mer du Nord et Hou comme celui
de la Mer du Sud.

[2] Noter l'échange de prestations : une opération chirurgicale mythique
(*initiation ? deuxième naissance,* qui donne la *face,* la respectabilité ?) compense
une bonne réception.

[3] Ce détail, qui (malgré l'apparence) est spécifiquement chinois, a son
importance. Les 7 ouvertures sont les yeux, les oreilles, la bouche et les narines. (On compte parfois 9 ouvertures : les deux dernières sont *yin*). Les
7 ouvertures superficielles correspondent aux 7 ouvertures du cœur. Or, Cheou-
sin (il s'agit ici encore d'un prince de la famille des Yin) éventra un Sage,
Pi-kan, pour voir si son cœur avait 7 ouvertures, *comme doit les avoir celui
d'un honnête homme* (cf. *S.M.T.,* t. I, p. 206). — Sur les 7 et 9 ouvertures
cf. *Tcheou li,* trad. Biot, t. I, p. 96. — Houen-touen, le Chaos, n'ayant pas
d'ouvertures, n'a pas non plus les viscères qui y correspondent. Le *Chen yi
king* écrit qu'il a un ventre, mais non les cinq viscères. — Se reporter à la
description du Dragon-flambeau.

[4] Le *Chen yi king* décrit le Chaos un peu différemment : il a des yeux et
des oreilles, mais qui ne voient ni n'entendent. Il ressemble à un chien très
poilu et a quatre pattes, semblables à celles d'un ours, mais sans griffes. Le
Chaos du *Tso tchouan* n'est plus qu'un brouillon méchant (cf. p. 267 n. 1).
C'est un personnage de drame bouffon.

[5] *Chou* et *hou* veulent dire : brusque, soudain. Ils figurent au *T'ien wen*
en rapport avec un dragon à 9 *têtes.* La glose dit : Chou (et) Hou sont

L'Outre Chaos réside sur le Mont du Ciel. Wou-yi tira sur une outre. Cette outre, disait-il, était le Ciel. Wou-yi fut foudroyé.

Il périt par l'effet d'une action réflexe.

Le hibou est l'oiseau de la Foudre et l'on tire sur lui avec des flèches serpentantes. Les Flèches Serpentantes du Ciel (comme les hiboux) paraissent avoir des plumes; celles des hommes (comme les Éclairs) sont dites porter du feu. Le Chaos est une outre et il est un oiseau. Le T'o-fei est une Outre-hibou : il est aussi un Anti-Tonnerre [1]. Le mot « hibou » figure dans le nom de l'outre et ce nom « Outre » fut porté dans la famille de Wou-yi. Wou-yi tira des *flèches* contre une outre et ce fut lui que les *éclairs* percèrent.

L'Outre-Chaos réside sur un mont riche en cuivre. T'o (le Hibou-sac) est un soufflet de forge; on l'actionne en le battant comme un tambour. C'est le Dieu du Tonnerre qui bat le tambour quand on forge et qui, dans l'orage, bat le

l'Éclair. On les retrouve dans la pièce intitulée 昭 世 des *Élégies de Tch'ou.* L'expression *chou-hou* a la valeur de : en un éclair = en un instant. — Le rapprochement entre les éclairs et les flèches serpentantes tirées sur les hiboux ou pendant les éclipses paraît certain : les flèches sont courbes et serpentantes *à la fois pour figurer l'éclair et pour éviter une action réflexe.* — On remarquera que l'éclair est conçu par les Chinois comme une fente du Ciel qu'ils nomment Lie-k'iue 列 缺, ou bien l'éclair est le souffle 氣 qui s'échappe de Lie-k'iue. On ne peut mieux faire sentir la parenté de la représentation du ciel et de celle d'un soufflet de forge. La fente vomit le feu 吐 火 (voir *Ts'eu yuan,* v° 列). *K'iue* signifie fente. (夬 qui passe, dans ce cas, pour phonétique, signifie : fendre, diviser.) Le mot *k'iue* s'écrit soit 缺 la partie de gauche (clé) 缶 signifiant *pot d'argile, tambour d'argile* (缺 *k'iue* = vase ébréché = fente) soit 夬 [dont la partie de gauche, quand elle se combine à 缶, donne 鍾 *tch'ouei, jarre* et quand elle se combine à 金 « métal » donne 錘 *tch'ouei, instrument de fondeur,* cf. plus haut, p. 520, n. 7. [Une coupe nommée *lei,* ornée de nuages et de foudres et réservée aux femmes (cf. *Che king,* trad. Couvreur, p. 8) s'écrit avec trois fois le caractère 田 (tonnerre, tambour) et la clé de la poterie, bien qu'elle soit en métal.]

[1] Cf. p. 516, n. 4.

tambour. Rouge comme du feu, l'Outre-Chaos (les Éclairs la percent, les Éclairs en reviennent) est, elle-même, on nous le dit, un tambour, un Tambour divin. « L'inventeur du tambour » (c'est le hibou) renvoie les armes. Enfin, n'est-ce point une forge que figure, avec ses yeux fixes et son corps rouge, Tambour le hibou ?

Tout hibou tue et dévore sa mère. Houang-ti, grand forgeron et dieu de la Foudre, extermine les hiboux. S'il les tue, c'est pour les consommer sacrificiellement : il en nourrit sa Vertu. Identifié à son Double (ou à son Rival) mythique, il peut lui commander en Maître. Il est, non pas un Anti-Roi, mais un Roi, Fils et Maître du Ciel. — Il s'évanouit aux cieux, glorieusement.

Wou-yi fut un Roi sans Vertu. Il méritait, si je puis dire, une apothéose néfaste [1]. Ce fut un chasseur foudroyé. Il réussit (peut-être) au jeu des tablettes, le coup du hibou, mais le duel de flèches lui fut funeste. Il ne sut point conquérir son Emblème ou dompter son Double. D'autres, pourtant, tels Yao et son Archer, le Chasseur heureux, devinrent, à coups de flèches, les Maîtres des Bêtes Divines et réussirent à assujettir le Monde à leur Ordre [2]. Seuls des Éclairs qualifiés peuvent façonner à leur guise l'Outre Céleste. Un magicien malhabile doit périr par ses propres armes [3]. Wou-yi ne savait pas être Foudre. Sans doute avait-il laissé s'effacer en lui les

---

[1] Cf. *S.M.T.*, t. I, p. 198. Le Tao (Vertu) est le pouvoir régulateur. La mort de Wou-yi fait pendant aux apothéoses de K'i et de Houang-ti « vrais forgerons ». Comparer les orages d'apothéose, fastes ou néfastes, p. 284-285 et 409 et suiv.

[2] Par exemple, Yao, tirant en personne ou par le bras de son archer Yi, cf. p. 371, n. 1 [et le *roi* de Tch'ou, cf. p. 351, n. 2]. On remarquera que Yi, le Bon Archer, est doublé de Yi, le Mauvais Archer. Or, l'un ou l'autre périt sous les coups d'un bâton de pêcher. On sait que l'*arc* de pêcher est une arme magique et royale. Ici encore, il y a trace d'action réflexe.

[3] Voir WIEGER, *Folklore chinois moderne*, p. 237 et 277.

Vertus de Houang-ti. Il avait désappris les secrets d'un clan royal de Forgerons.

Le duc Yen, apparemment, en savait moins encore[1]. Il périt et sa race avec lui (tel le Glouton). Déjà la Dynastie royale des Yin avait failli se terminer avec Wou-yi. Elle finit avec Cheou-sin. Quand ce tyran eut, pour des supplices, fabriqué une poutre de métal[2] et fait ainsi servir son art à des œuvres perverses, quand, avec l'aide de Ngo-lai, fils de Fei-lien (car, dit-on, il n'employa qu'à titre de tailleur de pierres[3], Fei-lien, ce mineur, ce fondeur qui est un oiseau à tête de *cerf*) il eut accumulé les pièces de monnaie sur le MIRADOR DU CERF[4], ce

[1] Les *Discours des Royaumes combattants* (chap. 32) affirment que le duc Yen, voulant soumettre 服 à sa Majesté les Dieux de l'Empire entier, commença par *détruire* ses propres Dieux (LES DESTRUCTIONS SONT UNE CONDITION NÉCESSAIRE DE CETTE CONSÉCRATION QU'EST UN AVÈNEMENT OU UNE APOTHÉOSE). Il décapita (*sic*) et brûla (les tablettes de) ses Dieux du Sol et des Moissons. *Il bâtonna la Terre et tira sur le Ciel* [ces thèmes conjugués sont significatifs des Rois de perdition : on les trouve rappelés à propos du dernier des Hia et du dernier des Yin, Cheou-sin, le même qui célébra un festin cannibalique (cf. *Louen heng*, trad. Forke, t. II, p. 172)]. La *démesure* de Yen s'explique par un prodige où son Annaliste (mauvais prince, mauvais annaliste) vit (par erreur) un gage d'hégémonie : d'un petit oiseau était né un grand oiseau. Le nom de ce dernier est écrit avec la clé de l'*oiseau*, plus un ensemble 旗 (*k'i*) signifiant «*drapeau*»; certains l'interprètent à l'aide d'un autre signe composé d'*oiseau* et de 㫃 (*drapeau*) qui se prononce *tchen; tchen* peut signifier «*vautour, milan*». Un drapeau (nommé *yu*) était fait avec des plumes de faucon (il était consacré au Feu = Oiseau, cf. *Tcheou li*, trad. Biot, t. II, p. 489). Mais les érudits, rapprochant *k'i* de *ki* 忌 (*interdire*) qui [ajouté à la clé de l'oiseau] serait, «à l'Est du (Yang-tseu) Kiang», un nom du hibou, entendent que l'oiseau miraculeux (*et néfaste*) était un hibou. — On notera ces nouveaux rapprochements du vautour-faucon et du hibou et leur rapport avec le drapeau. — On voit que si Wou-yi, au jeu des tablettes, obtint, sans doute, le coup du *hibou* avant de tirer sur l'*outre*, Yen tira sur l'*outre* après avoir, sans doute, obtenu le présage du *hibou*.

[2] Cf. *S.M.T.*, t. I, p. 201.

[3] Cf. *S.M.T.*, t. II, p. 4.

[4] Cf. *S.M.T.*, t. I, p. 200.

35.

fut sur cette même tour que le tyran, qui brûlait vif les hommes, dut se brûler lui-même avec ses trésors et ses femmes. Son vainqueur tira des flèches sur son corps, puis, au grand étendard blanc que blasonnait l'Oiseau Rouge des Tcheou, il suspendit la tête qu'il avait tranchée : ceci se raconte en employant le mot 梟 kiao [1] qui veut dire : suspendre une tête à un poteau, et qui signifie aussi : hibóu. — Le fils de Cheousin, épargné d'abord, se révolta; quand il fut, à son tour, tué, le vainqueur bafoua le vaincu : dans son chant de triomphe, il l'appela : Hibou [2].

[1] Voir plus haut p. 122 et p. 532.

[2] Cf. *S.M.T.*, t. I, p. 245, et IV, p. 93. Mei ti (chap. 5) après avoir parlé de l'Oiseau Rouge des Tcheou, parle d'un drapeau du Roi Wou qu'il nomme le *Drapeau de l'Oiseau Jaune*, On sait que l'Oiseau Jaune, emblème du Souverain Jaune (Houang-ti, Dieu de la foudre et forgeron, voir p. 536) est un Hibou. Or, l'*Oiseau Jaune* (cf. *Che king*, trad. Couvreur, p. 140 et, plus haut, n. 5 de la page 219) préside aux sacrifices humains qui servent à parfaire le triomphe funéraire et à *consacrer la tombe* du Chef. Le poème du *Che king* (cf. *ibid.*, p. 165) que la tradition considère comme le chant de triomphe du duc de Tcheou, semble fait avec des thèmes relatifs à la *consécration des maisons*. [On connaît les rapports entre : hiboux, foudre, portes, enfants, — le fait que : hibou = tête plantée sur un poteau — le fait que : le poteau des portes évoque l'idée de cible — le fait, enfin, que : les têtes des vaincus pouvaient être enterrées sous les portes (cf. *Tso tchouan*, trad. Couvreur, t. 1, p. 502) aussi bien que plantées sur les hampes des drapeaux.] Or, la deuxième strophe du poème, évoquant la construction de la maison, insiste sur les portes et fenêtres, après avoir peint un ciel d'orage et la première commence par ces vers : «Hibou! hibou! — Après avoir pris mon (mes?) enfant — Ne détruis pas ma maison!» qui se comprendraient fort bien, s'ils se rapportaient à un sacrifice d'enfant fait pour consacrer une maison et donner âme au dieu (hibou) qui doit la protéger (de la foudre). [Des enfants étaient sacrifiés pour consacrer les armes, voir p. 501, n. 2.] — N'y a-t-il pas lieu de penser que le poteau de la porte a quelque chose d'un support de panoplie? N'est-il pas le Dieu de la maison auquel on confie les trophées (cf. p. 129), les emblèmes vaincus, les armoiries conquises et, en particulier, les drapeaux (cf. p. 387)? — Inaugurer une maison ou une dynastie sont choses voisines : l'utilisation dérivée des thèmes de la chanson s'explique aisément — étant donné, surtout, que les Tcheou (Corbeaux), après avoir vaincu les Yin (Hiboux), avaient bien le droit d'écarteler sur leur poteau les blasons de l'Oiseau Rouge et de l'Oiseau Jaune.

*

* *

Les Génies du Vent de *Fang* furent (un coup de tonnerre retentit alors) *percés par leurs propres épées* dans une rencontre avec les Dragons que le Ciel lui-même avait mis au service de Yu le Grand, le perceur de montagnes. La lutte avait été ouverte sur le Mont *Fang*, qui fut, depuis, Kouei-ki, la Montagne sainte de Yu. Là se trouvent la Porte du Tonnerre et son Tambour. — Yu le Grand, apparemment, connaissait son métier de Roi et de Forgeron. Il méritait de pouvoir, pour aménager et assainir le monde, utiliser la Terre Magique que Kouen, son père, déroba sans autre profit que de se faire dépecer avec le *sabre de Wou*, sur le Mont des Oiseaux — dévoré par *les hiboux* ou exécuté par le *Génie du Feu*.

Yu le Grand savait comment on se sert d'un tambour [1].

LE PAS DE YU.

Il savait danser.

Le *Pas de Yu* 禹 步 est resté célèbre.

«Étant en station correcte, que *le pied droit* soit en avant et le gauche en arrière. Alors à nouveau, portez en avant le

---

[1] On a vu p. 312, n. 1, que K'ouei (maître de musique et tambour à un pied) se distingue mal de Long (Dragon, autre ministre de Yao et de Chouen). (Tous deux dansent en l'honneur de Chouen, cf. *S.M.T.*, t. III, p. 625). Long (Dragon) est le premier des censeurs impériaux. Il fut investi en ces termes : «Dragon ! je redoute fort les paroles calomnieuses et les tromperies corruptrices; elles troublent et effrayent mon peuple. Je vous nomme à la charge d'auditeur des paroles; matin et soir, vous répandrez mes ordres et vous m'en référerez : veillez à la *bonne foi!*» — Si Long (Dragon) se confond avec K'ouei (tambour, remarquable par sa *bonne foi*, cf. p. 506), cette investiture se comprend fort bien. Nous savons en effet par Lu Pou-wei (chap. 24, § 3) que Yao possédait *un tambour* sur lequel frappaient ceux qui voulaient le censurer 欲 諫 之 鼓. (Noter qu'au temps classique, les remontrances se faisaient principalement en chantant des vers du *Che king*.)

pied droit; faisant suivre le pied droit par le gauche, mettez-les sur la même ligne : c'est le premier pas. — Alors, qu'à nouveau soit en avant *le pied droit*. Alors, portez en avant le pied gauche; faisant suivre le pied gauche par le droit, mettez-les sur la même ligne : c'est le deuxième pas. — Alors, qu'à nouveau, soit en avant *le pied droit*; faisant suivre le pied droit par le gauche, mettez-les sur la même ligne : c'est le troisième pas [1] ».

Tels sont, formulés par Ko Hong, savant taoïste, les principes du *Pas de Yu*. Il suffisait de le danser pour pouvoir pénétrer impunément dans les forêts de montagne. (Chouen le dansa-t-il au temps de sa grande épreuve ?). Bien que taoïste, Ko Hong, s'il fut savant, n'inventa rien [2]. Che tseu nous parle déjà du pas de Yu : il le définit brièvement (et la formule se retrouve dans Lu Pou-wei) par ce trait «que les pas (de chaque pied) ne se dépassaient pas l'un l'autre 步 不 相 過 [3]. »

---

[1] *Pao p'o tseu*, chap. 17. [Voir (dans WIEGER, *Folklore chinois moderne*, p. 280) un alchimiste danser le *Pas de Yu*.]

[2] L'œuvre de Ko Hong est un résumé des croyances mi-populaires, mi-savantes qui régnaient en Chine vers le IVe siècle ap. J.-C.

[3] Cf. Che tseu, chap. 2 et *Lu che tch'ouen ts'ieou*, chap. 20, § 6. On remarquera que, d'après la description de Ko Hong, on part toujours du pied droit : celui-ci, au deuxième pas, est dépassé par le pied gauche : mais, je le suppose, il faut comprendre que le premier mouvement : porter en avant le droit, ne compte pas (comparer la description du premier et du troisième pas). On part toujours le pied droit étant en avant : au premier temps le droit avance et le gauche suit sans dépasser; au deuxième temps, le gauche avance et le droit suit sans dépasser le gauche; dans tous les cas une jambe traîne en arrière. — Quand le mot 步, *pas*, suit un nom d'animal, l'expression désigne le génie néfaste de l'espèce (cf. fin de la note 1, p. 115 et p. 154). Le caractère qui sert à nommer Yu le Grand (il comprend une partie qui, dit-on, figure la trace des *pas* d'une bête) peut s'écrire d'un singe. Plusieurs animaux du *Chan hai king* (entre autres le Fei-fei, voir p. 516, n. 2) sont décrits comme des singes danseurs (voir encore p. 509, n. 2) et sont apparentés à K'ouei, le tambour à un pied. L'un d'eux le kiao-yang (*hibou féroce*) [chap. 10] tient en main une flûte : il a les talons retournés (comp. p. 509, n. 2). — Le *Pas de Yu* fut, peut-être, une danse animale.

La danse sur un pied.

Yu marchait en traînant une jambe. N'était-il pas hémiplégique? N'avait-il pas, par suite de ses durs travaux — et de son
dévouement — le corps à demi consumé [1]?

Les sorcières, qui portent en elles un Dieu, sont émaciées et
toutes courbées. On les qualifie de 尪 wâng [: 尢 wâng + 王
wâng «roi»]. Le mot 尢 passe pour peindre les personnes
épuisées, qui traînent la jambe [2]. Les sorcières s'épuisent à
force d'entrer en transes. Entrer en transes se dit 跳神 t'iao
chen [3] (ballotter le Dieu). Cette expression décrit une espèce
de dandinement sautillant. C'est la divinité qui imprime,
comme à un pendule, ces mouvements étranges au corps du
possédé.

Yu le Grand était sautillant 跳 (t'iao).

Ce seul trait, pour peindre le héros, suffit à Siun tseu [le

[1] Voir plus haut, p. 467.

[2] Voir p. 315, n. 3.

[3] L'expression «t'iao-chen» *semble* moderne : les Chinois l'appliquent aux
danses faites au son du tambour par les gens de Mandchourie (cf. *Ts'eu yuan*,
aux mots *t'iao-chen*). — Je n'ai pas trouvé trace de l'expression dans la littérature ancienne : ceci ne prouve pas qu'elle est moderne. M. de Groot (qui a
donné, dans les *Fêtes d'Emouy*, une excellente description des transes et des
gestes bizarres faits par les possédés) signale les expressions : (p. 289) «ballotter la litière» (où est portée l'image du Dieu) et «se remuer et sauter en exor-
ciste» [跳童 (t'iao-t'ong : t'ong dans la langue ancienne désigne les jeunes
garçons — ceux qu'on emploie aux danses, à actionner le soufflet de forge, à
jeter de l'eau sur le métal en fusion). Or, nous allons trouver mention d'un
jeune garçon (童 t'ong) qui (t'iao 跳) saute sur un pied]. — M. de Groot
signale aussi dans le même ouvrage (p. 295) l'expression 尪姨 wang-yi
(*yi* : appellation employée pour une femme âgée : tante) qu'il traduit par
sorcière, tante aux poupées : *wang* désignerait la poupée de bois (en saule,
ou en pêcher, où serait incorporée une âme captée par la sorcière et) que
celle-ci porte sur elle pendant la transe. (On peut voir dans WIEGER, *Folklore
chinois moderne*, que les magiciens peuvent extérioriser leurs âmes pour leur
faire animer des figurines de papier ou de bois, cf p. 237 et 277.)

même auteur nous apprit que T'ang (lequel se dévoua comme
Yu) était (comme lui) à demi consumé et que Confucius, ce
sage inspiré, avait un visage semblable au masque d'un exor-
ciste[1]].

Confucius[2] (il n'avait pas eu cependant à se louer beau-

---

[1] Cf. Siun tseu, chap. 3.

[2] Cette histoire est contée au *Kia yu*, chap. 14, et (avec quelques variantes) au *Chouo yuan*, chap. 18. On remarquera que (dans le *Kia yu*) bien
que le Chang-yang soit d'abord qualifié de 祥 *présage* (favorable) *d'eau*, *l'eau*
que provoque son apparition est une calamité 災 : l'anecdote pieuse a été
rédigée, tant bien que mal, à partir d'une donnée peu comprise. Cette donnée est
visiblement une danse et une chanson enfantines, restes de rites anciens : la
danse du Chang-yang (cf. plus loin : la danse du faisan). — Remarquer la formule : le Chang-yang est un présage de grandes eaux; or, à Ts'i est apparu un
Chang-yang : donc, ce qui *correspond* 應 au Chang-yang (savoir les grandes
eaux), se produira (noter la forme syllogistique). *Les correspondances* 應 *sont les*
faits sensibles, les conséquences (l'écho ou l'ombre) : le présage, l'emblème, est
la cause (le son, la lumière), la réalité. Dans le *Chouo yuan*, les jeunes garçons
(exactement les enfants 小兒 et non 童 : nous sommes plus loin encore de
la technique rituelle) chantent un autre fait de *correspondances* : «*Le roi de*
Tch'ou passant le Kiang — Trouve une graine de sagette — Elle est grosse
comme le poing — Et rouge comme le Soleil — Il la coupe, puis il la mange —
Elle est douce comme du miel !» On ne dit point de quoi est l'emblème la
graine rouge comme le soleil : est-ce un présage d'hégémonie pour un descendant du *roi de Tch'ou?* — Je traduis par «*sagette*» un mot 萍 qui désigne
toutes les plantes flottantes : leur apparition est un terme calendérique lié au
3ᵉ mois de printemps (cf. *Li ki*, trad. Couvreur, t. I, p. 346) et en rapport
avec le thème de l'*arc-en-ciel.* Ces plantes sont souvent assimilées aux 蓬
«*armoises*» qui fournissent des flèches aux *arcs* magiques (sagittaires?). Certaines de leurs feuilles sont en fer de lance (flèche?); d'autres sont rondes et
quadrilobées (roue? soleil?). — Les offrandes de plantes aquatiques sont parti-
culières aux femmes et mises en rapport avec la présentation de la nouvelle
épousée au Temple Ancestral, le 3ᵉ mois du mariage. (C'est alors que le mariage est parfait et que, selon une tradition, commence la vie sexuelle du
ménage (cf. *Coutumes matrimoniales, T'oung pao*, t. XIII (1912), p. 553 et
suiv. et *Fêtes et chansons*, LVI, p. 111; LXVIII B, p. 144 et aussi LIX,
p. 117.) On doit en rapprocher la cueillette du plantain (cf. *ibid.*, chanson XIX,
p. 46). Cette dernière est considérée comme une opération favorable aux gros-
sesses; on relève les jupes (pour mettre les graines dans le creux que l'on
forme) en les nouant à la ceinture. Passer l'eau, jupes troussées, est un rite

coup des gens de Ts'i[1]) leur rendit une fois un gros service. C'était après l'apparition d'un oiseau que l'on estima grandement merveilleux 大怪. Le prince de Ts'i dépêcha donc à Lou une ambassade, tout exprès pour consulter le Maître. Bien lui en prit. Renseigné à temps, il put faire réparer les canaux et les digues et, seul, Ts'i ne souffrit pas d'une pluie diluvienne qui ravagea tous les autres États, y compris le pays natal du Sage : il n'était point Ministre en son pays.

L'oiseau que Confucius sut heureusement identifier était le Chang-yang, présage d'eau 水祥.

Il s'était perché sur le palais ducal de Ts'i, puis était descendu dans la cour de la salle de réception et, là (je suppose : entre les degrés de l'Est et ceux de l'Ouest, comme jadis Chouen ou Yu le Grand quand, pour réformer les San Miao, *ces êtres*

des fêtes sexuelles (cf. *ibid.*, chansons LI et LII et p. 134.) Or, le *Che chou* nous apprend que la chanson du plantain était chantée par les jeunes gens au cours d'une bataille de fleurs 童兒鬪草嬉戲謠 (voir *Fêtes et chansons*, p. 204, où j'ai omis de donner cette indication). L'expression «grande comme le poing» appelle la comparaison avec le vers 12 (voir la note) de la chanson LXIII qui mentionne un cadeau de fleurs [gages de fiançailles et gages de maternité (voir *ibid.*, p. 173) et peut-être (voir *ibid.*, p. 200 et suiv.), âmes extérieures et totems personnels] et passe pour être en rapport avec une cérémonie de la pluie (cf. *ibid.*, p. 160 et suiv.). Le rapprochement entre la chanson du Chang-yang et celle de la graine rouge est, peut-être, dû à une parenté secrète des deux thèmes. Si la sagette(?) est un *emblème royal* et si elle est en rapport avec *une danse* (cf. les mûriers des Yin), *il faut admettre que les emblèmes végétaux n'ont pas eu moins d'importance que les emblèmes animaux*. Le *Chouo yuan* ajoute au récit du *Kia yu* ce trait remarquable; les jeunes garçons qui chantaient la chanson du Chang-yang, *se tenaient sur un pied et dansaient par couples, chacun tirant l'autre à soi*. 兩兩相牽而跳 : il s'agissait donc d'une joute (analogue à notre combat de coqs), comme dans le cas de cueillettes de plantes à graines et de plantes d'eau. — Il y a donc lieu de supposer que la danse du Chang-yang a d'abord été une danse sexuelle; elle n'a dû perdre qu'assez tard ce caractère, conservant cependant (cf. *Fêtes et chansons*, p. 159, 184 et 225) une disposition antithétique des acteurs.

[1] Voir plus haut, p. 210.

ailés, ils dansèrent, portant des plumes [1]), il avait *étendu ses ailes* et *sautillé* 跳.

Or, dans l'antiquité (Confucius le savait), les jeunes garçons 童 PLOYANT UNE JAMBE et AGITANT LES DEUX ÉPAULES (?) [2] sautillaient 跳 en chantant : «Le Ciel fera tomber la pluie en abondance! Le Chang-yang bat du tambour 鼓 et danse 儛!» [3].

Yu est hémiplégique et sautillant. Le Chang-yang, qui sautille, est un Oiseau à patte unique 一足, et, de même, n'ont qu'une patte, l'oiseau Pi-fang, ce génie du Feu, le Hibou-sac, cet Anti-Tonnerre et, enfin, K'ouei (le collègue de Yu), ce Tambour.

La danse de l'ours.

K'ouei résonnait comme le Tonnerre, du moins si on le frappait avec l'os de la Bête divine de ce Marais que Yu créa et qui porte le nom de la dynastie (Hia) fondée par Yu. Le Marais du Tonnerre-Hia avait pour Bête un dragon [4].

Les Chinois n'ont jamais distingué nettement le dragon du serpent. — Un jour, on le sait, le Tambour du Roi Mou,

[1] Voir plus haut, p. 243, n. 3.

[2] Les éditions du *Kia yu* que j'ai consultées portent 眉 (sourcils) et non 肩 (épaules). Je crois qu'une correction s'impose : le Chang-yang, que la danse imite, étend les ailes et bat du tambour (cf. plus loin le faisan). — Mais la version *sourcils* n'est point impossible ni sans intérêt : les dragons des processions pour la pluie agitent leurs sourcils. C'est peut-être ce souvenir (et la ressemblance des deux caractères) qui expliquent la graphie fautive.

[3] La simple énonciation des faits détermine leur production : de même que le Chang-yang divin danse dès qu'on danse la danse du Chang-yang, de même le Ciel fait pleuvoir sitôt que l'on dit : le Ciel fera pleuvoir. Cf. les formules d'expulsion, p. 168-169 et 319-320.

[4] Voir plus haut, p. 511. On trouve dans la *partie versifiée* du *Tribut de Yu* (cf. *S.M.T.*, t. I, p. 110 : «Le Lei-hia devint un marais»).

s'enfuit sous terre, changé en serpent jaune — et cet événement semble se passer aux abords d'un Étang jaune et d'une
Chambre jaune qui paraît être la chambre de K'i, fils de Yu
le Grand, lequel, pour monter au Ciel, attela des dragons
volants[1]. — Kouen, grand-père de K'i et père de Yu, après
qu'on l'eut dépecé, se transforma, dit une tradition, en dragon
jaune[2].

K'i monta au Ciel sur des dragons qu'il attela 御. En faveur
de Yu, son père, et pour marquer la plénitude du prestige
des Hia, le Ciel avait, tout juste avant la mort de Yu sur le
Kouei-ki, fait descendre des dragons. Ils remontèrent au ciel
parmi des éclats terribles de tonnerre : ainsi fut assurée la
victoire sur les Génies du Vent de ce mont Fang qui devint alors Kouei-ki. Le conducteur 御 chargé par Yu de

[1] Voir plus haut, p. 440. Je dis *semble*, car le *Mou t'ien tseu tchouan*,
chap. 5, parle, après la fuite souterraine du Tambour-serpent, d'une excursion
au Marais jaune et au tertre de la Chambre jaune, faite afin de visiter les
lieux habités par K'i et il est question alors de la Chambre de K'i. On verra
bientôt que le culte de la mère de K'i a pour centre le Mont du Centre souvent
désigné (cf. *Chan hai king*, chap. 5) par l'expression T'ai-che : Mont de la
Grande Chambre. (Cf. CHAVANNES, *Miss. archéol. Textes*, t. I, p. 41 et suiv.)
— Le texte du *Mou t'ien tseu tchouan* est en désordre : la suite des paragraphes a été reconstituée sans qu'on puisse dire si la reconstitution a toujours été heureuse. Dans le cas présent, est-ce un simple rapprochement de
mots (*jaune*), qui a déterminé la succession des paragraphes ? est-ce une association d'idées vraiment profonde ? j'ai tendance à admettre la deuxième
hypothèse en raison de ce fait : les glossateurs du *Mou t'ien tseu tchouan*
citent à propos de K'i un passage du *Kouei tsang* disant que K'i attela des
dragons pour monter au Ciel. Au sujet de Kouen, les glossateurs du chapitre
18 du *Chan hai king* citent un passage, extrait, lui aussi, du *Kouei tsang*
(l'un des trois livres divinatoires, dont il ne reste que des débris) d'après
lequel Kouen, grand-père de K'i, se transforma en *dragon* JAUNE : il y a de
grandes chances que nous soyons en présence d'un complexus mythique assez
cohérent.

[2] Il faut signaler la possibilité d'une confusion graphique entre les caractères (assez voisins) *dragon* et *ours*. Mais les confusions graphiques ne s'expliquent bien que s'il y a une certaine parenté entre les idées évoquées par
les signes confondus. Se reporter p. 503, n. 1.

mener ce divin attelage de dragons, se nommait Fan Tch'eng-kouang [1].

Conflits d'emblèmes.

Ce nom est parfaitement composé. Tch'eng-kouang (l'appellation) 成 光 signifie : *Éclat-parfait* ou : *qui produit des éclats.* Le nom de famille (范 *Fan*) est encore mieux trouvé.

La famille *Fan* est bien connue. — C'était l'une des grandes familles d'un État riverain du Fleuve dont Yu régla le cours, l'État de Tsin qui sacrifiait au Fleuve Jaune et posséda longtemps le Lieu-Saint de Lin-tsin [2]. A Tsin, les familles Tchao, Wei, Han, Tchong-hang, Tche et Fan luttèrent ensemble au v° siècle avant notre ère, cherchant chacune à renverser la maison régnante et à fonder une dynastie princière [3]. Ces familles nouvelles possédaient, comme de juste, au dire des historiens, des généalogies très anciennes.

Les *Fan* descendaient de Yao par l'intermédiaire de Licou-lei, qui, au temps de K'ong-kia, fut nommé 御 龍 Yu-long : conducteur de dragons [4].

K'ong-kia, un des successeurs du Yu le Grand, se conformait en tout, comme son Ancêtre, à la volonté du Souverain [5]. Le Souverain lui conféra un quadrige de dragons [6] : deux pro-

---

[1] Cf. plus haut, p. 344. Le *Po wou tche* (ouvrage qui n'est pas plus vieux que le iii° siècle de notre ère) est le seul à parler de Fan Tch'eng-kouang.

[2] Voir plus haut, p. 472, n. 1, les références indiquant combien le culte du Fleuve était vivace à Tsin.

[3] Sur ces querelles, voir particulièrement *S.M.T.*, t. V, p. 25 et suiv.

[4] Cf. *Tso tchouan*, trad. Couvreur, t. III, p. 450 et suiv. (cf. *ibid.*, t. II, p. 408). Le mot *yu* veut aussi dire élever, apprivoiser, dompter; je traduis par conduire : *Fan* Tch'eng-kouang fut le cocher des dragons de Yu le Grand.

[5] Noter le fait : les dragons de K'ong-kia sont, comme ceux de Yu, d'origine céleste.

[6] Remarquer le progrès. K'ong-kia obtient du Ciel quatre dragons : Yu n'en avait obtenu que deux. — La théorie chinoise sur les attelages est que les Hia attelaient à deux bêtes. Les Yin ajoutèrent un ailier. Les Tcheou parfirent le quadrige.

venaient du Fleuve; deux autres de la rivière Han [1]. Ces deux couples, comprenant chacun mâle et femelle, furent remis aux soins de Lieou-lei. Une femelle étant morte, Lieou-lei la *mit en saumure* et la fit manger à K'ong-kia [2]. — Cette histoire, que le *Tso tchouan* fait narrer par un annaliste, est à peu près le seul fait historique que Sseu-ma Ts'ien trouve à raconter sur la dynastie des Hia [3].

Le dragon était-il un aliment interdit aux descendants de Yu ? Était-ce celui qui pouvait le mieux nourrir leur Substance et leur Vertu ?

Sseu-ma Ts'ien fait dater de K'ong-kia *la décadence* de la dynastie : il aimait trop, dit-il, à s'occuper des Esprits et des Dieux 鬼 神 [4]. Le *Tso tchouan,* au contraire, vante la Vertu parfaite de ce souverain.

[1] La vallée de la Han, voie de passage vers le Fleuve Bleu, a joué un grand rôle dans la politique de la période *Tch'ouen ts'ieou*. Ceci pourrait peut-être permettre de dater l'anecdote relative à K'ong-kia.

[2] Ici, le rédacteur emploie une formule ambiguë : K'ong-kia 求 之 ; on peut entendre soit : que K'ong-kia envoya *chercher la femelle* [que Lieou-lei lui avait fait manger en saumure, sans qu'il se fût aperçu de ce que c'était. Lieou-lei alors s'enfuit craignant d'être puni (c'est ainsi qu'a compris M. Chavannes, cf. *S.M.T.*, t. I, p. 169)], soit (c'est ainsi qu'ont compris Legge [cf. p. 731] et le P. Couvreur) que K'ong-kia *réclama d'autres dragons à manger* : (Lieou-lei s'enfuit alors, ayant peur de n'en pas trouver d'autres). Sseu-ma Ts'ien présente K'ong-kia comme un mauvais souverain et le *Tso tchouan* déclare sa Vertu parfaite : si les interprètes ont bien compris le sens de leurs auteurs, il est remarquable qu'un bon souverain Hia se plaise à manger des dragons et qu'un mauvais souverain Hia veuille punir qui lui en fait manger. *S.M.T.*, dans un autre passage (t. III, p. 416) prétend que les Dragons s'en allèrent (comp. p. 344, les dragons de Yu qui s'en vont, *dans un orage d'apothéose*) quand K'ong-kia *devint* mauvais.

[3] *S.M.T.* (cf. t. I, p. 168) ne donne de détails que sur Yu et son fils — et sur le dernier souverain Hia : ce sont de simples thèmes historisés. — On va voir que l'histoire de K'ong-kia, telle qu'elle est donnée dans le *Tso tchouan*, s'insère dans toute une série de récits du même ouvrage rédigés au bénéfice de quelques grandes familles de Tsin (et de Ts'in).

[4] Se tenir à distance des dieux est un principe de prudence rituelle qui, dans l'école Confucéenne, s'est transformé en un précepte d'agnosticisme.

Un fait est remarquable. Les Hia qui, à trois reprises[1], furent favorisés par les dragons, avaient pour nom de famille 姒 Sseu. Au temps où ils se *pervertirent,* dit Sseu-ma Ts'ien[2], deux dragons se présentèrent dans leur palais. On ne sait pas s'ils formaient un couple, mâle et femelle, mais on sait bien qu'ils étaient les âmes métamorphosées des princes de Pao[3]. Eux-mêmes prirent soin d'en avertir. Ils dirent : «Nous sommes deux princes de Pao»[4]. La tortue, consultée[5], déclara qu'il fallait leur demander de l'écume. L'écume fut conservée dans un coffret. Celui-ci ne fut ouvert que longtemps après, sous la dynastie Tcheou. L'écume, alors, coula dans le palais. Quand des femmes *nues* eurent 譟 hurlé en chœur, elle se transforma en 黿 tortue (ou en lézard : c'est là, dit-on, la bonne version, car le lézard ressemble au dragon)[6]. Une petite fille de sept ans qui trouva la tortue (ou le lézard), accoucha, dès qu'elle fut nubile, d'un enfant qui devait être Pao-

---

[1] L'histoire qu'on va lire constitue la quatrième (dragons de Yu, dragons de K'i, dragons de K'ong-kia), si l'on ne compte pas la transformation de Kouen en dragon.

[2] Cf. *S.M.T.*, t. I, p. 281. Noter que le Roi Yeou, mari de Pao-sseu (781-771), appartient à la période historique et munie de dates. — Le passage de *S.M.T.* est extrait du *Kouo yu* (*Tcheng yu*), chap. 16. — Sur les côtés rituels de l'histoire de *Pao-sseu,* voir *Dépôt de l'Enfant sur le sol, Rev. archéol.,* 1921, p. 332-333 et note 1 de la page 339. — Pao-sseu, femme fatale, est offerte au Roi par des gens en faute à titre de composition. (Cf. la femme donnée à Tcheou-sin par le Comte de l'Ouest — voir p. 397, n. 8. Cf. aussi les captives qui perdent le dernier des Hia et le dernier des Yin, voir p. 395.) Un thème intéressant du cycle de Pao-sseu est celui du tambour et du feu placés sur une tour. Cf. *S.M.T.*, t. I, p. 284.

[3] *Kouo yu,* chap. 16.

[4] On entend : deux princes et non un prince et sa femme. Mais on voit toujours les dragons se manifester par couples (mâle et femelle).

[5] L'ordre des questions posées à la tortue est curieux : fallait-il : tuer les dragons? les renvoyer? les expulser? leur demander de l'écume à conserver? Conserver de l'écume était donc une pratique normale?

[6] On verra tout à l'heure que Kouen est tantôt dit tortue et tantôt dragon. La traduction littérale : «tortue», est fort acceptable.

sseu [1]. Cette femme fatale fut élevée à Pao, pays des deux dragons. Comme les princes de Pao, descendants de Yu le Grand, elle porta, comme nom de famille, le nom de Sseu 姒 [2]. C'est ainsi que des Dragons-Ancêtres procurèrent un enfant aux descendants des Hia.

Lieou-lei, l'ancêtre des *Fan*, avait appris l'art de conduire et d'élever les dragons auprès d'un membre d'une autre lignée, celle des Houan-long : les Nourrisseurs de dragons. Ils descendaient de *Tong*-fou qui fut au service de Chouen et reçut de lui, avec un fief, le nom de famille *Tong* [3]. — Il y avait à Tsin des descendants de la famille *Tong*. L'un d'eux servit de représentant 尸 du dieu, dans un sacrifice offert à Kouen, père de Yu : les savants affirment que la famille *Tong* était une branche de la famille Sseu 姒 [4].

Le *Tso tchouan* nous donne la généalogie des *Fan* et des *Tong*, à propos d'un dragon qui apparut à Tsin en l'an 512 [5]. La consultation de l'annaliste fut donnée à *Wei* Hien-tseu dont un sage dit, en 545, que ses descendants finiraient par gouverner une partie de Tsin [6] : ils fondèrent

[1] Noter le fait que Pao-sseu, femme fatale, a une naissance héroïque.

[2] Cf. *S.M.T.*, t. I, p. 171.

[3] Cf. *Tso tchouan*, trad. Couvreur, t. III, p. 451. — Le *Kouo yu* (*Tcheng yu*), 16ᵉ chap., apparente les Tong à Kouen-wou, qu'il qualifie de Comte de Hia.

[4] Cf. *Tso tchouan*, trad. Couvreur, t. III, p. 138, et *Kouo yu* (*Tsin yu*), chap. 14. La glose est de Wei Tchao qui l'appuie du principe : les dieux ne mangent que (des offrandes offertes par des gens) de leur espèce. — On remarquera que le *Kouo yu*, chap. 15, signale un mariage entre Fan et Tong; ce qui suppose que ces deux familles n'ont point le même nom de famille ou que la règle exogamique a été violée.

[5] Cf. *Tso tchouan*, trad. Couvreur, t. III, p. 450. Il est clair à lire le récit qui se termine par une énumération des génies des Orients — départements ministériels — que Wei Hien-tseu s'informe pour savoir s'il ne pourrait pas avoir, lui aussi, des dragons domestiques et un service officiel pour les nourrir.

[6] Cf. *S. M.T.*, t. V, p. 23. Le sage est Ki-tseu, prince de Wou, venu en ambassade et qui, partout où il passa, laissa des avis prophétiques.

en effet à la fin du v⁰ siècle le royaume de *Wei*, l'un des Trois
TSIN.

Le second des trois États formés du démembrement de TSIN
est le royaume de *Han*. En 545, le sage qui prophétisait si
bien, déclara qu'une partie de TSIN serait certainement gou-
vernée par les descendants de *Han* Siuan-tseu [1]. *Han* Siuan-
tseu avait, en 534, consulté, lui aussi, non pas un annaliste,
mais le mieux informé des Sages de son temps, Tseu Tch'an de
Tcheng, dont la mort fit pleurer Confucius [2]. Il le consulta,
non point à propos d'un dragon apparu, mais parce que le
prince de TSIN, qui était malade — et l'on avait fait en vain
tous les sacrifices possibles aux dieux des Monts et des Eaux —
venait, en songe, de voir — la maladie en empira — entrer
dans sa chambre un ours jaune [3].

[En 540, le prince de TSIN avait été malade et le même
Tseu Tch'an avait été consulté [4]. C'était Che-tch'en, fils du Souverain Kao-sin et génie d'Orion, qui, ainsi que T'ai-t'ai, descendant de Chao-hao et dieu de la Fen, était le principe du
Mal. *Tseu Tch'an se montra fort érudit, mais ne conseilla aucun
sacrifice.* Celui qui le consultait était Chou-hiang, homme de
sang princier, mais de faible puissance : ses descendants
devaient être exterminés et ses biens partagés en 514 par les
six grandes familles de TSIN [5]. — Tcheng, dont Tseu Tch'an
était ministre, avait à ménager, à TSIN, les gens puissants.]
Consulté par *Han* Siuan-tseu, en 534, Tseu Tch'an, non seulement identifia l'*Ours jaune,* mais encore sut donner un conseil si précieux que *Han* Siuan-tseu le paya d'un présent

---

[1] Cf. *S.M.T.*, t. V, p. 23.

[2] Cf. *S.M.T.*, t. IV, p. 482. Confucius considérait Tseu Tch'an comme un
frère ainé.

[3] Cf. *Tso tchouan,* trad. Couvreur, t. III, p. 137-138.

[4] Cf. *Tso tchouan,* trad. Couvreur, t. III, p. 30 et suiv.

[5] Cf. *S.M.T.*, t. IV, p. 332.

magnifique : deux chaudières rondes à pieds carrés. Tsin, dit
Tseu Tch'an, n'a point fait tous les sacrifices qu'il devait faire.
Tsin a l'hégémonie et devrait sacrifier à tous ceux à qui un
Fils du Ciel présente des offrandes. Il devrait offrir (*dans la
banlieue*) LE SACRIFICE KIAO qui est un sacrifice proprement
royal [1]. Il devrait l'offrir de la même façon que les Rois de la
première dynastie (Hia). Il devrait sacrifier au Ciel (*un Roi sacrifiait au Ciel en lui associant son Grand Ancêtre*) en lui associant
Kouen, père de Yu. — Car l'*Ours jaune* apparu était assurément Kouen demandant à Tsin des offrandes, l'âme de Kouen,
après l'exécution du Mont des Oiseaux, s'étant faite *Ours jaune*
pour se jeter dans le gouffre de cette montagne.

Si Kouen, père de Yu, devint, sous forme animale, le dieu
d'un gouffre, son fils se dévoua à Yang-yu où est le grand
gouffre du Fleuve Jaune, c'est-à-dire dans la région où Ping-
yi, le Comte du Fleuve, a sa capitale. Un marais de Ping-yi
se trouve aux environs de Lin-tsin. Cette ville dont *Wei* hérita,
quand Tsin fut démembré, passa, dans la suite, au pouvoir
de l'État voisin de *Ts'in* [2]. Parmi les grandes familles de Tsin
se trouvait la famille *Tchao* qui était apparentée au prince de
Ts'in et qui se flattait de descendre d'un compagnon de Yu le
Grand, (Po-)Yi, lequel avait sous ses ordres : *Sapin, Tigre,
Ours, Ours rayé.*

Le prophète de 545 prédit que la troisième partie de Tsin
reviendrait à la famille *Tchao*. La grande ambition de cette
famille fut de s'emparer de la Capitale (du Comte) du Fleuve
(Ho-tsong). Elle n'arrivera à ses fins qu'après de grands efforts
et au prix de sérieux dangers : elle dut s'annexer des familles
d'importance secondaire et combattre des familles rivales. Elle
réduisit à la vassalité la famille *Tong* qui descendait des Nour-

[1] Cf. plus haut, p. 409-415 et p. 458-459.
[2] Cf. plus haut, p. 477.

risseurs de dragons et portait, comme les Hia, le nom *Sseu* [1];
elle combattit la famille *Tchong-hang* (laquelle, ainsi que la
famille *Tche,* descendait *d'un général qui se dévoua au Fleuve*) [2]
et la famille *Fan,* héritière des Conducteurs de dragons. La
promesse de la victoire sur ces deux familles fut donnée en
5o1 à *Tchao* Kien-tseu par le Souverain du Ciel [3]. Au cours
d'un sommeil de trois jours, *Tchao* Kien-tseu put s'élever jusqu'à la demeure du Souverain où il vit danser et où il écouta
une musique à *neuf* reprises. [K'i, fils de Yu, monta aussi
au Ciel, mais il fit mieux, on le verra, que d'écouter simplement une musique en *neuf* parties [4].] Le Souverain ordonna
alors à *Tchao* Kien-tseu de tirer sur un *ours* qui voulait le
saisir, puis, quand cet ennemi fut tué, de tirer sur un second
ours aussi malintentionné que le premier : celui-ci était un
ours rayé. L'*ours* et l'*ours rayé* étaient les emblèmes des
Tchong-hang et des *Fan* dont *Tchao* Kien-tseu fut en effet victorieux.

C'est ainsi qu'à Tsin, au viᵉ siècle, les grandes familles rivalisaient — s'efforçant d'acquérir des droits sur les Lieux-Saints

[1] Cf. *S.M.T.,* t. V, p. 35 et suiv. Tong Ngan-yu, conseiller de Tchao Kien-
tseu, se sacrifia pour son maître. Il reçut un culte dans le temple ancestral
de la famille Tchao, cf. *Tso tchouan,* trad. Couvreur, t. III, p. 583. — Voir
plus haut, p. 214.

[2] Cf. *Tso tchouan,* trad. Couvreur, t. II, p. 333 et suiv. Voir plus haut,
p. 472, n. 1. Se dévouer au Fleuve, c'est acquérir des droits sur le
Fleuve.

[3] Cf. *S.M.T.,* t. V, p. 25 et suiv. — Le songe de Tchao Kien-tseu est un
pendant au songe du duc Mou de Ts'in (cf. *S.M.T.,* t. III, p. 423) et au
songe du Roi Mou de Tcheou (cf. Lie tseu, chap. 3, trad. Wieger, p. 105 et
suiv., où une relation remarquable est établie entre le songe du Roi et ses
grands voyages dans l'Ouest. Cf. chap. 5, trad. Wieger, p. 137). Le voyage
réel (randonnée héroïque) et le voyage en rêve (randonnée extatique) peuvent
sans doute être rapprochés des voyages faits par l'âme quand la danse extatique l'a extériorisée. Ces thèmes expliquent la donnée du *Li sao.*

[4] Voir plus loin, p. 580.

et surtout sur le Fleuve — à l'aide de combats généalogiques ou mythiques.

Au cours de ces combats, les généalogies, sans doute, s'emmêlaient et les emblèmes s'échangeaient.

Pierres fendues et pierres piétinées.

Les Fan, conducteurs de dragons, sont des Ours.

Kouen, le Grand Ancêtre, se transforme en dragon ou se transforme en ours.

Yu, son fils, qui combattit avec des dragons contre les génies du vent de Fang, ces danseurs, et leur prit leur Lieu-Saint, dansa aussi la danse de l'ours.

Dans le combat avec les génies de Fang-fong, Yu fut aidé par le Tonnerre : les génies armés d'épées ne surent se servir de leurs armes que pour se suicider en s'ouvrant la poitrine.

Yu était né d'une pierre et il fallut à sa naissance ouvrir sa mère. Quand, armé de son tambour, il dansa la danse de l'ours, cette danse fit une victime : ce fut la propre femme de Yu qui, d'elle-même, dut s'entr'ouvrir. — K'i, son fils, naquit, en effet, d'une pierre fendue. Yu, travaillant alors à réduire l'inondation, ouvrait la passe de Houan-yuan.

Cette histoire nous est contée par quelqu'un qui n'y croit guère [1] et, sans doute, ne la raconte pas sans quelques

---

[1] Le *Ts'ien Han chou*, chap. 6, signale en 110 avant J.-C. un voyage de l'Empereur Wou au pic du Centre : Song-kao ou T'ai-che. L'empereur vit la pierre de la mère 母石 de K'i, prince des Hia. Ying Chao met en note : «A la naissance de K'i, sa mère se transforma en pierre» 啓生而母化爲石. Yen Che-kou ajoute alors un récit extrait de Houai-nan tseu, *où on ne le retrouve plus* (cf. CHAVANNES, *Miss. arch.*, *Textes*, t. I, p. 46). — Le *Chan hai king*, au mont T'ai-che (grande chambre), mentionne l'existence de plantes Yao (cf. p. 518, n. 1) et de belles pierres. La glose ajoute : la mère de K'i se transforma en pierre et engendra K'i sur cette montagne.

contresens. « Quand Yu pour mettre ordre aux Grandes Eaux perçait la passe de Houan-yuan, il se métamorphosait en ours 熊. — Il avait dit à Tou chan, sa femme [1] : « Quand je « voudrai que tu me portes à manger [2], je te ferai entendre le « son de mon tambour et tu viendras. » Yu, en *sautillant sur les pierres* [3] 跳石, par mégarde, toucha *son tambour*. Tou chan vint : elle vit Yu qui *faisait l'ours* 作熊. *Scandalisée* 慙 elle s'enfuit : arrivée au bas du Pic du Centre (Song-chan = T'ai-che), elle se métamorphosa en pierre. (Or,) elle était sur le point d'enfanter K'i. Yu lui dit : « Rends-moi mon fils ! » [4]. La pierre se fendit du côté Nord et K'i naquit. » [K'i veut dire : « ouvrir ».]

La mère de Yi Yin, Héraut des Chang, pour s'être détournée, *enfreignant une défense*, et pour avoir vu l'inondation sortie d'un mortier (on se servait, peut-être, d'auges et de mortiers comme de tambours) fut changée en Mûrier Creux (le Mûrier Creux, avant d'être une guitare, fut un tambour) dans lequel fut trouvé son fils, sauvé des Eaux [5]. — Est-ce bien par mégarde que Yu jouait du tambour pour vaincre les Eaux en perçant les Monts? Peut-être était-il nécessaire que K'i, fils d'un mineur et d'un forgeron, naquît en fendant une matrice.

[1] Yu avait épousé la fille de la famille Tou-chan (on a vu que Tou chan passe pour un nom ancien de Kouei-ki, p. 342).

[2] Les femmes des paysans leur apportaient leur repas aux champs (cf. *Che king*, trad. Couvreur, p. 439). Ce détail familier n'est guère à sa place dans l'histoire d'un fondateur de dynastie. Mais il fallait bien expliquer par quel accident Tou chan vit son mari faire l'ours.

[3] M. Chavannes a traduit : sautant sur une pierre (et il est fort possible que Yen Che-kou ait entendu ainsi l'expression), on va voir que *t'iao che* a une valeur plus précise.

[4] Yu savait d'avance que ce serait un garçon (il est vrai qu'à la rigueur 子 peut s'entendre d'une fille). — La pierre se fendit du côté du Nord. Une princesse fait face au Sud. Les enfants nés comme K'i du corps ouvert de leur mère sortent par le dos.

[5] Cf. plus haut, p. 428-431 et p. 435-441.

Appelée tout exprès à l'instant où son mari perforait un mont,
Tou chan [ce nom de famille signifie (mot à mot) : «la montagne (de) Tou»], changée en pierre et fendue, fut la victime
obligée d'un sacrifice, ou, tout aussi bien, la victime d'un interdit violé. Une femme ne vient pas regarder, quand les
hommes, faisant les ours (et dansant à la manière d'un Chang-
yang qui appelle la pluie) — il faut sans doute alors craindre
la foudre — sautillent sur les pierres.

Yu, pour régler les Eaux, sautillait sur les pierres 跳石.
Au temps des fêtes paysannes, pour obtenir la pluie fécon-
dante, garçons et filles passaient à gué les rivières [1]. Il est un
pays où cela s'appelait : «sauter sur les pierres et passer
l'eau» 踏石涉水 [2]. Sans doute, en piétinant les pierres,
produisait-on une espèce de roulement qui n'était pas inutile
pour provoquer le Tonnerre et la Pluie. Alors, s'unissant ensemble, filles et garçons appelaient à s'unir le couple des Dragons pluvieux [3]. Mais les fondeurs, après s'être dévoués con-
jugalement pour opérer l'alliage des Métaux, n'ont-ils point
fini par ne consacrer que leurs femmes à l'œuvre sainte du métal? Et, quand les princes se furent donné des Dieux masculins, ne suffit-il point, pour que se fît avec le Dieu un mariage
divin, que des filles seulement fussent sacrifiées [4]? Dans les

<hr>

[1] Cf. *Fêtes et chansons*, p. 134, 155 et suiv., 159 et suiv., 165, 169 et
suiv.

[2] Cf. *P'ei wen yun fou*, chap. 109 a, expression 踏石. Sauter sur les
pierres et passer l'eau constituent un 戲 jeu.

[3] Cf. *Fêtes et chansons*, p. 159. A Lou, au temps de Confucius, deux
bandes de danseurs imitaient les mouvements des dragons : il est vrai que
les filles étaient remplacées par de jeunes garçons. Le Chef après son dévouement n'est qu'hémiplégique. La Danse du Chang-yang se fait sur un seul
pied, mais par couples.

[4] Cf. plus haut, p. 502. D'après la version de Yen Che-kou, la femme de
Yu s'est ouverte d'elle-même. D'après une autre version recueillie dans le chapitre 13 du *Tch'ou tseu pou tchou*, Yu la fendit d'un coup de sabre (ce récit
témoigne peut-être d'une contamination par le thème du dépècement de

cérémonies où les Chefs s'apparentaient à leur Lieu-Saint et
s'identifiaient à leurs Emblèmes, les femmes ne pouvaient plus
figurer que comme victimes. Elles se dévouaient à la mort,
celles qui se mêlaient à ces mystères masculins.

Yu le Grand, quand, au profit de son peuple, il se dévouait,
piétinant les pierres au point d'en rester hémiplégique et de
garder à jamais la jambe traînante 跳, s'accompagnait d'un
tambour, tout en faisant l'ours. Il existe apparemment un rapport entre l'ours et les tambours de pierre. Sur une montagne,
que l'on nomme le Mont de l'Ours[1], est une caverne qu'un
génie ouvre en été et ferme en hiver; si elle reste ouverte
l'hiver (c'est la saison où les ours, ces hibernants — mais les
hommes aussi hivernent[2] — s'enferment dans leurs retraites),
il ne peut manquer d'y avoir la guerre; il doit aussi y avoir la
guerre, disent à ce propos les annotateurs du *Chan hai king*,
quand résonnent les tambours de pierre, placés au bas d'une
Montagne du Tambour. — L'ours figurait (avec le Tigre) sur
l'étendard des Chefs féodaux[3]. Rêver d'ours présageait la

Kouen à coups de sabre). — On peut voir, à comparer ces deux versions,
l'équivalence de l'exécution (ou du suicide imposé) et du suicide volon-
taire.

[1] Cf. *Chan hai king*, chap. 5. Les (ou le?) tambours de pierre signalés
par la glose se trouvaient sur une montagne du tambour située à l'ouest de Ye (un
des centres du Culte du fleuve). — Au même chapitre (Mont 長石 «longue
pierre»), le texte signale qu'il y a beaucoup de pierres chantantes 鳴石.
La glose, là encore, rappelle l'existence de tambours de pierres : il s'agit de
pierres ayant la forme d'un tambour. — Se rappeler (cf. p. 366, n. 2) que Fei-
lien faisait une auge de pierre sur le Houo t'ai chan : on a vu (p. 373, n. 3)
que le mot houo évoque l'idée des oiseaux et de la pluie. — Comparer les
Neuf cloches qui sonnent la tombée du givre (cf. p. 315). — Cf. *Commentaire du Chouei king*, chap. 14 : tambours de pierres dont le son appelle la
guerre. Cf. *ibid.*, chap. 17 : tambours de pierre dont le bruit appelle
la guerre; ils font le bruit du tonnerre et déterminent le *chant des faisans*.

[2] Voir plus haut, p. 327 et suiv.

[3] Cf. *Tcheou li*, trad. Biot, t. II, p. 133 et 489. Un monstre à corps

naissance d'un garçon[1]. L'ours était un emblème masculin. Les femmes pouvaient-elles assister à sa danse?

*
* *

L'ours, animal Yang, ne se montre qu'à la saison où le Tonnerre règne. Le Dragon est la Bête du Tonnerre. Yu combat, avec l'aide des dragons, les Poitrines-percées, et, pour percer les Monts, danse la danse de l'ours. Que Kouen ait été changé en dragon jaune ou en ours jaune, cela peut sembler dans son histoire une variante sans grand intérêt — à moins qu'une querelle de blasons ne se cache sous des traditions rivales.

Mais il se trouve que la question n'a point laissé les érudits indifférents : Kouen, s'il hantait un gouffre d'eau, pouvait-il être un ours? Certains croient qu'il était, selon son habitat, montagne ou gouffre, tantôt ours et tantôt poisson[2]. Son père, Tchouan-hiu, n'était-il pas ressuscité sous la forme d'une Femme-poisson — laquelle, chose curieuse, était, comme le petit-fils de Tchouan-hiu, atteinte d'hémiplégie 偏枯 [3]?

Mais quelle espèce de poisson (je veux dire : d'animal aquatique), Kouen était-il donc devenu? Si *hiong* 熊 signifie :

---

d'ours et à face humaine danse avec des armes sur un bas-relief du Chantong (CHAVANNES, *Miss. arch.*, textes, I, p. 211, cf. fig. 132).

[1] Cf. *Che king*, trad. Couvreur, p. 223. Les Ours, dit la glose, habitent les montagnes (hauteurs) et sont un présage de Yang. Les serpents habitent dans les trous (bas) et sont un présage de Yin. — A Lou, en 610 av. J.-C., des serpents apparurent en même nombre, dit-on, que les princes défunts de Lou : mais c'était pour présager la mort d'une princesse, cf. *Tso tchouan*, trad. Couvreur, t. I, p. 533.

[2] Opinion soutenue au chapitre 2 du *Che yi ki*.

[3] Cf. *Chan hai king*, chap. 16. Le texte (dans un passage obscur) semble indiquer une métamorphose supplémentaire et le passage par l'état de serpent. — Noter le changement de sexe.

«ours», *nai* (能 ou 熊) signifie : «tortue à trois pattes»[1]. Une tradition prétend donc que Kouen se changea en tortue. Or, le *T'ien wen* nous conte que Kouen, lorsqu'il fut sacrifié sur le Mont des Oiseaux, célèbre par son gouffre, y fut dévoré à la fois par des hiboux et par des tortues. — Celles-ci exigeaient peut-être une nourriture sacrificielle où ne pouvaient entrer que des êtres de leur espèce(神 不 歆 非 類)[2].

C'est un fait digne qu'on le remarque : la discussion entre savants, sur la destinée de Kouen, repose uniquement sur les affirmations que voici. Comment Kouen, dit l'un, pourrait-il être un ours ? A Kouei-ki, dans le temple de son fils, on ne sacrifiait point d'ours[3]. Il ne fut pas plus ours que tortue molle, dit un autre : son fils, aux sacrifices, ne se voyait présenter ni tortues molles, ni graisse d'ours. N'est-ce point dire que le principe des communions emblématiques est la règle des sacrifices?

Or, nulle espèce ne semble associée à Kouen, à Yu, à la dynastie Hia, à la famille Sseu, plus étroitement que ne le sont les Dragons. K'ong-kia, qui se conformait en tout aux ordres du Ciel, avait ses raisons pour en élever et pour en manger. En mangeant du dragon, il entretenait en lui (comme Houang-ti quand, à l'occasion des sacrifices, il mangeait des hiboux) l'Essence emblématique qui était le Génie de sa Race. — Mais, peut-être, K'ong-kia eut-il tort de manger une femelle[4].

[1] D'où les 3 points au bas du caractère (cf. *Eul ya,* chap. 16 : poissons). Ces arguties à propos de textes mal conservés peuvent sembler sans intérêt, mais il se trouve qu'elles ont amené les auteurs à affirmer indirectement un principe important.

[2] Voir plus haut, p. 153 et suiv. et 535 et suiv. Les hiboux pouvaient réclamer leur part du festin : Kouen descend de Houang-ti.

[3] Cf. *Chou yi ki.*

[4] Cf. gloses du chapitre 6 du *Wou Yue tch'ouen ts'ieou.* Manger une femelle était, peut-être, interdit à un homme : cela pouvait faire apparaître en lui des vertus non viriles (cf. p. 85, n. 2).

*
* *

Les Hia (ou ceux qui se réclamaient d'eux) possédaient sans doute de nombreux emblèmes. Yu le Grand devait danser d'autres danses que la danse de l'Ours.

L'ours 熊 (*hiong*) — sous la forme d'ours — ne commande qu'à une saison. — Une tradition prétend qu'un certain poisson, nommé *hiong* 熊, avait une double nature et, comme Kouen, un double habitat : il devenait *faisan* au solstice d'hiver et *serpent* (dragon?) au solstice d'été[1]. Or, si le *hiong* (ours) est un emblème masculin, le serpent est un emblème féminin.

L'opposition des sexes est si forte en Chine qu'elle paraît dominer toute l'organisation sociale. Jadis, dans la distribution technique du travail, les corporations masculines et féminines se répartissaient les saisons, de la même manière que se les partageaient le Yin et le Yang[2].

Les hommes avaient sans doute une saison pour danser la danse de l'ours. Les femmes, en une autre saison, dansaient peut-être, elles aussi, une danse animale[3].

La danse du faisan.

Sur le vêtement rituel 褘 de toutes les princesses, des faisans étaient représentés.

---

[1] Cf. *Chou yi ki.* — Cet ouvrage indique que les *faisans* étaient interdits à Wou; on aurait cru s'empoisonner en en mangeant, car ils se transformaient en *serpents*. Ce texte est remarquable parce que : 1° il signale une parenté entre faisans et serpents (emblèmes féminins); 2° il attire l'attention sur le rapport qu'il peut y avoir entre les métamorphoses saisonnières de certains animaux (voir le *Yue ling*) et l'alternance des emblèmes. Le passage de l'état Yin à l'état Yang ou inversement peut signifier la prédominante alternative des corporations Yin ou Yang.

[2] Cf. *Fêtes et chansons*, p. 241 et 244 et suiv.

[3] Cf. *Li ki*, trad. Couvreur, t. I, p. 703 et t. II, p. 326 et *Tcheou li*, trad. Biot, t. I, p. 144 et 163.

Tche 雉, faisan, était un nom que l'on donnait aux femmes : la femme du fondateur des Han, l'impératrice Lu, s'appelait Tche [1].

Dans le *Che king*, *tche* désigne le faisan femelle, dont le cri 雉 (*wei*) est un appel adressé au mâle [2].

Comment est produit le Tonnerre.

Dans les joutes paysannes de chants d'amour, c'étaient les filles qui prenaient l'initiative et qui, avant les danses sexuelles, provoquaient les garçons [3]. Le cri d'appel de la faisane était l'emblème de ces invitations féminines à venir danser.

Le mot 雊 *kiu* représente le chant des faisans. Ce chant marque l'un des termes du calendrier. Il se fait entendre au moment où les pies font leurs nids et où les poules commencent à couver : il répond au réveil du Yang, principe mâle [4]. La

---

[1] Dans un passage de *S.M.T.*, t. III, p. 422, le mot *tche* a dû être remplacé, le nom de l'impératrice défunte étant encore interdit.

[2] Cf. trad. Couvreur, p. 39 et *Fêtes et chansons*, p. 102, chap. ι, vers 6, où j'ai traduit *tche* par «perdrix» (*faisan* ayant le tort, en français, d'avoir un féminin et un masculin), imitant *Sseu-ma Ts'ien* qui remplace par ce mot, le mot *faisane* taboué (cf. *S.M.T.*, t. III, p. 422). — La chanson traduite s'exprime ainsi : «C'est la crue au gué où l'eau monte ! — C'est l'appel 雉 des *perdrix* criant ! — L'eau monte et l'essieu ne s'y mouille ! — Perdrix crie, son mâle appelant.» La quête de la faisane est un thème associé à la crue des rivières et (la suite de la chanson le montre) au passage de l'eau par des couples de garçons et de filles.

[3] Cf. *Fêtes et chansons*, p. 86.

[4] Cf *Li ki*, trad. Couvreur, t. I, p. 405, derniers mois de l'hiver. Le *Ki tchong Tcheou chou* place ce terme 20 jours avant le début du printemps : si les observances qu'il implique sont violées, il y aura inondation. Le *Yue ling* (*Li ki*, *ibid.*, p. 385) indique qu'au 9ᵉ mois (1ᵉʳ mois de l'hiver) les 爵 (on traduit par «moineaux» ; en fait, le sens du mot semble moins précis) petits oiseaux se précipitent dans la grande rivière (il s'agit, dit-on, de la Houai) et deviennent coquillages. Au 10ᵉ mois, les faisans (*tche*) font de même. Selon le *Ki tchong Tcheou chou*, si les interdits de ce terme sont violés, il y aura

philosophie chinoise admet que, lorsque vient le printemps, les filles, subissant l'influence du Yang, pensent aux garçons [1]. Mais (la nature n'est pas la morale) [2] les rites ne permettent point aux filles de faire les premières avances. — Les glossateurs du *Li ki* affirment donc que *kiu* figure seulement le chant des mâles. [Les *Élégies de Tch'ou*, cependant, emploient le mot pour peindre les cris alternés d'un couple de faisans [3]. Sseu-ma Ts'ien l'emploie à propos des femelles [4].]

A peine peut-on trouver la trace d'une danse féminine du faisan.

Le *Chan hai king* [5] a conservé le souvenir d'un oiseau, le Song-sseu, qui a une tête humaine et l'aspect d'un faisan *femelle. Quand cette faisane voit un homme, elle se met à sautiller.* [躍 (t'ï); ce caractère se compose de 足 (pied) et de 翟 (tï) qui signifie : «faisan de montagne à longue queue, plumes de faisan portées par les danseurs [6], char de femme décoré de plumes de faisan [7], robe de femme décorée de faisans [8]».]

La faisane Song-sseu sautillait à la manière du Chang-

---

dans le pays beaucoup de femmes débauchées. — Le mot *tche* évoque donc des images féminines.

[1] Cf. *Fêtes et chansons*, p. 133.

[2] Même (et surtout) en Chine où pourtant l'on admet que l'ordre naturel et l'ordre humain doivent coïncider : seulement (tout au moins dans l'école confucéenne), on tend à faire dépendre l'ordre naturel de l'ordre humain.

[3] *Élégies*, 15. 危 俊. Les faisans tous ensemble crient 雊 et se recherchent les uns les autres 相求.

[4] Cf. *S.M.T.*, t. III, p. 422.

[5] Chap. 3. Mont 灌題. — Le mot Song-sseu a peut-être un sens. Sseu termine fréquemment des noms d'animaux (cf. *Che king*, trad. Couvreur, p. 10). Le nom rituel du faisan est (cf. *Li ki*, trad. Couvreur, t. I, p. 101) *Chou-tcheu* : celui qui marche en écartant les pattes.

[6] Cf. *Che king*, trad. Couvreur, p. 45.

[7] Cf. *ibid.*, p. 53.

[8] Cf. *ibid.*, p. 67.

yang, oiseau de la pluie : *t'i*, en effet, est un équivalent de
t'iao 跳 [1].

Or, mâles ou femelles, au premier mois de chaque année,
les faisans, s'ils obéissaient au *Petit calendrier des Hia*, chantaient et dansaient.

Voici les motifs de cette cérémonie animale : «*Au premier
mois de l'année, il y a nécessairement du tonnerre* 必 雷. *Mais
le tonnerre n'est pas nécessairement entendu* 雷 不 必 聞. *Ce sont
les faisans qui font que nécessairement on l'entend* 惟 雉 爲 必
聞 之 ». En effet «*ils* 雊 雊 (kiu-kiu) *chantent leur chant et ils*
震 [(mot à mot) : subissent la commotion que produit le tonnerre. — C'est là le sens de 震 *tchen*, mais il faut ici, affirme-
t-on, donner au mot toute sa valeur active :] *font (comme) des
battements de tambour avec leurs ailes* (鼓 其 翼).»

On ne peut parler plus net. Le symbole est la réalité efficace : il commande comme une cause. *Le tonnerre concret* et
que l'on entendra nécessairement, *n'est qu'un écho* de la danse
et du chant des faisans. C'est la danse chantée qui réalise le
Tonnerre.

C'est elle qui est le Tonnerre : c'est elle qui crée le Dieu du
Tonnerre.

Comment est produit le Héros.

Au temps où les seigneurs de Ts'in (qui descendaient de
[Po-] Yi, compagnon de Yu) préparaient l'avenir royal de leur
maison en se constituant une collection de Lieux-Saints dignes
de Fils du Ciel [2], ils *instituèrent* un culte qui, plus que tous les
autres, «*émouvait le peuple*» [3]. Le Dieu (*traité, plus tard, avec*

---

[1] Glose au *Chan hai king*, chap. 5, *loc. cit.*
[2] Cf. plus haut, p. 148, n. 3.
[3] Cf. *S.M.T.*, t. III, p. 446.

les mêmes honneurs que la divinité du Fleuve [1]), était le *Joyau de Tch'en*. On appelait ainsi un être *semblable à une pierre*. Cette pierre fut trouvée, en 747, par le duc Wen de Ts'in [2].

Le *Joyau de Tch'en* est donné (*comme le Dieu du Fleuve*) pour une divinité masculine. — Une tradition [3], cependant, le présente comme étant d'abord apparu sous la forme *d'un couple de jeunes gens*, qui avaient révélé le nom et l'identité d'un animal sinistre [4]; celui-ci, à son tour, révéla le nom et la vertu du couple. On voulut alors s'en emparer. Le couple se transforma en une paire de faisans. Le mâle s'envola vers le Sud-Est. Ce fut la femelle qui, sur le versant *nord* du mont Tch'en-ts'ang se transforma en pierre. — Au reste, les sacrifices de Tch'en-ts'ang s'adressaient à la *Princesse* Joyau 賓夫人 [5].

Ts'in produisit des Empereurs. Le plus haut titre qu'ils pouvaient réclamer pour leurs ancêtres était celui d'Hégémon. — Il est clair qu'à l'époque classique une femme ne valait point autant qu'un homme. Voici donc en quels termes fut révélée l'identité du couple qui était le *Joyau de Tch'en* : « *Qui prend le mâle est Roi. Qui prend la femelle est Hégémon.* » Ts'in prit la femelle. La femelle attirait le mâle.

Le mâle envolé vers le Sud-Est revient voir la femelle pétri-

---

[1] Cf. *S.M.T.*, t. III, p. 442. Comparer *Commentaire du Chouei king*, chap. 17.

[2] Cf. *S.M.T.*, t. III, p. 422, et t. II, p. 17.

[3] Cf. glose à *S.M.T.*, t. III, p. 422 (cf. t. II, n. 2 de la p. 17. — Le texte, loin de dire que les deux faisans se changèrent en pierres, indique nettement que seule la faisane fut pétrifiée et que le mâle s'envola. Rapprocher de la faisane pétrifiée, une pierre (cf. *Commentaire du Chouei king*, chap. 17) qui produit le bruit du tonnerre et fait chanter les faisanes. Elle est mentionnée à côté de tambours de pierre. Comp. (voir p. 209, n. 1) les faisanes qui viennent *la nuit* chanter sur un mont consacré à une *princesse suicidée*.

[4] Sur la valeur du nom, voir p. 261. — Il s'agit du *Wei*, animal qui mange la tête des morts. — L'histoire l'oppose aux faisans. On verra, plus loin, qu'il y a une certaine analogie entre la danse du tonnerre, telle que les faisans la dansent et la danse des femmes en deuil.

[5] Gloses à *S.M.T.*, t. III, p. 422.

fiée à qui l'on rend un culte. Tantôt il vient plusieurs fois par an ; tantôt, il ne vient pas de toute une année. Il vient du Sud-Est et *se pose* 集 (*à la façon d'un oiseau*) dans la ville où l'on sacrifie. Il est semblable à un faisan mâle. Il ne vient que *la nuit,* brillant et étincelant comme une *étoile filante.* Il fait le bruit 殷 (*yin*) du tonnerre qui gronde. Alors, *dans la nuit,* les faisanes poussent leurs appels 雊 (*kiu*).

Les faisanes appellent leurs mâles au grondement du tonnerre. Le mot *tchen* 震 qui désigne à la fois les battements d'ailes·des faisans danseurs et la commotion que produit le Tonnerre, s'emploie aussi pour noter l'ébranlement ressenti par une femme à l'instant où elle devient enceinte [1].

La mère de Yu le Grand conçut son fils pour avoir aperçu une *étoile filante* [2].

Un Saint [3], nécessairement, devait apparaître là où *se poserait* 集 un certain oiseau qui se manifesta au temps de Yao [Yao avait alors besoin d'un Héros capable (c'était le temps des Grandes Eaux) de mettre en paix 平 les eaux et la terre et d'apporter au Monde la Grande Paix 太 平 [4].]

L'oiseau divin était un faisan 翟 (*t'i*) azuré. Il était chanteur 善 鳴. Sa voix donnait la note juste 音 中 律 呂. Ses chants avaient l'harmonie des cloches, des pierres sonores et

____

[1] Cette expression s'emploie par exemple (cf. *Che king*, trad. Couvreur, p. 348) à propos de la mère de Heou-tsi concevant son fils en foulant le pas d'un géant. Cette commotion est significative des naissances héroïques. On notera l'adage : le Souverain (= le Soleil) sort de 震 (Tchen). Tchen est l'hexagramme qui symbolise l'Orient.

[2] Cf. *Wou Yue tch'ouen tsieou,* chap. 6, gloses et *Annales sur bambou.* — Cette étoile filante *perça* la constellation d'Orion.

[3] Cf. *Che yi ki,* chap. 1, règne de Yao.

[4] Noter cette valeur précise de l'expression T'ai-ping.

des flûtes. Il était danseur : il ne foulait pas le sol, il ne marchait pas, il volait. Ce faisan avait un bec d'oiseau, mais, comme le Pi-fang, génie du Feu, il avait une face humaine.

Ai-je besoin d'ajouter que (s'il avait *Huit* ailes) il n'avait qu'*une seule patte* — 足 ?

Ce faisan merveilleux était le Double symbolique, l'Essence mythique de Yu : Yu, tout aussitôt, fut produit, pour le plus grand bonheur du Monde.

Yu était le fils de Kouen, sacrifié sur le Mont des Oiseaux. C'est au Nord du Mont des Oiseaux qu'apparut le Faisan azuré.

C'est aussi du Mont des Oiseaux (ou Mont de la Plume, Yu chan) ou, plutôt, de ses gorges, que provenaient — dit *le Tribut de Yu* — les plumes de faisans qui servaient aux danseurs. [La même région fournissait des paulownias pour les guitares (ou les tambours) et, aussi, des pierres sonores [1].]

Yu, le grand fondeur, adorait-il des météorites?

Un fait paraît certain : ce vainqueur des Eaux Débordées avait su se rendre maître du Tonnerre.

Il était devenu le maître du Tonnerre en dansant aux saisons propices les danses nécessaires pour assurer à la Nature un cours régulier.

Qu'il dansât, muni d'un tambour, la danse de l'ours, sau-

---

[1] Cf. *S.M.T.*, t. I, p. 116, 117. Le rapprochement est très important : il prouve que le *Tribut de Yu* est — non pas seulement dans sa partie versifiée — de la géographie religieuse. — [Les plumes de faisans du Yu-chan sont qualifiées de 夏 hia. (Ce mot signifierait : « couleurs variées ».) Hia est le nom de la dynastie fondée par Yu ainsi que du Marais du Tonnerre que ce même Yu aménagea. — La Tour des Hia se trouvait dans un lieu appelé plus tard du nom de Yu, mais qui se nomma d'abord Yang-ti 陽翟 (mot à mot : *faisan du Yang*).] Cf. *S.M.T.*, t. I, p. 170, n. 1. Comparer *Commentaire du Chouei king*, chap. 22. Le lieu de Yang-ti est rapproché de celui où K'i, fils de Yu, offrit aux Dieux le festin dont il sera parlé plus loin.

tillant 跳 et piétinant les pierres, ou que (comme le Chang-yang et) comme un faisan, *il sautillât* 躍 *battant le tambour avec ses ailes*, Yu le Grand réussissait à produire une espèce de roulement sourd et discontinu.

[Un roulement de ce genre était, aux temps classiques, obtenu par les femmes en deuil qui dansaient *à la manière des oiseaux, se frappant la poitrine* et *battant le sol du talon* sans que la pointe du pied quittât terre [1]. On nous dit que ce piétinement faisait un bruit semblable à celui d'un écroulement de muraille, mais on l'exprime à l'aide de l'onomatopée : *yin-yin t'ien-t'ien*. Or, *yin* 殷 figure le bruit du tonnerre [2], et *t'ien* 田 (ce signe entre dans la composition de 雷 : « tonnerre ») est le nom d'un tambour [3].]

Sous l'effort du Chef, la Divinité (on entendait sa Voix) se réalisait : quand elle avait empli l'âme des fidèles, il fallait bien qu'au Ciel son écho retentît.

La Danse, blason mimique, a le pouvoir d'animer l'Emblème : elle crée le Dieu, reflet symbolique. Elle lui confère ses attributs. Le Pi-fang, génie du feu, le Chang-yang, génie de la pluie, tout comme le Faisan-danseur de Yu, n'ont qu'une patte, car on danse en ployant une jambe.

Le Dieu, Emblème réalisé, possède à son tour la puissance créatrice des symboles. Il anime le Chef pour la Danse qui renouvelle l'Ordre du Monde. Il lui donne son être. Le faisan à un pied se montre et sautille. Yu le Grand apparaît : il est un être « sautillant ».

---

[1] Cf. *Li ki*, trad. Couvreur, t. II, p. 555. — On remarquera, à ce propos, qu'une phrase du *Chou yi ki* (entre un passage relatif au *Mûrier Creux* et un autre relatif au Mont *K'ong-t'ong*) parle d'un présent fait au duc de Tcheou et refusé par lui : il consistait en 舞雀 oiseaux danseurs ou en une danse d'oiseaux.

[2] Cf. *Che king*, trad. Couvreur, p. 23.

[3] Cf. *ibid.*, p. 430. J'admettrais assez volontiers que le signe 田, anciennement ⊗, représente le tambour. Cf. *B. É. F. E.-O.*, t. XXIII, p. 48, et pl. XXII A.

La Danse sanctifie le lieu où elle est dansée. Le Lieu-Saint fournit les attributs de la danse et il fournit les Danseurs, mythiques ou concrets, le Danseur qui danse tout comme le Danseur qui est dansé. Quand Yu dansait la danse du faisan, portant des plumes qui, comme le Faisan-danseur, venaient de Yu-chan, il figurait le Faisan, le Dieu, le Lieu-Saint de Yu-chan, — et lorsque (revêtu, je suppose, comme un Fang-siang-che, d'une dépouille d'ours)[1] il faisait l'ours et en dansait la danse, il était encore Yu-chan, ce lieu sacré hanté par l'Ours son père. Ainsi l'Ancêtre et le Lieu-Saint dansent et sont dansés et le Danseur, possédé par l'âme de l'Ancêtre et le génie du Lieu-Saint, possédant un Lieu-Saint, possédant des Ancêtres, peut être un Chef.

Il peut être un Chef si les Ancêtres et le Lieu-Saint n'appartiennent qu'à lui, s'il est le Maître du Lieu-Saint, le Maître et le Fils de son Dieu, le Maître et l'Auteur de leur Danse. Il est le Chef, si c'est lui qui a fabriqué le Tambour qui anime la danse et crée, dans le Lieu-Saint, la présence réelle du Dieu — en faisant ce dieu à son image. — Ainsi que le Chang-yang et le Pi-fang, maîtres de l'Eau et du Feu, K'ouei, le Tambour du Tonnerre, n'a-t-il pas un seul pied — tout comme le Hibou-soufflet de forge? Or, qui fit danser le Faisan céleste 天翟? Ce fut Tch'ouei (le tube qui termine le soufflet de forge) lequel, parmi d'autres instruments, inventa cloches et tambours[2].

[1] Cf. p. 268 et suiv., 301 et suiv.

[2] Cf. *Lu che tch'ouen ts'ieou*, chap. 5, § 5. Le Faisan céleste se retrouve dans une énumération d'animaux divins au chap. 13, § 7, du même ouvrage. — Un vers du poème de Sseu-ma Siang-jou sur Yun-mong 射游梟櫟蜚遽 (cf. *S.M.T.*, chap. 117, p. 9*b*, et *Han chou*, chap. 57, p. 10 *a*) *tirer sur les hiboux errants et bâtonner le Dragon volant* (Fei-kiu) montre bien comment naissent les Dieux. On sait la parenté du hibou et du tambour et d'autre part la parenté de K'ouei et du tambour. K'ouei est souvent associé au 魖 *Hiu* (et une orthographe possible du Fei-kiu de Sseu-ma Siang-jou est 虛 *hiu*). Le *Chouo wen*

Le tambour de danse donne la voix et l'âme au Dieu du
Lieu-Saint. Le forgeron, pour créer le Métal, se dévoue et lui
donne son âme et son nom. Le chef, quand il naît, prend au
Lieu-Saint son nom et, en se dévouant, il lui donne son âme.
Possédé, desséché, hémiplégique, le voilà, traînant la jambe,
capable de danser comme son Dieu à une jambe; le voilà substitué à ce Dieu, se sacrifiant pour lui et le rajeunissant, le
voilà — identifié à son Emblème (double symbolique et réel)
et maître, autant que Lui, de la Sécheresse, de la Pluie, du
Tonnerre — devenu l'Auteur unique de l'Ordre naturel, le
Démiurge royal qui aménage le Monde et l'assainit, le Souverain qui crée et gouverne la Terre des Hommes[1]. Et mainte-

définit K'ouei comme étant un *Hiu* divin et l'on a vu (p. 312 et ses notes) que
K'ouei, Long (le Dragon, ministre de Yao) et *Hiu* sont des êtres apparentés.
Or, *hiu* 虡 désigne la suspension des tambours et des cloches (cf. *Che king*, trad.
Couvreur, p. 342, qui écrit 虞). La tradition veut que les montants de la suspension aient été ornés de figures de dragons. La glose du *Han chou* au vers de
Sseu-ma Siang-jou définit le Fei-kiu comme un animal divin du ciel qui a tête
de cerf et corps de dragon. (Même description, donnée par Kouo P'o, citée aux
gloses de Sseu-ma Ts'ien.) — Or, le *Chan hai king*, chap. 15, décrit un génie
à face humaine qui a pour pendants d'oreilles deux serpents jaunes et qui
foule deux serpents jaunes : son nom est 禺䝞 : le 補注 écrit 禺䝞 et
n'hésite pas à assimiler 䝞 à 魖 et à 簴, et ajoute que, *Houang-ti ayant
pris la peau de K'ouei pour faire un tambour, on sculptait l'image de K'ouei
pour en faire des suspensions de tambour.* — En sus du fait que Sseu-ma
Siang-jou révèle une liaison d'idées entre le hibou (tambour) et le dragon (suspension de cloches), il fait parfaitement sentir comment la musique et l'instrument de musique créent les Dieux.

[1] Le Roi est le *double* du Dieu et il est son *rival* (cf. la légende de Wou-yi,
voir p. 541 et suiv.). Le Ministre est le *double* du Souverain et il est son rival (cf.
la légende de Tch'e-yeou et les thèmes de la joute contre le Soleil, voir p. 351 et
suiv.). Le Chef se sacrifie : le Ministre se dévoue (cf. Tcheou-kong, voir p. 410 et
suiv.) ou est sacrifié [à moins qu'il n'essaie de sacrifier le souverain ou son fils
(cf. la légende de Yi Yin, celle de Tan-tchou et celle de (Po-)Yi]. Le dévouement
du Chef est commémoré par la Danse dynastique. L'auteur de la Danse dynastique est le Ministre. — Dieu, Chef et Héraut se distinguent à peine. Le Chef est
divin, le Héraut ne l'est pas moins. On a vu que (dans l'histoire, telle que
l'écrivirent les conseillers d'État-auteurs de *Conciones*) le Ministre-conseiller

nant, pour que l'on puisse, restant indemne, pénétrer dans les forêts de montagne — épreuve suprême — il suffit que l'on danse le *Pas de Yu*. Mais, au reste, nulle calamité n'est plus à craindre, ni pour le Chef, ni pour son peuple, pas plus dans les bois que dans les marais, depuis que, riches en Emblèmes, ont été fondues les chaudières des Hia.

Si, danseur qui expie, *alter ego*, rival et maître de son Dieu, Yu le Grand s'est dévoué, Homme Unique, donnant son âme à la Danse, au Lieu-Saint ou au Métal, il a été payé de retour. Il possède des Dieux, des Ancêtres, des Emblèmes, des Animaux sacrés pour nourrir la Vertu de sa Race, une Danse dynastique qui est pour elle un Blason animé. Il possède des Talismans royaux. Il fonde une lignée de Rois.

et (dans les œuvres taoïstes) le Sage finissent par accaparer tous les traits divins. Mais, alors, le dévouement [soit du type rituel (Tcheou-kong), soit du type mystique (évanouissement des sages taoïstes)], lui incombe tout entier. Au thème des Rois-démiurges succède le thème des Patrons, fondateurs de sectes ou d'écoles.

Yu est le premier souverain chinois qui ait eu pour successeur son fils. Ceci ne veut pas dire qu'il n'ait point eu de Ministre ou, moins encore, qu'il n'en ait point présenté au Ciel. Kao-yao fut son Ministre après avoir été son rival et jouté d'éloquence avec lui. Yu le présenta au Ciel : Kao-yao mourut tout juste *trois ans* après Chouen, à qui Yu succéda. Kao-yao laissait un fils : (Po-)Yi. Lui aussi fut présenté au Ciel. Une tradition veut que K'i, fils de Yu, ait tué (Po-)Yi. L'Histoire affirme, en tout cas, que K'i, après la mort de (Po-)Yi, lui offrit des sacrifices. Elle enseigne, en outre, que (Po-)Yi, quand les *trois ans* du deuil de Yu furent terminés, *céda* le pouvoir à K'i.

Tous les seigneurs quittèrent (Po-)Yi et vinrent rendre hommage à K'i. Ils s'écriaient : «Notre prince, c'est le fils de Yu le Souverain!» car K'i était un sage. Il savait s'attacher les cœurs [1].

Yu avait fait une inspection des fiefs et ce fut quand il eut tué Fang-fong à Kouei-ki que le prestige des Hia atteignit à la plénitude. K'i, son fils, fit aussi une inspection des fiefs [2]. Yu, sur le Mont Kouei-ki avait fait venir tous les Dieux (*Chen*). K'i, au cours de sa tournée, s'arrêta dans un lieu que jadis avait habité Tchouan-hiu, son aïeul [3] et là, *il offrit un*

---

[1] On a vu p. 214 et 219 qu'un conseiller qui se dévoue pour son maître a droit à des sacrifices dans le temple de celui-ci. Le dévouement-substitution fait entrer la victime dans la famille du bénéficiaire. — Sur les faits relatifs à (Po-)Yi voir p. 426 et *S.M.T.*, t. I, p. 162-163. Cf. t. V, p. 455, n. 2.

[2] Cf. *Annales*, 10ᵉ année de K'i.

[3] Les *Annales* appellent ce lieu 天穆 : elles disent que Tchouan-hiu habita son adret : cette note suit la mention de la naissance de Kouen, fils de Tchouan-hiu (30ᵉ année); immédiatement avant (21ᵉ année) est indiquée l'in-

festin 享 aux Dieux (*Chen*). [Le festin offert par K'i est célèbre;
on le rappelait à la mémoire de celui qui voulait fonder une
dynastie]. *Il fit alors exécuter la danse* (九韶 *Kieou-chao*) *des
neuf chants.* [Tchouan-hiu [1] avait jadis ordonné à *Dragon-vo-
lant* d'imiter les sons des Huit Vents : ainsi fut créé l'hymne
Tch'eng-yun 承雲, destiné aux sacrifices en l'honneur du Souverain d'En-Haut. L'hymne Tch'eng-yun, paraît-il, est un
autre nom de l'hymne Yun-men (雲門 : « porte des nuages »)
qui, à l'aide des guitares de Yun-ho 雲和, se jouait au
solstice d'hiver et faisait *descendre* les Esprits Célestes [2].]
K'i *monta* au Ciel sur des *dragons volants* qu'il attela à un
char [3].

Kouen, aïeul de K'i, avait *dérobé* au Souverain la Terre Magique — ce fut la raison de sa perte et le principe de la

vention de l'hymne Tch'eng-yun. — Le *Chan hai king*, chap. 7, appelle le lieu
大樂 (grande musique). [On admet que les deux orthographes (et d'autres
encore) sont équivalentes et qu'il s'agit d'un pays de l'*État de Tsin* nommé
Ta-*hia* 大夏 (cf. *S.M.T.*, t. IV, p. 56) où fut fieffé Che-tch'en (fils de Kao-
sin et frère-ennemi de Ngo-po) dont les princes de *Tsin* étaient les continua-
teurs et auquel ils désiraient sacrifier (cf. plus haut p. 559 et *Tso tchouan*,
trad. Couvreur, t. III, p. 30 et suiv.)] Le chapitre 16 du *Chan hai king*, où
il est question de la même histoire, ne nomme point l'endroit et le place au
Sud de la Rivière Rouge. — La glose du chapitre 7 cite un passage du *Kouei
tsang* où il est dit que K'i offrit un festin aux Dieux sur le tertre de Tsin.
[On a vu (p. 346) que Yu réunit les Dieux (c'est-à-dire les Chefs).] Le festin
offert par K'i est célèbre (cf. *Tso tchouan*, t. III, p. 78). On en rappelle
la mémoire à un prince qui veut fonder une dynastie et qui réunit
les seigneurs. L'énumération, faite par le conseiller, des précédents historiques
commence par les mots : « Notre suprématie sur les États dépend de la réunion actuelle ».

 [1] Cf. *Lu che tch'ouen ts'ieou*, chap. 5, § 5. — Tchouan-hiu est ce personnage qui partant de la Rivière du Couchant alla habiter le Mûrier Creux et
monta à la place du Souverain. — L'hymne Yun-men (= Tch'eng-yun : cf.
Gloses des *Annales*, 21ᵉ année de Tchouan-hiu) est l'hymne symétrique de
l'hymne Hien-tch'e (Étang du bain du Soleil) qui s'exécute au solstice d'été et
fait, d'après le *Tcheou li* (trad. Biot, p. 35-36), venir les esprits de la Terre.

 [2] Cf. *Tcheou li*, trad. Biot, p. 35.

 [3] Passage du *Kouei tsang* cité au chapitre 7 du *Chan hai king*.

gloire de son fils, Yu le Grand. K'i, monté au Ciel, *déroba* 竊 au Souverain la Danse qui fut sa gloire [1].

Le mot *dérober* semble indiquer un gain illicite. Une tradition prétend que K'i entra en possession de la Musique du Souverain Céleste et la fit descendre sur terre 下 après qu'il eut fait 上 monter au Ciel et présenté comme cadeau un lot de trois femmes 上 三 嬪 于 天 [2]. Un lot de trois femmes est le type des prestations nuptiales [3]. Le mariage est le principe

[1] Cf. glose du chapitre 16 du *Chan hai king*; cette note est confirmée par un passage du *Kouei tsang*. La musique est désignée par l'expression redondante Kieou-pien Kieou-ko, qui signifie : neuf reprises et neuf chants et est un équivalent de Kieou-chao. Une note du *Kouei tsang* déclare que cette musique avait été donnée au Souverain (noter qu'elle est déjà objet de don, de commerce) par 九 冥 Kieou-ming (Neuf Obscurités). — Dans tous ces noms, Neuf est le mot significatif : 9 est l'emblème du total et du Ciel suprême. — Le *Li sao* (trad. Hervey de Saint-Denys, p. 25) mentionne les Neuf Chants de K'i, dans un passage où l'on veut qu'il soit fait allusion aux Neuf Provinces créées par Yu. (Une tradition veut que chacune des Neuf Chaudières se rapporte à l'une des Neufs Provinces.)

[2] *Chan hai king*, chap. 16. La glose emploie le mot 獻 qui signifie «donner en offrande et présenter comme cadeau». Ce mot s'emploie (cf. p. 109 et suiv.), pour les offrandes du triomphe. — [Le chapitre 16 du *Chan hai king* remplace K'i (ouvrir) par le mot K'ai (ouvrir), K'i étant taboué sous les Han. Le chapitre 7 écrit K'i. — Cela n'implique rien quant à la date des deux traditions : simple question de copistes.] Les deux chapitres nous montrent K'i monté sur un char conduit par deux dragons. [D'après le chapitre 7, le char avait un couvercle à trois étages. 3 est un équivalent de 9. Le ciel a 9 étages.] K'i le montait *en tenue de danseur : de la main gauche, il agitait des plumes* [翳, éventails de plumes dont les danseurs se servent principalement pour cacher leur visage (comp. n. 1 de la p. 479, la danseuse qui cache son visage avec ses manches)]; *de la main droite, il agitait un anneau de jade; il avait à sa ceinture un demi-cercle de jade* (voir p. 324). — La danse s'appelait (chap. 7) Kieou-tai 九 代 (mot à mot : Neuf substitutions ou Neuf générations). Kieou-tai est, dit-on, un nom de cheval. K'i aurait donc dansé une danse du cheval. — On remarquera que d'après une tradition (cf. *Chan hai king*, chap. 18) Houang-ti aurait engendré Ming-lo (Brillant-cheval blanc à crinière noire) et Ming-lo aurait engendré Po-ma (Cheval-blanc) qui n'est autre que Kouen, grand-père de K'i. — Se rappeler que Tch'e-yeou (ministre ou ennemi de Houang-ti passe pour avoir combattu à cheval).

[3] Voir plus haut p. 96 et *Polyg. soror.*, p. 27, 68 et suiv.

de toute alliance. Une danse ou un hymne étaient (au même titre que des femmes) de la richesse qui s'échange; ils pouvaient figurer parmi les prestations ou les contre-prestations qui servent à constituer le système des relations féodales et à établir la hiérarchie des chefs. — Si l'on emploie à propos de l'opération de commerce réussie par K'i, le mot *dérober*, c'est sans doute qu'elle fut fructueuse. Elle avait été bien conduite. K'i avait fait le premier don. Il obtint en retour 報 un don de valeur plus grande. Une fois qu'il eut acquis la Danse céleste des *neuf chants*, qui donc eût pu lui refuser le titre de Fils du Ciel [1] ?

K'i, pour avoir, commença par *céder* 讓 (*jang*). — L'histoire de la période *Tch'ouen ts'ieou* peut apprendre comment, par des dépenses qui semblent ruineuses et qui sont productives, comment, par des largesses calculées qui constituent un bon placement, une famille peut arriver d'abord à posséder le prestige, puis à acquérir la puissance et la richesse matérielles et enfin à fonder une dynastie seigneuriale.

Dès 538 av. J.-C., un sage devait prévoir que la famille Tch'en, établie à Ts'i, finirait par y supplanter la maison princière.

[1] Le *T'ien wen* parle de la Musique de K'i dans un passage où l'idée principale semble être d'expliquer pourquoi K'i et non (Po-)Yi succéda à Yu. Le poëte écrit alors le vers suivant 啓 棘 賓 商 九 辯 九 歌 : que les glossateurs interprètent ainsi : 1° K'i disposa (et) ordonna les notes (représentées, dans le vers, par l'une d'elles, la note *chang*) et fit la musique des Neuf chants. 2° K'i se hâta de traiter en hôte (Heou-tsi, auxiliaire de son père, fieffé à) *Chang* (nom de pays et non pas de note) [et fit jouer en son honneur] la musique des Neuf chants. — Les glossateurs du *Chan hai king*, chap. 16, rapprochent avec raison ce vers de leur texte et équivalent 賓 à 嬪. On peut alors entendre en donnant à *chang* 商 le sens d'acheter par troc (*chang* désigne spécialement les marchands) : K'i disposa des femmes pour un troc en échange de la Musique des Neuf Chants. — Si cette traduction est hypothétique (au même titre que les autres) il reste certain que le rapprochement s'impose avec le passage du *Chan hai king*.

Les Tch'en, dans leurs échanges, se servaient de deux types de mesures. Ils se servaient des mesures communes quand ils avaient à recevoir. En revanche, quand ils prêtaient, ils employaient des mesures correspondantes, mais augmentées d'un quart. Ils ne réclamaient que 4 lorsqu'ils avaient donné 5. Et, tandis que « les grains amassés dans les greniers du prince étaient livrés à la pourriture ou aux insectes », les Tch'en, grâce à la prime offerte, accroissaient le nombre de leurs clients : « Les gens du pays soupiraient après l'arrivée des Tch'en au pouvoir [1]. »

Ce système de la double mesure, pratiquée en 538 par Tch'en Hi-tseu, était encore employé, vers 485 par son descendant (T'ien *ou*) Tch'en Tcheng-tseu (*alias* T'ien Tch'ang) et le peuple CHANTAIT « *quand une vieille cueille du millet — elle le porte à T'ien Tcheng-tseu !* » — Cela signifiait que l'État aussi lui reviendrait bientôt [2].

T'ien Tch'ang put mettre qui il voulut sur le trône de Ts'i [3] : il se sentait sûr de la fidélité de ses clients. — Il n'y a point de commerce des biens sans un commerce des personnes. T'ien Tch'ang peupla son harem d'une centaine de femmes de belle taille. « Il laissait ses hôtes et ses clients y entrer ou en sortir librement [4]. »

La famille Tch'en savait céder encore autre chose que ses grains et ses femmes. En 531, elle aurait pu participer à une

---

[1] Cf. *Tso tchouan*, trad. Couvreur, t. III, p. 56. — Ce système de la double mesure semble caractéristique d'un certain âge du droit contractuel et commercial. Comp. *S.M.T.*, t. V, p. 229 (moins précis).

[2] Cf. *S.M.T.*, t. V, p. 232-233.

[3] Sur les révolutions de palais machinées par lui, voir *S. M. T.*, t. V, p. 232-235. — Les Tch'en finirent par prendre le nom de T'ien.

[4] Cf. *S. M. T.*, t. V, p. 235. Hôtes : 賓客. Clients : 舍人. — T'ien Tch'ang gagna à son système de laisser à sa mort plus de 70 enfants mâles (70 est un nombre à valeur rituelle). — La pratique *du prêt des femmes*

curée et obtenir *tout de suite* de grands biens. Son chef, bien
conseillé, sut les refuser et les donner au prince. C'est à cette
occasion que nous est faite la théorie du 讓 *Jang*, la belle
vertu qui consiste à céder. Celui qui, dans les luttes de prestige, sait la pratiquer, semble d'abord se sacrifier, lui ou ses
biens : mais, quand il paraît diminuer sa fortune et s'abaisser
devant autrui, « il augmente son élévation ». Le chef de la famille
Tch'en céda au duc de Ts'i toutes les dépouilles du vaincu.
A d'autres, il rendit des terres. Aux membres de la famille princière qui n'avaient point de fiefs-salaires 祿, il distribua de
ses propres domaines. Il donna des grains aux indigents. [Il
savait qu'en faisant des largesses le duc Houan de Ts'i était
devenu Hégémon.] Le prince aurait bien voulu le forcer à
accepter quelques terres. Il les refusa. Et, seule, *la princesse
douairière* eut assez d'autorité pour vaincre sa résistance. « Alors
la famille Tch'en commença à devenir vraiment grande[1]. »

Le prince de Ts'i était inquiet. Un sage lui dit crûment, en
515, que le pouvoir allait passer à la famille Tch'en[2]. Ce
sage nous transmet un renseignement précieux : « *Le peuple cé-*

*aux clients n'est certainement pas particulière à T'ien Tch'ang ni même à
Ts'i* (Chan-tong). *A Yen* (État du Nord : région de Pékin) *la même pratique
est signalée par le Sin louen* (chap. 46). — On remarquera, que le fondateur de Yen, le duc de Chao, passe pour avoir porté le titre de Grand
Entremetteur et qu'il est célèbre par la façon dont il jugeait les contesta-
tions sexuelles, au pied d'un sorbier ou poirier (Dieu du sol). — Cf. *Fêtes
et chansons*, p. 261 et suiv., *S.M.T.*, t. IV, p. 134 et *Che king*, trad. Couvreur, p. 20-21.

[1] Cf. *Tso tchouan*, trad. Couvreur, t. III, p. 173-175. La politique des
familles Fan, Tchong-hang et autres ne devait guère différer dans l'état de
Tsin. Elles étaient liées avec la famille Tch'en qui les soutenait aux moments
difficiles (cf. *S.M.T.*, t. V, p. 229).

[2] Cf. *Tso tchouan*, trad. Couvreur, t. III, p. 418-419. Le sage est Yen
tseu, le rival de Confucius (voir plus haut, p. 171 et suiv.). Il n'attribue pas
à la famille Tch'en le système des échanges avec prime, mais le système du
prêt sans intérêt. On notera que le fondateur de la famille Tch'en à Ts'i, y fut
directeur des artisans. Cf. S.M.T., t. IV, p. 51.

lèbre dans ses chants *et dans ses* danses, *les largesses des Tch'en* [1]. »

Or, à la même époque [tandis que les princes de Tsin voyaient grandir la puissance des Fan, des T'chong-hang, des Tchao qui luttaient entre eux à qui posséderait les plus belles généalogies et les plus puissants emblèmes] les seigneurs de Lou étaient menacés, eux aussi, par une famille dont le prestige croissait sans cesse. C'était la famille Ki. En 531, son chef, Ki P'ing-tseu, avait osé célébrer un triomphe doublé d'un sacrifice humain [2]. En 516, le prince de Lou *ne put sacrifier à ses ancêtres, faute de* danseurs : il lui en restait seulement deux. La « multitude » des autres 眾 萬 étaient employés par Ki P'ing-tseu [3].

Ainsi que les sacrifices cruels, la dépense dans les jeux et les somptuosités théâtrales sont à l'origine de la Fortune féodale.

Au moment où Sseu-ma Ts'ien veut nous montrer la prospérité grandissante des ancêtres des Tcheou, il nous dit : « Les poètes les célébraient dans leurs chants » [4]. Il reprend cette formule à propos du Roi Wen, considéré comme le fondateur de la dynastie [5]. Les débuts de la dynastie Tcheou sont bien connus : les historiens les racontent en s'inspirant de la danse triomphale qui les commémorait.

Si le Roi Mou des Tcheou (début du x⁰ siècle ?) qui fut peut-être le plus grand prince de sa race, posséda réellement (ce n'est point impossible) un pouvoir royal [6], et si, d'autre part,

---

[1] Ceci est dit avec référence à une pièce du *Che king*, qui est une chanson de mariage, cf. *Fêtes et Chansons*, ch. lx, vers 18, p. 120.

[2] Cf. *Tso tchouan*, trad. Couvreur, t. III, p. 175. Voir plus haut, p. 124 et suiv.

[3] Cf. *ibid.*, t. III, p. 387. Voir plus haut, p. 382, n. 1.

[4] Cf. *S.M.T.*, t. I, p. 213.

[5] Cf. *S.M.T.*, t. I, p. 221.

[6] On attribue au Roi Mou une expédition contre les barbares Jong et la promulgation d'un code pénal (cf. *S. M. T.*, t. I, p. 250-265). [On sait que

il n'apparaît plus que comme un personnage de roman historique [1], c'est qu'il mérita d'abord d'être *un héros chanté par les poètes* [2]. — Le Roi Mou passa sa vie à voyager de Lieu-Saint en Lieu-Saint, à faire sacrifice sur sacrifice, à offrir des banquets et à s'en faire offrir, à faire de la musique [3], à recevoir et à donner des cadeaux de victimes, d'armes, de métaux, de jades, de femmes. — On raconte qu'il fut en relation avec des forgerons et l'on prétend qu'il rapporta Kouen-wou, l'épée mystérieuse qui tranche le jade [4]. — Le Roi Mou est célèbre pour son luxe, ses largesses, ses dépenses. Il fut peut-être un prince puissant. Il fut, à coup sûr, un Grand Ancêtre.

les codes étaient gravés sur des chaudières : Mou en fit-il fondre ?] Les Ts'in prétendaient avoir été fieffés par lui (cf. *S. M. T.*, t. II, p. 9). — Ce qui peut pousser à le faire considérer comme un personnage réel, c'est précisément le fait que sa biographie est toute mythique, toute légendaire et non point *morale* : elle n'a pas été construite par les lettrés. Pendant la période *Tch'ouen ts'ieou*, les Tcheou n'ont aucun pouvoir. Si (ce qui n'est guère vraisemblable) l'appellation de Fils du Ciel n'est point une fiction historique et s'ils ont porté réellement ce titre, on doit supposer que la puissance des Tcheou remonte à la période des Rois Mou et Siuan (x⁰-ıx⁰ siècles). — Le règne du Roi Mou se présente comme un commencement : son prédécesseur, le Roi Tchao, est mort mystérieusement dans le Sud. Le Roi Mou est né, comme tout fondateur, par suite d'une opération mystique. Sa mère fut possédée et fécondée par un esprit qui était un de ses propres ancêtres. [Cf. *Kouo yu* (*Tcheou yu*), chap. 1ᵉʳ.]

[1] Le *Mou t'ien tseu tchouan* n'est qu'un roman : c'est peut-être le document qui fait le mieux sentir ce qu'était la vie d'un Roi, Fils du Ciel.

[2] Il y a des traces de vers dans le *Mou t'ien tseu tchouan* (chap. 3, chant alterné du Roi et de la Si-wang-mou). Je ne vois pas pour quelles raisons M. Chavannes (*S. M. T.*, t. V, p. 482, n. 3) considère ces vers comme une *interpolation*. Les rimes sont du type le plus ancien.

[3] En particulier la *Musique vaste*. Tchao Kien-tseu, le héros (il a dû y avoir une *Geste* de Tchao Kien-tseu) des Tchao entendit la *Musique Vaste* à la cour du Souverain d'En-haut. J'ai déjà indiqué (p. 561, n. 2) la parenté du *songe* de Tchao Kien-tseu et de celui du Roi Mou. Tchao Kien-tseu (comme le duc Mou de Ts'in) descendait de Tsao-fou, le grand cocher, qui conduisit le Roi Mou dans sa randonnée merveilleuse.

[4] Voir plus haut, p. 493. Sur la célébrité des voyages du Roi Mou, cf. *Tso tchouan*, trad. Couvreur, t. III, p. 208.

Celui-là devient un Chef qui, riche de talents religieux et techniques, possède des danses, des chants, des légendes, des emblèmes, des talismans, des joyaux et, créant une clientèle en faisant circuler ce patrimoine, semble le dépenser, mais en accroît le prestige, — et reste maître, quand le moment est bon, de le convertir en valeurs qui, si elles semblent d'ordre matériel, gardent encore toute l'efficacité symbolique des valeurs premières [1].

*
* *

En suivant les thèmes du Sacrifice du Héros et de la Danse Dynastique, nous avons rencontré des croyances importantes, complexes et cependant liées. Si le Chef, avec T'ang, apparaît comme un Soleil, il apparaît, avec Yu, à la fois comme un

---

[1] Le Roi Mou rapporta de sa randonnée mythique ou guerrière quatre loups blancs et quatre *cerfs blancs :* les historiens tels que Sseu-ma Ts'ien (t. I, p. 259, voir n. 2) se moquent de ce butin dérisoire. Mais le même Sseu-ma Ts'ien raconte que, de son temps, sous l'empereur Wou, le TRÉSOR ÉTANT ÉPUISÉ par les guerres contre les Hiong-nou (t. III, p. 553), on décida de «*changer les monnaies et de fabriquer des valeurs*». Or, l'empereur POSSÉDAIT EN ABONDANCE *argent et étain,* mais il fallait créer la confiance à l'égard de la monnaie *blanche* qu'on en pouvait tirer. Heureusement, l'empereur avait aussi dans son parc un cerf *blanc* (t. III, p. 563). Un officier dit : «*Autrefois, il y avait des valeurs de peau* [ibid., p. 564 : M. Chavannes admet (cf. n. 1) que «cette assertion ne repose sur aucun fondement historique» — ce qui est fort possible — bien qu'un passage du *Che king* (trad. Couvreur, p. 26; cf. *Fêtes et Chansons,* p. 123 et suiv.) confirmant toute une tradition rituelle, affirme que les (peaux de) cerfs servaient de prestations et qu'elles étaient en rapport avec l'usage de présenter les cadeaux sur une litière blanche (chiendent)], *les seigneurs s'en servant pour faire des présents à leurs supérieurs.*» — On découpa alors la peau du cerf en carrés d'un pied de côté, auxquels on attribua la valeur de 400,000 pièces de monnaie et les seigneurs eurent ordre de présenter leurs insignes sur cette peau : ce fut seulement après que l'on émit la monnaie *blanche* (ibid., p. 565) et on eut soin de la *marquer d'emblèmes prestigieux* (dragon, cheval, tortue = Ciel, Terre, Homme). — On voit comment se crée un étalon, une valeur, c'est-à-dire une certaine confiance. — Aucun texte ne dit que le Roi Mou ait fait une émission de monnaie. — Chaque dynastie

Démiurge et comme un fondeur. Maître du Soleil ou Maître du Tonnerre, le Chef, pour le bien du peuple, commande aux Saisons. Avec Houang-ti — patron des sectes (dites taoïstes) qui ont conservé le goût et les secrets des arts techniques et magiques — le Chef a les traits d'un Maître en doctrines secrètes. De nombreux détails invitent à supposer l'existence de confréries magico-religieuses. Il semble qu'elles possédaient des blasons animaux et des danses emblématiques, qu'elles célébraient des cérémonies masculines et fermées, qu'elles pratiquaient des sacrifices en vue d'une communion et d'un sacrement destinés à entretenir chez leurs membres une vertu et un génie spécifiques. Houang-ti est le Grand Ancêtre; il est le premier forgeron et le Maître de la Foudre : les chefs des grandes races, toutes sorties de lui, sont-ils les compagnons de Houang-ti? — Dans les légendes des Hia, comme dans celles des Yin, des détails importants rappellent, de très près, des légendes étrangères. Ces détails, cependant, s'expliquent aisément, dans leur ensemble, par des faits proprement chinois. Ils entrent dans un système de croyances fort bien lié. Aucune légende chinoise ne peut être datée. Beaucoup, sous la forme où nous les avons, sont en rapport avec le travail d'invention mythique qui, pendant la période *Tch'ouen ts'ieou* et assez tard, permit à des familles neuves d'acquérir du prestige. Mais rien ne prouve non plus que ces légendes ne dérivent point d'un fond plus ancien de croyances et de pratiques. Ce fond mythologique paraît se rattacher à la création des chefferies (celles-ci sont solidement installées en Chine dès avant — et, sans doute, bien avant — la période *Tch'ouen ts'ieou*) et à l'établissement de l'hérédité agnatique (les Chinois, dès le début de cette

fait, à sa fondation et à son renouveau, une émission de monnaie. — Le Roi Mou renouvela, tout au moins, la gloire des Tcheou. — Selon les *Annales*, T'ang fit une émission de monnaie pendant la sécheresse; puis il se dévoua, parce que la sécheresse persistait : sa dynastie fut alors solidement établie.

période, s'il existait encore dans leurs mœurs d'importantes traces d'une organisation utérine, ne gardaient de cette dernière aucun souvenir précis). — Tout ce que j'avancerai est ceci : à une époque indéterminée et que je crois ancienne, une révolution s'est produite en Chine, peut-être rapide et brusque, dont est sortie une aristocratie urbaine. Cette révolution date sans doute de l'âge où commencèrent le travail et le commerce des métaux.

CONCLUSION.

Je me suis interdit de reconstituer la moindre légende.

J'ai procédé uniquement en juxtaposant des couleurs franches. Dans l'arrangement de ces touches indépendantes, je me suis laissé conduire par ces larges canevas que sont les schèmes directeurs, les principes de coordination, propres à la pensée chinoise. Je ne suis guère intervenu que, de temps à autre, par quelques rappels de ton.

Un tableau se voit d'un coup d'œil : s'il est bon, il n'a que faire d'une légende. — Mais mon livre est, malgré mes efforts, un peu long. Il me faut demander au lecteur que, gardant la mémoire d'impressions multiples, il veuille bien, d'un seul coup, apercevoir un ensemble. Encore cet ensemble peut-il être jugé complexe et embrouillé. Il fallait bien, sans souci des apparences de redites, montrer les diverses facettes des faits au moment où elles pouvaient briller. Il fallait aussi battre le terrain et suivre des pistes qui fréquemment s'emmêlent. Les développements, souvent arrêtés net, ont été sans cesse repris plus haut qu'ils n'avaient été abandonnés. Une convenance secrète imposait peut-être cette marche piétinante à l'étude des danses et des légendes chinoises : les vieilles chansons de la Chine, faites de thèmes mis en correspondance, n'ont-elles pas quelque chose du *pantoum ?* — Il me reste à présenter en raccourci les hypothèses auxquelles cette étude progressive peut conduire.

La littérature de la Chine ancienne est une de celles où la Critique est condamnée à un rendement minime. C'est une littérature à base de centons. Il est dans la pratique impossible, et il serait en fait d'un intérêt à peu près nul, de déceler les interpolations et les contaminations des textes. — L'histoire des documents se réduit à la constatation de quelques faits d'un ordre très général.

Il y a lieu d'abandonner, sous sa forme classique, l'opposition établie entre textes orthodoxes et non orthodoxes. Les premiers ne méritent pas plus de confiance que les seconds. Les uns et les autres utilisent les mêmes thèmes, mais dans un esprit différent.

Les ouvrages non orthodoxes utilisent les thèmes à titre d'illustrations symboliques. Le danger est qu'ils les fassent prendre pour des fables, des inventions, des métaphores personnelles. Il y a, tout au plus, transposition de la valeur symbolique du thème. Un symbole dont on change la signification — le propre du symbole est sa plasticité — reste, dans son fond, lui-même. Il est reconnaissable. Le Chaos opéré sert à Tchouang tseu à exprimer l'idée de la spécificité des natures individuelles. On retrouve sans peine l'image de l'Outre percée et façonnée par les Éclairs. Le symbole, d'autre part, n'est utilisé que lorsque des associations d'idées impératives l'imposent à l'esprit. La danse Sang-lin était terrifiante. Tchouang tseu l'évoque — elle et la danse Hien-tch'e *qui lui est apparentée* — quand il veut peindre un sacrificateur dépeçant une victime. Sseu-ma Siang-jou, s'il pense au Fei-lien et au Hibou, ne peut éviter de rappeler les thèmes jumeaux de la Licorne ou du Dragon volant. Tant qu'ils ne sont point soustraits au domaine de l'imagination qui est le leur, les thèmes mythiques gardent une bonne part de leur fraîcheur. Ils restent des faits.

Les œuvres orthodoxes utilisent aussi les thèmes à titre d'illustrations, mais elles les raccordent à des exposés de l'histoire nationale ou de la morale officielle. Non seulement elles ont besoin de les ajuster à une théorie : elles doivent les présenter comme des précédents — comme des *faits historiques*. Elles leur prêtent une apparence vraisemblable; elles les datent; elles les situent. Ces localisations, toujours précises, peuvent impressionner : c'est le premier danger. A bien y regarder, elles révèlent l'artifice de la transposition. Le duc Yen, au début du 3ᵉ siècle av. J.-C., tire contre le Ciel, comme son ancêtre Wou-yi à la fin du 12ᵉ siècle. La question des canaux et des digues ne se pose pas autrement pour Kouen et pour Yu, ancêtres des Hia, que pour les conseillers des premiers Han. Parler de doublets et de contaminations, rechercher le fait premier ou le texte original — tel serait le rôle de la Critique — serait s'exposer à une erreur dangereuse. Ce système conduirait à nier cette réalité particulière aux thèmes — même transposés sous forme de faits historiques — qui autorise encore à ne les point négliger : ils existent indépendamment des rédactions où on les trouve. Ils forment un lot — peu nombreux — où tout le monde puise, quand il y a à illustrer certains schèmes — peu variés.

Le rôle de ces schèmes, de ces principes de composition, peu conscients mais contraignants, est plus apparent dans les écrits orthodoxes. Là est la faiblesse de ces écrits, si on veut les prendre pour des œuvres ayant ce qu'on appelle valeur historique. Là est pourtant leur principal intérêt. Le *Tcheou li* est une utopie de feudistes. Il ne peut rien apprendre de la « Constitution des Tcheou ». A la rigueur, on y pourrait chercher les théories d'une École qui prétendit fournir aux Han leurs principes constitutionnels : ce ne serait ni un travail aisé, ni qui mènerait loin. Si l'on faisait l'histoire littéraire du *Tcheou li*, on serait amené à éliminer du texte trois interpolations décelées par la Critique. Ne font partie de l'Œuvre authentique ni le passage sur les flèches serpentantes tirées sur le Hibou divin, ni celui sur les mariages printaniers, ni celui sur le

Fang-siang-che et son masque : or ces trois *passages interpolés* se réfèrent à des croyances et à des coutumes qui ont plus d'importance et de réalité *historiques* que tout ce que le *Tcheou li* peut contenir d'*authentique*. — Mais, si l'on faisait la critique du *Tcheou li,* rien ne devrait paraître *plus arbitraire et plus faux* que son arrangement en six parties et les *jeux d'esprit* qui, sans cesse, mêlent, opposent ou font sortir l'une de l'autre la répartition par *cinq* et la répartition par *six*. Ce schème directeur, ces conflits de schèmes directeurs, sont, en vérité, ce que l'ouvrage contient de plus révélateur. — Prenons l'histoire de Confucius. Une anecdote, celle de Kia-kou, est une fable mensongère. Dans le *Kong-yang,* il n'en est plus question qu'au commentaire; les éditions synoptiques la suppriment et il n'y en a pas trace dans le *Tch'ouen ts'ieou*. Or, si nul thème n'a plus de réalité que celui du danseur sacrifié, *alter ego* du Chef et qui expie pour lui, nul schème n'exprime mieux le fond des conceptions chinoises que celui qui ressort ici de l'arrangement des données thématiques. Il traduit une croyance : une autorité, un ordre neuf ne peuvent s'établir que par l'écartèlement de vertus nocives. Et quoi de plus significatif que la transposition de cette idée centrale? Cette victoire sur les forces du mal que l'on expulse (*jang*) est racontée comme obtenue grâce aux rites polis de la morale noble qui apprennent la modération et font d'abord céder lorsque l'on veut avoir (*jang*). — Rien, à première vue, n'est plus faux que la transposition historique du même schème quand on le fait servir à donner un cadre aux règnes de Yao et de Chouen. Rien, en réalité, ne montre mieux comment *devait* être imaginée l'inauguration d'un pouvoir souverain. — Le *Che yi ki* est un recueil de fables, le *Mou t'ien tseu tchouan* un roman d'aventures. Sseu-ma Ts'ien est le plus critique des historiens, Cependant les deux premiers ouvrages donnent la clé de l'histoire du Corbeau Rouge. Refusez-leur crédit : le passage de Sseu-ma

Ts'ien reste sans explication et sans intérêt. Faites état des recueils de fables et lisez Sseu-ma Ts'ien à leur lumière : le schème d'après lequel l'historien ordonne son récit — l'opposition des Vertus royales des Yin et des Tcheou, Eau et Feu, Poisson Blanc et Corbeau Rouge — paraîtrait, si on le considérait tout seul, comme une invention et comme le produit de l'esprit de symétrie; après lecture des deux romans, ce schème se révèle comme une association d'idées imposée à l'auteur : comme un fait. — Les schèmes directeurs expriment des croyances profondes. Ce sont eux pourtant qui, dans l'œuvre orthodoxe, apparaissent d'abord la chose la plus artificielle, comme c'est l'anecdote symbolique qui semble invention fantaisiste dans l'ouvrage hétérodoxe ou qui, dans un texte classique, passe pour interpolation, contamination, fraude tardive.

Tous les textes, indifféremment, peuvent servir à trouver des faits.

Une critique fructueuse est celle qui partira des faits et non des textes.

La donnée du problème doit être formulée ainsi : pourquoi la littérature chinoise est-elle faite de formules stéréotypées toujours mises en œuvre en des arrangements singulièrement monotones?

Si l'on part des faits, on répondra que les arrangements correspondent aux principes directeurs de la pensée chinoise. C'est pourquoi ils peuvent servir de fils d'Ariane, qui, à l'usage, se vérifient sûrs et solides.

Si l'on part encore des faits, on sera conduit, à propos des centons qui forment la matière littéraire, à supposer qu'ils ne diffèrent point en nature des vers qui ont servi à composer le *Che king* ou des dictons paysans que l'on a colligés pour rédiger des calendriers. — Ils sortent d'une tradition populaire, d'une tradition orale et vivante.

Sur eux, les savants ont à peine prise. Ils les méprisent et ils les subissent. Houai-nan tseu se décide à montrer Yu le Grand dansant la danse de l'Ours. Le passage disparaît de son œuvre. Yen Che-kou reprend l'anecdote qui l'amuse sans qu'il en voit le sens; il laisse subsister l'expression «*piétiner les pierres en sautillant*» : la formule qui éclaire toute l'histoire s'est imposée à lui. Nul érudit ne comprend plus (ou nul érudit ne voudrait révéler) la parenté des thèmes de l'inondation sortie du mortier, de la ville disparue, de l'enfant sauvé des eaux, des sacrifices d'enfants, des marmites ou des mortiers exposés au soleil, des grenouilles et des tambours de bois creusé qui servent aux cérémonies de l'eau. Mais la formule : «*du mortier et du fourneau sortirent des grenouilles*» est employée, telle quelle, par les historiens à propos d'un siège où l'eau joua un grand rôle et où l'on mangea les enfants, et on la retrouve dans une tradition recueillie, par hasard, à propos de la naissance de Yi Yin. — Le mariage est une joute et s'apparente à la vendetta; les joutes sexuelles se tiennent en temps de crues près des confluents où (symbole d'exogamie) deux rivières mêlent leurs eaux; la divinité du Fleuve est masculine, et féminine, celle de la Lo; près de leur confluent se trouve le Lieu-Saint où, à l'époque des grandes eaux, se font des sacrifices qui sont des mariages sacrés; on dit que deux rivières joutent ensemble quand elles mêlent leurs eaux débordées. Aucun savant n'accepte que le Comte du Fleuve et celui de la Lo ne soient pas des seigneurs féodaux luttant à la tête de leurs armées. Cependant on n'écrit point qu'entre eux il y eut bataille, mais qu'il y eut joute. — Confucius est bien certain que Yu le Grand tint sur le mont Kouei-ki une assemblée féodale : il est obligé de dire — quitte à gloser par la suite — que Yu y convoqua des Dieux.

Même mal comprises ou volontairement trahies, les formules stéréotypées, rubriques ou centons populaires, transmises d'âme à âme et s'imposant à tous, commandent l'érudit — au moment même où il tâche de substituer à des fables décevantes une histoire raisonnable et correcte, digne des *honnêtes gens*.

D'où peut venir cette autorité merveilleuse du centon ?

Si l'on prenait le parti d'appliquer à l'histoire des Yin la méthode des doublets, j'aurais grand' peur que les Soleils de T'ang (ils sont trois dans les *Annales*) ne fussent déclarés un plagiat maladroit des deux Soleils qui symbolisent la lutte des Tcheou contre les Yin. En fait, il y a là une donnée originale et, de plus, si les Soleils de T'ang figurent dans l'histoire, c'est assurément parce que la mémoire de deux vers — deux vers-proverbes — où il est question du Soleil, est restée attachée à la victoire de T'ang, ce Soleil Levant. — La partie solide du *Tribut de Yu* est le reste d'une geste versifiée de ce Fondateur de la Chine. — Les renseignements abondent sur les premiers princes des Tcheou, que chantèrent les poètes. Ils célébrèrent un triomphe. Or, les chants du triomphe accompagnaient des danses. Danses et chants, à l'occasion d'un sacrifice suprême, *réalisaient* la victoire. Apparemment, toute la puissance immuable des chants (et toutes celles des gestes rituels qu'ils définissent et qu'ils animent) a continué d'adhérer aux formules consacrées, aux centons, — de la même manière qu'une autorité sainte n'a jamais disparu des vers du *Che king*, recueil tardif de poèmes, peut-être récents, mais, assurément, composés de thèmes inventés au cours de danses vénérables.

Les centons qui forment la matière de l'ancienne littérature chinoise, œuvres orthodoxes ou non orthodoxes, œuvres d'imagination ou œuvres historiques, proviennent des débris d'une tradition poétique qui, sans doute, resta longtemps orale et qui, sans doute aussi, s'appuya longtemps sur une tradition rituelle.

Les chants d'un scénario de danse forment un tout, ils ont une unité qui doit pouvoir se défendre et se maintenir liée. Les centons sont poussière volante. Les littérateurs les agglomèrent presque à leur gré. Pourquoi les ensembles anciens se sont-ils brisés ?

Confucius, à l'entrevue de Kia-kou, monte sur le dernier degré du tertre et agite ses longues manches. C'est là le geste rituel qui sera efficace. C'est là le moment décisif de la scène. Nous ne savons pas si le geste de Confucius a jamais été dessiné ou sculpté; mais nous savons bien qu'un geste équivalent, dans une scène analogue, a été gravé sur les pierres du Chan-tong. — La rédaction du *Chan hai king* ne peut s'expliquer que si cet ouvrage était d'abord un album où des légendes accompagnaient les figures. Animaux divins ou personnages héroïques y sont représentés avec leurs insignes et les emblèmes qui leur sont propres et, bien souvent, dans des postures de danse. — L'auteur du *T'ien wen* pose au Ciel ses questions non point à propos d'une histoire complète et qui se tient. Il les pose à propos d'un moment d'une histoire. Il interroge au sujet d'une scène isolée, mais dont tous les détails sont clairs. Il reconnaît Yi l'archer; il sait le nom de son arc et voit qu'il le tient sous le bras et qu'il a son brassard : «Le Grand Sanglier! c'est sur lui qu'il tire!» s'écrie-t-il et il se demande pourquoi le Souverain n'accepta point la graisse de la victime — mais il ne dit pas, il ne sait point à quel ensemble se rattache cette scène. — S'il a une légende sous les yeux, ou si son vers est cette légende, vers et légende ne sont plus qu'un centon, détaché, isolé, prêt à servir en toute occasion, prêt pour la littérature savante et pour l'histoire officielle. S'agit-il du Bon, du Mauvais Archer? Glossateurs, chroniqueurs, philosophes en décideront à leur bon plaisir.

Entre la littérature érudite et la tradition vivante, on doit, bien souvent, supposer un intermédiaire. Du scénario de la

danse chantée est sorti le motif de dessin muni d'une rubrique.

Non plus seulement stéréotypé, mais figé, quasi-mort et pourtant riche encore d'efficacité symbolique, le centon va servir
aux savants.

Ceux-ci sont des rhéteurs. Ils tiennent une École ou vivent
dans les Cours. Autant que des bouffons, ils cultivent l'esprit
d'à propos, mais ils sont animés de pensées sérieuses. Ils
enseignent l'art de manier les symboles et les formules. « *K'ouei
yi tsiu* (K'ouei n'a qu'un pied) : voilà le dicton, la donnée
populaire, désintégrée, isolée, réduite à l'état de concrétion et,
pourtant, restée malléable. Tchouang tseu s'en empare : il
construit une allégorie où il oppose K'ouei au mille-pieds, au
serpent, au vent. Il inculque ainsi à ses disciples dans l'art de
vivre simplement le principe de l'équivalence des divers états de
nature. — Confucius, lui aussi, s'empare du dicton. Il explique finement qu'il a pour sens «K'ouei — à lui seul —
suffit » et il démontre cette vérité : il ne faut à un ministère
qu'un seul ministre — bien choisi. L'adage peut faire autorité : il implique un précédent, lequel remonte à Yao, Souverain
antique et Saint, s'il en fut. Les apprentis conseillers d'État
entrent donc en possession d'une vérité utile (et plaisante);
la chronique s'enrichit d'un personnage et d'un fait historiques.

Voilà le centon à point : digne de pénétrer dans les recueils
de *Conciones*.

Ces recueils sont la source de l'histoire : celle-ci n'a plus
qu'à dater dans le détail.

Le Temps n'est que le rythme des séquences rituelles. —
Yao doit prendre sa retraite la 70° année (de son règne) : c'est
le moment de faire épouser ses filles à son ministre et succes-

seur désigné. Un homme se marie à 30 ans : nous voilà fixés sur la date de naissance de Chouen. — Chouen, marié et nommé ministre la 70ᵉ année de Yao, doit alors expulser les Vertus périmées ; les fonctionnaires sont examinés de 3 en 3 ans : nous savons donc que Kouen, banni par Chouen après une triple épreuve de ses faibles talents, était entré en service la 61ᵉ année de Yao. — 100 ans est un terme parfait. Il reste à Yao 30 ans à vivre après qu'il a marié ses filles. Mais Chouen, marié à 30 ans, dès que Yao atteint 90 ans, devient vice-souverain : il lui fallait à cette date ou être promu ou succéder (on lui compte parfois 50 ans de règne), car il avait 50 ans, l'âge où il est de règle que l'on ait une promotion. — L'entrevue de Kia-kou est une occasion choisie pour faire de Confucius un ministre ou un vice-ministre. Quel âge avait alors le Sage ? Il ne pouvait avoir que 50 ans. Si Confucius est né en 551, c'est que l'entrevue eut lieu en 500 (à moins que l'entrevue n'ait eu lieu en 500, parce que Confucius était né en 551).

Les faits historiques, centons déguisés, n'ont, dans les larges cadres de la chronologie abstraite, qu'une date rituelle.

La tradition confucéenne était *à peu près* constituée quand vécurent Tchouang tseu et Lie tseu. On ne peut guère situer ces auteurs (ou leurs écoles) à une autre date que la fin du IVᵉ ou le début du IIIᵉ siècles. D'autre part, c'est au profit de familles qui eurent quelque importance du VIᵉ au IIIᵉ siècle que furent exploités les thèmes et les schèmes dont la combinaison a formé l'histoire ancienne de la Chine. Cette période est l'âge de la littérature semi-écrite. Alors fut sécrétée cette espèce de concrétion littéraire qu'est le centon ; alors la littérature commença à vivre sur son propre fonds et s'interdit (autant qu'il est possible) de puiser dans la tradition vivante. Quand — réussissant à refaire en sens inverse les étapes que je viens de décrire — on touche à la tradition vivante, on touche à des faits immémoriaux. Quand on atteint seulement la tradition proprement littéraire, il y a peu de chances qu'on saisisse rien qui soit antérieur au ive siècle — à part, peut-être, les plus gros faits historiques des quatre ou cinq siècles précédents.

En revanche la tradition vivante offre, à qui veut remonter un peu haut, un certain nombre d'assez bonnes prises.

Il est possible de fixer quelques-uns des traits ou des moments principaux de l'histoire ancienne des institutions chinoises.

Les transformations de la société chinoise ne peuvent être aperçues qu'à l'aide de la tradition vivante retrouvée. Il est clair que cette évolution ne peut, en aucune mesure, être rattachée à la tradition chronologique. Je ne dis pas que celle-ci ne repose point sur un fondement assez solide : la suite des règnes a peut-être quelque réalité. Elle ne peut fournir en tout cas qu'une chronologie vide, une simple suite de dates. Il n'y a aucune adhérence naturelle entre cette chronologie abstraite et les faits historiques construits à partir des centons. Il n'y en a pas plus entre elle et les faits concrets qu'on peut tirer de la tradition vivante.

Du fait que la famille Fan, au vi^e siècle, nous est montrée cherchant à se rattacher au cycle de Yu le Grand et désirant posséder l'emblème de l'Ours ou celui du Dragon, il n'y a lieu d'induire : 1° ni que l'Ours ou le Dragon aient été les emblèmes de Yu (les discussions au sujet des sacrifices faits dans le temple de ce Héros montrent assez qu'on n'en savait rien); 2° ni que les Fan, au vi^e siècle, ont réellement possédé ces emblèmes ou des emblèmes analogues. On doit simplement conclure que les rédacteurs de cette Geste des pays de Tsin et de

Tchao dont Tchao Kien-tseu paraît être le centre et qui fut élaborée sensiblement après le vi⁰ siècle, ont puisé dans une tradition vivante qui accordait une grande importance aux emblèmes animaux. — Cette tradition est immémoriale.

Si des dates peuvent jamais être assignées aux moments principaux de l'évolution de la société chinoise, elles devront être apportées du dehors et fournies par *l'archéologie* et par *l'histoire générale*, en particulier par *l'histoire générale des techniques*.

Pour le moment, je ne puis que grouper les faits sous diverses rubriques.

Je les étagerai cependant — étant bien entendu que, dans ce qu'il récèle de chronologique, ce classement est tout provisoire. Mais il ne dérive point d'une simple transposition de l'ordre logique dans l'ordre causal. Il résulte des correspondances que l'on peut établir entre certains états de la technique et certains états des croyances et de la structure sociale.

Totémisme. — On retrouve en Chine la trace des principaux aspects du Totémisme.

L'obligation exogamique y est conçue comme radicalement indépendante de toute espèce de lien de consanguinité. Elle se double d'une pratique endogamique — l'alliance matrimonale, telle que la suppose la nomenclature de parenté, s'opérant par *l'union régulière des cousins et cousines issus de frères et de sœurs.*

Ces principes supposent l'existence de vastes familles unies par le lien emblématique du nom et intégrées dans un groupement plus vaste qui semble être une communauté locale.

Par son Etre ou son Essence (*wou*) une famille se rattache à un système de symbolisations, qui est un Secteur du Monde. Il doit y avoir accord entre le nom — nom de famille, nom personnel, appellation — et l'habitat. Il doit y avoir convenance entre la nourriture et l'essence domestique ou individuelle. L'entretien de l'essence ne peut être assuré qu'à l'aide d'espèces ressortissant au même Secteur du Monde. Le principe (toujours suivi) que la seule nourriture sacrificielle autorisée est celle que préparent, avec les choses de leur terre, les gens du même nom, n'est qu'une transposition de la règle : le seul sacrement valable est constitué par des êtres de même espèce. Les Héros, tels que Houang-ti, se nourrissent de l'animal qui est leur emblème. Les Hia (famille Sseu) associés aux Dragons, élèvent et mangent des dragons. Les dragons procurent à la famille Sseu la naissance de Pao-sseu : ils sont des ancêtres qui ont revêtu la forme du dragon et qui peuvent aussi revêtir la forme d'animaux apparentés (lézard ou tortue molle).

L'Essence (*wou*) est d'ordre emblématique. Le même mot désigne le drapeau. Le drapeau est un insigne de commandement. Il préside aux danses religieuses ou guerrières. Nous savons, au moins pour un cas, qu'il porte le blason familial. Le Corbeau Rouge, représenté sur le drapeau des Tcheou, est le principe de leur autorité et le signe de leur vertu. C'est aussi le nom d'une des branches de la famille.

Les totems personnels, telle l'orchidée du comte Lan [1], sont à la fois : nom personnel, âme, gage de vie, titre de pouvoir, don d'un ancêtre, prestation matrimoniale. — Une des théories chinoises sur l'origine des noms de famille les présente comme dérivant de ce qui fut le gage de vie ou le double symbolique du Grand Ancêtre. Cette théorie n'est qu'une théorie : elle n'apporte aucune preuve à l'idée que le totem familial dériverait du totem personnel. — Une graine ou un œuf, avalé par la Mère de la Race, fut le principe de la naissance de Yu ou de celle de Sie et la raison du nom porté par leurs familles. Cette explica-

---

[1] Cf. *Fêtes et chansons*, p. 155-157 et 200-202.

tion, qui n'est qu'une explication, n'apporte aucun appui à l'idée que les pratiques ou les idées relatives à la conception seraient à l'origine des croyances totémiques. — Les faits relatifs au comte Lan sont les seuls qui forment une histoire non travaillée et conservant quelque fraîcheur; ils se raccordent, d'autre part, à une pratique rituelle. Dans la pratique comme dans l'histoire, l'orchidée sert à une prestation matrimoniale; dans l'histoire, elle est aussi le don d'un ancêtre maternel; elle est, dans la pratique, prise, au moment des Fêtes, dans le Lieu-Saint local. La Vertu d'une famille est celle de son Centre Ancestral; *elle s'incarne dans le Héros, mais elle est d'abord propriété commune.* Le Faisan, qui est le Double symbolique de Yu le Grand, si l'on doit voir en lui le totem personnel d'un Grand Ancêtre, n'est relié à celui-ci par aucun lien d'ordre conceptionnel ou alimentaire. Il est (comme l'orchidée) une production d'un Lieu-Saint, du lieu où le père du Héros connut lui-même des métamorphoses animales.

Ce ne sont point toujours des apparitions ou des métamorphoses animales qui se produisent dans les Lieux-Saints. Si l'on pouvait affirmer que tous les Êtres qui se manifestent à titre de gages de vie, de principes de naissance ou de pouvoir, de doubles symboliques, méritent le nom de totems, on pourrait dresser une liste assez longue où figureraient des phénomènes célestes à côté de pierres et de roches. Dans cette liste les espèces animales ne primeraient point de beaucoup *les espèces végétales.* La famille des Yin n'est pas moins liée au mûrier ou au paulownia que celle des Hia aux dragons ou aux ours.

La technique rituelle exigea de tout temps, semble-t-il, que les offrandes de viande ou de venaison fussent le fait des hommes. Elle réservait aux femmes les offrandes végétales. L'ours, emblème de guerre, est un emblème masculin; sa peau est portée par les guerriers et les exorcistes; son nom est

porté par les hommes. Le serpent est dit être un emblème féminin et, sans doute, le faisan en est un autre. Les robes féminines sont ornées de faisans et le nom du faisan est porté par
les femmes. Une tradition lointaine semble avoir fait préférer
pour celles-ci les noms de plantes. Les conceptions héroïques
sont souvent opérées par des plantes et celles-ci sont conquises
par les femmes dans les joutes des Lieux-Saints. — Si les faits
relatifs aux totems sexuels ne sont pas en Chine les plus apparents, il n'est pas dit qu'ils n'aient pas eu une importance extrême.

Les femmes semblent avoir eu de tout temps le privilège de
la culture des mûriers. Peut-être eurent-elles longtemps la
haute main sur les arbres fruitiers des vergers. Ceux-ci en-
tourent la maison qui fut d'abord chose féminine. Les hommes,
aussi haut qu'on remonte, apparaissent comme des laboureurs. Mais les femmes avaient la garde des semences et savaient leur conserver le pouvoir de germer. Il semble que le
labourage rituel, destiné à fertiliser la terre, exigea anciennement la collaboration d'un couple conjugal. La chasse, qui
est le privilège des guerriers leur fournit des emblèmes, mais
les animaux qui président aux Secteurs du Monde sont les *cinq*
ou les *six* animaux domestiques [on sait que le sixième — supprimé de la liste? annexé à la liste? — est le cheval].

Si les faits d'emblématisme que j'ai signalés ne sont pas des
survivances sans intérêt ou un apport sans attaches profondes,
il faut admettre que les croyances totémiques furent, en Chine,
celles d'un peuple d'agriculteurs possédant des animaux domestiques, des arbres fruitiers, plusieurs espèces de céréales,
et cultivant surtout le millet et le mûrier.

Le caractère sacré des emblèmes, animaux ou autres, était
encore senti dans la tradition vivante au vi° siècle avant notre

ère (et, sans doute, plus tard encore). Les totems les plus apparents sont des totems princiers. La famille seigneuriale de Ts'in est peut-être celle où les faits de totémisme peuvent paraître le plus assurés. Elle possédait une Vertu qui l'apparentait aux oiseaux et qui lui conférait sur les chevaux des pouvoirs particuliers.

Les gens de Ts'in étaient, à l'Extrême-Ouest de la Chine, un peuple d'éleveurs en relation avec les barbares d'Asie centrale. A l'Est se trouvait une autre région d'élevage : c'est le pays de Ts'i qui paraît être en contact avec les Mandchouriens. Là *semble* localisée la légende de Tch'e-yeou, qui, plutôt qu'un chef de clan, est un chef de confrérie.

Confréries. — La danse du Faisan fut assurément une danse totémique. Elle est en rapport certain avec les danses des Lieux-Saints. Elle visa d'abord la multiplication de l'espèce dansée. Elle paraît être devenue une danse masculine et la propriété d'un Chef quand elle chercha à obtenir l'Ordre de la Nature en agissant surtout sur le Tonnerre. — Totémique, sans doute, elle aussi, à une certaine époque, la danse de l'Ours, telle que Yu la dansa, est certainement une danse du Tonnerre, exécutée par les guerriers et interdite aux femmes.

La danse de Tch'e-yeou est une danse militaire : Tch'e-yeou est l'inventeur des armes. C'est une danse de confrérie, car Tch'e-yeou figure (81 ou) 72 frères. C'est une danse animale : Tch'e-yeou est un monstre cornu. C'est une danse emblématique : Tch'e-yeou est un drapeau. Elle est en rapport avec une division du Monde en Provinces [81 est une surenchère de 9] ou en Secteurs [72 représente l'un des 5 Secteurs de 360] : Tch'e-yeou est le Génie d'un Orient, ainsi qu'un Dieu des Vents.

Le thème du renouvellement des Vertus souveraines est identique au thème du renouvellement des Vertus de l'Année.

L'inauguration de ces Vertus s'obtient à l'aide de danses animales et — au moins dans un cas [si Kouen n'est pas le prototype du Fang-siang-che] — à l'aide de danses masquées. Celles-ci aboutissent à l'écartèlement d'une victime, animale ou humaine. Si, d'une part, le thème des danseurs sacrifiés et ceux des danses et des sacrifices triomphaux, thèmes voisins (et voisins du thème des Rois-fictifs), se raccordent au thème du festin cannibalique, d'autre part, le thème de l'écartèlement se raccorde à une division du Monde en Secteurs et à une cérémonie d'ouverture des Portes de la Ville. Ces Portes correspondent aux Portes du Monde qui ouvrent passage aux Vents. Les Vents qui sont aussi des Pouvoirs Magiques, président à des Secteurs. Ils ne se distinguent pas en nature des Génies Héraldiques des Orients, lesquels sont identiques à des Départements ministériels. La mise à mort de Tch'e-yeou, Génie d'un Orient, Ministre, Vent, Chef de confrérie, assure le triomphe et l'avènement de Houang-ti qui devient le maître de la bannière du rival vaincu. Le Monde — c'est-à-dire la société — paraît être réparti entre des Confréries, pourvues de pouvoirs magiques et d'emblèmes, qui collaborent, à l'aide de danses et de rivalités, à l'entretien d'un Ordre unique,

Quelques traits — faiblement attestés mais cohérents — donnent à penser que l'Hiver, morte-saison sans eau, temps d'universelle retraite, était, dans la Chine ancienne, la saison liturgique où les hommes, réunis ensemble pour faire retraite et recevoir leurs morts, restituaient des forces aux puissances fécondes de la Nature et rétablissaient l'ordre parmi les *énergies antagonistes* qui président à la Chaleur, au Froid, à la Pluie, à la Sécheresse : toutes, plus ou moins, ont l'aspect de *Vents orientés*. Si le dicton que les masques furent faits pour fixer et conserver l'âme errante des Ancêtres traduit une pensée profonde, et si la comparaison établie entre le visage d'un Sage inspiré et le masque d'un sorcier reproduit exactement l'idée que l'on se faisait de la possession, l'hypothèse doit s'imposer que, dans la saison d'hiver, au bruit du tambour provoquant transes et extases, possédés par leurs Dieux et les possédant, les hommes acquéraient tout ensemble des Patrons et des Emblèmes divins. Divers indices suggèrent l'impression que la Chine a connu la Maison des hommes. Ce fait est apparemment à l'origine des traditions imprécises et puissantes relatives à la Maison du Calendrier : c'était le lieu des réunions orientées nécessaires pour constituer des Pouvoirs régulateurs. Il semble en outre que la vie masculine comportait une répartition en classes d'âge, en membres honoraires et actifs et que les grades ne s'obtenaient qu'à l'aide d'initiations, d'épreuves [1], de combats rituels, de danses, de destructions, de sacrifices.

Joutes orales, surenchères, prodigalités somptuaires, concours de représentations dramatiques signalent encore, à très basse époque, le terme de la saison d'hiver. Un temps neuf correspond à un pouvoir nouveau et l'avènement d'un Chef doit se faire à un point initial du temps. Il doit se faire au jour de l'an. C'est pendant la saison liturgique d'hiver (qui est une façon d'interrègne) qu'un homme pouvait acquérir, avec des pouvoirs religieux et magiques, avec l'Autorité et la Fortune, le commandement d'un groupe d'hommes et d'une province du Monde.

Les Chefs, semble-t-il, furent d'abord des chefs de confrérie. Ils ont la Vertu du Ciel qui alterne avec celle de la Terre et qui la prime. Ils sont les Maîtres du Tonnerre ou les Maîtres du Soleil. Ils dansent la Danse du Soleil ou celle du Tonnerre. Ils possèdent de nombreux emblèmes. Yu paraît posséder par héritage des droits sur le Dragon, sur l'Ours, ainsi que sur le Faisan, incarnation du Lieu-Saint ancestral.

---

[1] Lustrations et ordalies par l'eau et le feu, le bain et la fumigation. Noter que le bain du Chef ou celui du Soleil paraissent s'apparenter à la trempe ou au baptême de l'épée.

Son fils K'i ajoute à l'héritage et acquiert du Ciel la danse du cheval Kieou-tai. Si Houang-ti disposa de l'emblème de Tch'e-yeou, ce fut après une joute mythique et une victoire remportée sur ce chef de confrérie, son Rival.

Les génies de Fang-fong, danseurs malhabiles, ne savent pas se servir de leurs épées contre leur Rival. Wou-yi, Roi sans Vertu, ne sait pas se servir de ses flèches contre le Ciel. Forgeron de talismans dynastiques, Yu le Grand sait se servir de son tambour, de ses danses, de ses emblèmes. Il fonde une dynastie de Fils du Ciel et il annexe, avec l'aide du Tonnerre et de ses dragons, un peuple de vassaux et un lieu de culte. N'est-ce pas un fait remarquable que les principaux totems princiers apparaissent comme les emblèmes des confréries de forgerons ? Le dévouement des Chefs qui leur donne des droits sur les Lieux-Saints est identique au dévouement des fondeurs. La Vertu des Lieux-Saints provient des mariages sacrés qui s'y consomment. La Vertu des métaux provient d'une union sainte et d'un dévouement.

Le Savoir dans l'art des métaux a dû jouer un grand rôle dans les luttes de confréries dont est sorti le pouvoir du Chef, riche d'Emblèmes, de Danses, de Lieux-Saints, de Talismans, de Drapeaux, d'Armes divines.

Tch'e-yeou, qui inventa l'art de la fonte et fabriqua les premières armes, a pour emblème une tête cornue. Il a son culte dans le pays de Ts'i, région d'élevage. Sa danse, par certains traits, paraît une danse d'éleveurs de bétail. Tch'e-yeou est associé à K'oua-fou, qui jouta à la course avec le Soleil et se métamorphosa en une forêt célèbre pour ses chevaux. Tch'e-yeou, du reste, passe pour avoir combattu à cheval. Bien qu'il ait été honoré dans le Chan-tong et mis en rapport avec des peuplades mandchouriennes, sa mémoire est aussi liée à celle des San Miao, ces forgerons de l'Extrême-

Ouest. Yu le Grand est de même associé aux San Miao; mais si sa légende le localise dans les pays de la boucle du Fleuve Jaune, riverains des Barbares de l'Ouest, elle le rapproche aussi des pays barbares du Fleuve Bleu, patrie des épées magiques et des fondeurs célèbres; enfin, elle le fait naître au Sseu-tch'ouan. Kouen-wou (cette épée, offerte, dit-on, par les Barbares de l'Ouest) est aussi l'Ancêtre des princes de Tch'ou, seigneurie barbare du Sud-Ouest. — Cette répartition quasi cardinale des légendes de la forge, peut s'expliquer par les mêmes besoins de l'esprit mythique qui firent placer K'ouei, le tambour à un pied, à l'Extrême-Orient et, à l'Extrême-Occident, le Dragon sans pied, Tambour le hibou, fils du Mont de la Cloche. Il faut signaler cependant que Chan-tong, bas Fleuve Bleu, boucle du Fleuve et Sseu-tch'ouan sont les quatre portes du commerce chinois.

Yu le Grand est un héros classique et c'est un fondeur. Les récits sur Houang-ti, autre grand fondeur, passent pour être entachés d'esprit taoïste. Au temps où l'orthodoxie se constitua, on reprocha à Sseu-ma Ts'ien d'avoir commencé son histoire, non par la vie de Yao, mais par celle de Houang-ti. Dans toutes les légendes relatives au fourneau, à la forge, aux cinq métaux, aux épées précieuses et magiques, aux chaudrons, aux miroirs de la Lune et du Soleil, on peut percevoir l'accent taoïste. Le Taoïsme est, par un de ses côtés les plus importants, l'ensemble des techniques secrètes : c'est par leur secours qu'il invite les princes à gagner puissance et prestige, cependant que les conseillers orthodoxes fournissent leurs maîtres d'idées politiques et de principes moraux. Les taoïstes sont les compagnons de Houang-ti, mais ils dansent *le Pas de Yu,* héros classique. Au reste, K'i, fils de Yu, pourrait être présenté comme un doublet de Houang-ti — tout autant que de son propre père. Les histoires de K'i et de Yu sont le cœur de la tradition orthodoxe. Mais le *Pas de Yu* n'est pas une invention récente. Bien plus, les danses de Yu et la danse de K'i, sont presque oubliées et totalement incomprises. — Si l'on ne se décide pas à admettre que la majeure partie de la mythologie chinoise (dont le *caractère technique* est très sensible) est d'invention artificielle et tardive, il convient de postuler que ce qu'on appelle Taoïsme — savoir : le grand courant de la pensée chinoise *dont se détacha avec peine la doctrine orthodoxe* — remonte jusqu'aux confréries de forgerons, détentrices du plus prestigieux des arts magiques et du secret des premières puissances.

Potlatch. — Les Chinois paraissent avoir pratiqué les différentes formes du *potlatch* [1].

Le mariage polygynique a pour fondement un contrat collectif qui suppose le système des prestations totales. Chouen reçoit de Yao, avec ses filles, une autorité sur ses fils et sur ses vassaux, et, de plus, des biens, des troupeaux, un grenier, des armes, des instruments de musique. La prestation rituelle que constituent les suivantes d'une épouse est fournie automatiquement par les familles associées, sans qu'il soit besoin de la réclamer. La suite de l'épouse comprend des hommes tout aussi bien que des femmes. Totales, les prestations matrimoniales sont aussi alternatives. Les échanges matrimoniaux sont le principal élément des échanges diplomatiques.

Ils sont parfois matière à surenchères. — L'usage de demander des cadeaux s'accompagne d'une obligation à rendre les présents et à les rendre avec usure. Les dons comprennent le plus souvent des femmes. Ils comprennent aussi des dan-

---

[1] J'emploie, dans ce passage, la terminologie créée par M. Mauss (cf. en particulier, *Une forme ancienne de contrat chez les Thraces*, Revue des études grecques, 1921, t. XXXIV, p. 389). — Une note de cet article, p. 395-396, a joué dans l'élaboration de mon étude le rôle de l'élément cristallisateur.

seuses, des musiciens ou des objets de musique et des talismans, pierres précieuses ou bronzes. On ne manque pas de
dire quels furent les possesseurs d'un joyau, car c'est du Prestige de ses possesseurs que le joyau tire sa valeur. Le cadeau
demandé pour entrer en relation est de valeur minime, ceinture, bonnet, fruit : par effet de la consommation ou du contact, il établit un lien communiel. L'utilisation symbolique
d'une chanson (les chansons, comme les joyaux, ont leur histoire et leur inventeur), de même que la supplication par le
jeûne, constituent de véritables prestations. Elles engagent un
commerce qui tend à reproduire les formes du système des
prestations totales.

L'emploi des mesures inégales pour recevoir et pour rendre
est le principe des accroissements de clientèles. La communion
sexuelle est appelée à compléter les liens établis par le commerce. Le client invente des chants à la gloire du maître. Le
maître fait assister ses clients aux danses de sa famille. Un
prince pense compenser le don d'un territoire par l'exécution
de la danse qui est le blason animé de sa race. Au thème du
banquet et de la danse offerts, par le prince de Song, en matière de contre-prestations, correspond le thème du banquet
et de la danse déclinés par le prince de Lou; celui-ci cherche
à se dérober à une alliance et à une inféodation.

Les banquets s'accompagnent de chants, prestations et
contre-prestations symboliques. Ils s'accompagnent aussi de
concours, faits en musique : tir à l'arc, jeu du goulot. Le concours de tir (comme les banquets de district) permet à la société de reprendre une distribution antithétique. Il oppose les
hommes et les drapeaux qui portent leurs emblèmes. Le jeu
du goulot sert d'occasion à des joutes de jactance. Elles présagent et la victoire réalise des exaltations et des abaissements.
La compétition peut y tourner à la rixe. On la voit, dans le jeu
de tablettes, aller jusqu'au meurtre. — Le vaincu de ces joutes

reçoit un don de boisson qui est une pénalité et qui est aussi le prélude d'une communion.

Pour rénover son prestige, le dernier Roi des Yin offrit, dans son Temple ancestral, un festin de cannibales. Il fit aussi bouillir le fils d'un rival qu'il tenait en otage et, pour révéler la Vertu du père, il le gratifia d'un bol du bouillon. Sous les Han, l'Empereur, père et mère du peuple, se sert du bouillon de hibou, animal parricide, pour acquérir et pour révéler la fidélité de ses officiers. Ce bouillon sert à une épreuve et à un sacrement; il est encore un don, une part des honoraires. Les fils de l'Archer qui refusèrent de boire le bouillon de leur père furent tués. Il y a dans l'offre du bouillon quelque chose d'un défi. — Les cadeaux alternés, les dons usuraires ont tout à la fois valeur communielle et allure de revanche. Une rivalité qui touche aux plus cruelles vendettas, transparaît dans les prestations, les jeux, les communions antagonistes. Elle transparaît encore dans les rites pâlis du protocole féodal.

La Vertu cultivée par les banquets et les concours de tir, est celle qui apprend à céder à autrui. La théorie veut qu'on ne possède qu'après avoir cédé et qu'on ne gagne le respect de ses rivaux qu'après leur avoir montré du respect. Cette vertu s'appelle *jang*. Le même mot désigne les belles récoltes et l'abondance. Elles s'obtiennent en écartelant des victimes et cela aussi se dit : *jang*. — Se raccordant aux thèmes des Rois fictifs et des Morts divinisantes, l'accession au pouvoir comporte le rite de céder (*jang*). L'intronisation, d'autre part, comprend, réelle ou symbolique, une procédure d'écartèlement (*jang*).

Il y a des chances que les Chinois aient connu les formes exaspérées du potlatch. Il se peut qu'elles aient joué un grand rôle pendant leur saison liturgique d'hiver. C'est une cérémonie d'écartèlement qui termine celle-ci et qui instaure l'An

Neuf. Le sacrifice, la destruction, la dépense, sont à la base de toute Fortune, de tout Prestige, de tout avènement.

Le Roi Mou qui rapporta en Chine l'épée Kouen-wou — une tradition veut qu'elle fût en fer — est le héros d'un roman qui se passe tout entier en danses, en festins, en sacrifices à des Lieux-Saints, en potlatchs. Le Roi Mou fut un grand voyageur. La légende romanesque lui fait parcourir le K'ouen-louen; l'histoire lui fait combattre les barbares de l'Ouest. En revanche, Fan Li l'Outre, personnage qui s'enrichit en distribuant plusieurs fois ses biens, vécut dans les pays barbares du Sud-Est, puis s'établit dans le Chan-tong avant de gagner le centre de la Chine. — Le système des doubles mesures, disent les chroniqueurs, était pratiqué dans le Chan-tong à la fin du vi^e siècle. Fan Li, ce ministre sacrifié, dont les succès commerciaux parurent tenir du prodige, passe pour être un personnage du ve siècle. Le roman du Roi Mou a été rédigé aux ive ou iiie siècles.

Lie tseu [1] (ive-iiie siècles) raconte qu'un richard généreux distribua tous ses biens avant de mourir. Ils furent rendus à sa famille. En 509, un prince de Lou, moribond, veut distribuer des cadeaux à ses conseillers. Tous refusent, *sauf le dernier*. Les autres alors l'imitent. Le premier à accepter fut le premier qui restitua des dons au successeur [2]. En 489, un *roi* de Tch'ou supplie, *in extremis*, ses divers frères cadets d'accepter le pouvoir; il les supplie en suivant l'ordre de leur naissance : *le plus jeune*, seul, *accepte* et *rend* aussitôt le trône au *fils aîné* du mort [3]. Le rite de la cession (*jang*) permet de substituer le principe du majorat au principe de la succession

<hr>

[1] Chap. 7, trad. Wieger, p. 171.
[2] *Tso chouan*, trad. Couvreur, t. III, p. 478. Cf. *ibid.*, t. II, p. 379.
[3] *S.M.T.*, t. IV, p. 380.

fraternelle. N'a-t-il pas aussi permis l'établissement du principe agnatique? Il est fort possible que les thèmes de la présentation du Ministre au Ciel, et celui des sacrifices de la fin du deuil et de l'avènement soient relatifs à deux moments de la liturgie hivernale, à deux cérémonies de potlatch [1].

La vie urbaine et le système de classification. — Il me paraît probable que le développement du droit commercial (avec l'assouplissement des relations humaines qu'il comporte) est un fait lié à celui de la complication et de l'assouplissement du système général de classification.

MM. Durkheim et Mauss ont reconnu, par une intuition admirable, la parenté des classifications chinoises et des classifications primitives.

Je crois avoir établi que les notions directrices de Yin et de Yang [principes sexués, affrontés, alternants, catégories antagonistes qui se distribuent l'ensemble des choses et s'unissent à temps réglés], expriment, par transposition idéologique, une organisation où la vie sociale résultait de l'activité antithétique et solidaire de deux groupements sexuels. Plus spécialement, la hiérarchie des idées incluses dans les notions de Yin et de Yang s'explique entièrement par le dispositif des Fêtes qui opposaient, en une joute terminée par des unions exogames, des bandes dansantes et chantantes de jeunes gens et de jeunes filles.

En même temps que la séparation des sexes (*complétée par l'exogamie et une tendance à marier les fils dans la famille de leur mère* [2]), la classification bipartite est restée en Chine la règle suprême.

Mais elle s'est compliquée et s'est assouplie.

[1] Les 3o ans ou les 3 ans de stage correspondent fort bien aux 3 mois de la saison d'hiver.

[2] *Mariage entre cousins et cousines issus de frères et de sœurs.*

Si l'union du Roi et de la Reine aux nuits de pleine lune assure, à la place des mariages collectifs, la prospérité et l'ordre de la Nature, le Chef (en vertu d'un dévouement qui a tous les traits d'une hiérogamie) possède, Homme Unique, le Pouvoir Régulateur et il détermine, avec le Calendrier, la bonne ordonnance de toutes choses. Il exerce seul ce Pouvoir. Il l'exerce, non dans le Lieu-Saint, mais dans sa Ville, car, dans les murailles et les portes de celle-ci, il a su incorporer toute la puissance efficace du Lieu-Saint, devenu son Centre Ancestral. Il peut investir des Chefs de Secteurs et déléguer sa Vertu. Il peut la faire circuler en se transportant, en temps utile, au point voulu de son domaine. Il suffit qu'il se déplace dans la Maison Carrée du Calendrier, il suffit qu'il danse, avec le tambour ou la guitare de K'ong-sang, la danse Hien-tch'e, il suffit que, près de la porte Sang-lin, il danse la danse Sang-lin, pour que le Soleil tourne autour de sa Ville carrée à portes cardinales : Elle est et Il est le Centre du Monde et, quand Il en ouvre les Portes et que les Hôtes des Quatre Mers se forment en carré, Elle est le Monde, cependant qu'inaugurant son Règne, le Roi instaure dans l'Espace un Ordre neuf du Temps.

Une Vertu nouvelle s'inaugure par des danses qui servent à expulser un Ordre vieilli.

A la classification bipartite s'opposent les classifications par Quatre, Cinq et Six, qui sont équivalentes.

La Vertu Centrale est Une, mais Deux est au fond de cette Unité, car elle est une synthèse du *Yin* et du *Yang* : en elle s'unissent et s'opposent les Vertus concurrentes du *Ciel* et de la *Terre*, du *Souverain* et du *Ministre*, du *Haut* et du *Bas*, du *Gauche* et du *Droit*. Étant Une et Double, elle est Triple : aussi, quand elle s'irradie en Secteurs, est-elle d'abord Sextuple. Quatre et Cinq ne s'obtiennent qu'à partir de Six, quand on ne compte plus à part la Vertu première ou qu'on la réintègre en son Unité Centrale. De même que *Hi-ho* est Un (ou qu'il est Dix) quand il est le Soleil et que, Maître du Soleil, il est Deux, *Hi et Ho*, comptant d'abord pour Six [*tels ces petits-fils jumeaux d'un Dieu du Feu (ou du Soleil) qui naquirent* Trois *par la Gauche et* Trois *par la Droite*] avant d'être utilisé seulement pour Quatre, *les Hi et les Ho des* Quatre Orients — de même [*tandis qu'on appelle* Trois-Ducs (*Vertu de la Terre s'opposant à celle du Ciel*) *le Ministre* (*Double et Rival du Souverain*) *qui, s'il n'est point un Héraut dynastique sacrifié au profit de la descendance masculine, succède, tout au contraire, au détriment du fils sacrifié*] de même, les Monstres *sacrifiés* par la *Vertu Rénovatrice* se groupent d'abord en Deux bandes de Trois pour être finalement comptés Quatre et expulsés aux Quatre Pôles du Monde par les Quatre Portes de la Ville Souveraine — cependant que les *Vertus Restaurées* qui semblent s'opposer Huit à Huit ont pour fonction de régenter le Centre et les Quatre Régions de l'Univers.

Or, avant que les danseurs ne fussent groupés par Doubles bandes de Huit, figurant les Huit Vents et les Huit Pouvoirs, ils dansaient par Trois et, si l'on nous dit que la Danse de Tch'e-yeou [la danse des 72 ($6 \times 12 = 360 : 5$) Tch'e-yeou] se dansait par Deux et par Trois, Tch'e-yeou, dans sa joute mytique avec Houang-ti (son *Rival* et son *Souverain*) avait deux acolytes et, en face de lui, Houang-ti, lui aussi, en avait deux.

Tch'e-yeou est l'inventeur des armes. Kouen, le Monstre sacrifié, banni et dépecé, est l'inventeur des murailles.

L'avènement de l'impair (3) et de tous ses produits [9 et 12, ces équivalents, au terme de la série, — 7 et 5, au centre — 6 d'abord et, dérivant de lui, 4, puis 8], avec toutes les ressources qu'il offrait au développement des classifications, paraît lié à l'apparition du régime urbain et militaire.

De l'organisation dualiste et segmentaire est sortie, avec la hiérarchie, une organisation *tribute*, mais encore imprégnée de dualisme.

Les Villes carrées, orientées en fonction du *Yin* et du *Yang* de la contrée, avaient leurs maisons distribuées à *gauche* et à *droite* de la *résidence seigneuriale*[1]. L'armée du Roi comprenait Six légions, tandis que celle d'un prince en comprenait Trois, *la légion* CENTRALE paraissant formée avec ses PROCHES. Les chars étaient garnis de trois combattants. Les archers qui inauguraient les joutes du tir en musique, étaient Six, distribués en Deux groupes de Trois [2].

Nous n'avons (pour le moment) aucun moyen de fixer la date de la fondation des villes chinoises. Les Fêtes paysannes étaient, à la fois, pèlerinages et foires. Les villes murées, étaient saintes et comprenaient un marché. Elles servaient de refuge quasi permanent aux nobles, aux guerriers soumis à un seigneur, mais leurs faubourgs abritaient des artisans et des marchands soumis à un prévôt. Le *Tso tchouan* à propos d'une ville (qui fut, dit-on, élevée en 806), semble affirmer que la fondation d'une Cité demande la collaboration *d'un seigneur* et *d'un marchand* liés par un traité qui vaut pour leurs descendants comme pour eux.

*
* *

Je ne présenterai aucune hypothèse sur les problèmes d'histoire ethnographique ou technique que ce travail peut servir à poser.

---

[1] Cf. *Che king*, trad. Couvreur, p. 363.

[2] Ils rivalisaient, puis communiaient et, en s'employant à reconstruire l'ordre social, ils rendaient manifestes les principes d'organisation de la société et de la pensée. De là viennent, à la fois, la puissance sainte et la vérité profonde des schèmes imaginatifs qui ont servi, par transposition, à coordonner les récits historiques et que l'analyse peut utiliser pour découvrir les connexions des faits.

Je me bornerai à indiquer une impression.

L'histoire de la Chine ancienne ne peut inspirer aucune confiance. Elle résulte presque entièrement de la projection dans le passé des idées et des thèmes de combat qui, à l'époque des Han, animaient des Écoles rivales. Si fort qu'on doive se méfier de la tradition littéraire quand elle présente la Chine du temps de Confucius comme le pays de la mesure et du protocole, comme un pays de civilisation toute morale, comme une Chine déjà confucéenne, si importantes, d'autre part, que, d'après la tradition vivante, paraissent avoir été, à la même époque, les traces d'une civilisation assurément plus barbare, mais aussi plus riche de mythes, de légendes, d'idées, de forces créatrices, d'énergies individuelles, — je crois fermement que totémisme, confréries, potlatch étaient dès lors, pour une bonne part, un passé déjà aboli; je crois que la révolution aristocratique dont date la Chine féodale, et qui fut peut-être brusque et rapide, a des chances d'être fort ancienne; je crois qu'il est prudent de compter sur une chronologie longue. Il se peut qu'il y ait eu, avant la civilisation confucéenne, plusieurs civilisations chinoises.

La question ne sera réglée que par des fouilles.

INDEX.

A

B

D

E

Eau. — pure, 113; — prise à la
Lune, 514; surabondance d'—
réduite par la danse, 263; passer
l'—, 552, 553, 565, 570; lustration par l'—, 282, 283;
épreuves par l'—, 281 à 284.

Eau funeste (pays du Nord), 378.

Eaux débordées, 241, 243, 247,
266, 340, 359, 432, 520, 530,
543; rapport du thème des —
avec ceux de la peste, des forgerons et des mineurs, 486 et
suiv.; lutte contre les —, 483 et
suiv.; — produites par des dessins faits sur la terre, 530,
531.

Éborgné. Comte du Fleuve —, 378;
homme — par une divinité des
Eaux, 379.

Écartèlement, 35, 36, 167, 196,
211, 216, 234, 594, 607, 613;
— mythique de la Vertu régula-
trice, 252 à 257; victimes —,
269, 297; victimes — près des
portes (pour expulser les pestilen-
ces), 304; hiboux —, 535; morts
—, 319; — (thème de l'),
234 à 269, 389, 390, 535.

Échecs, échiquier, servant à des
opérations magiques, 541.

Éclair, 450, 491, 507, 536, 538,
545, 546; déesse de l'—, 514;
dieux de l'—, 544 et suiv.; —
imaginé comme s'échappant d'une
outre fendue, 545.

Éclat de Flambeau (Fille de Chouen),
495, 514.

Éclipse, 233, 390, 512, 538.

Effigie, 159, 217, 431; — de Kao-
yao, 142; — de Tch'e-yeou, 354;
— de la Licorne, 142; — en

cuivre de Fei-lien, 142; — de
Tch'ouei, gravée sur les chaudières, 521; — du vaincu, utilisée
comme principe de pouvoir, 354,
357.

Égalité. Principe de l'— de deux familles seigneuriales, 99.

Éléments. Équivalence entre : —,
Nombres, Espaces, Temps, 116 à
119; doctrine des cinq —, 45, 46,
236, 237.

Éléphant. Coupe à l'—, 178; dent
d'— (employée contre les maléfi-
ces), 310.

Élevage, 363 à 375, 606, 609,
610.

Éleveur. Premier — (divinité),
154.

Élimination. Élément nécessaire de
tout rituel d'inauguration, 112,
212, 230 et suiv., 238 et suiv.,
298 et suiv., 401 à 403, 451 et
suiv., 466 et suiv., 613, 617.

Émaciation, 316, 357, 551; — due
à la possession, 467.

Émanations fastes ou néfastes, 140.

Emblématique. Communions —, 153
et suiv., 535 et suiv., 557, 568
et suiv.; rapport du principe —
et du cannibalisme, 150 et
suiv.

Emblème. Choix de l'— dynastique,
236, 237; — conquis dans des
joutes, 340 à 390, 546; — acquis par le dévouement, 445 à
465; rapport entre l'—, le dieu
et le chef, 475 à 479; tribut
d'—, 489; — gravés sur les chaudières, 489, 490; — principe de
toute efficacité, 552, 572 et suiv.;
— principe de toute valeur, 588;

G

H

Habitat. Accord entre noms et —, 156, 602, 603.

Habits. Communion par mise en commun des —, 131; — mi-partis, 300, 322, 324, 455; prise d'— des exorcistes, du général, 324-325; changement d'— de la fiancée, 476; — de la couleur de la saison, 158; — archaïques de l'effigie du mort, 217.

Hâbleur, voir K'oua-fou.

Hâbleries, voir joutes.

Hache, 108, 112, 113, 313; — de fer, 112, 503; — arme du génie des châtiments, 258.

Hagiographie, 31, 200 à 215, 412.

Haies (entourant les camps), 172.

Han (dynastie), 32, 68, 101, 102, 107, 142, 236, 280, 285, 300 à 305, 313, 329, 332, 351, 355, 407, 474, 477, 488, 495, 529, 535, 536, 537, 570, 593, 613, 619; — occidentaux, 68; Fondateur des —, 32.

Han (état héritier de Tsin), 430, 473, 474, 556; légendes relatives aux princes de —, 556, 560 et suiv.

Han (nom d'étendard), 112.

Han (rivière), 412, 557.

Han-pa, voir Niu-pa, déesse de la sécheresse.

Han Siuan-tseu, personnage de Tsin, 560.

Hao (Lieu-Saint de Ts'in), 148.

Harem, 99, 220; — de l'Hégémon, 98.

Harmonie cosmique obtenue par la musique et les danses, 140, 263.

Hégémon, 48, 49, 147, 151, 162, 165, 217, 220, 221, 224, 408,

573; cinq —, 72 et suiv.; sacrifices humains faits par des —, 144 à 149.

Hégémonie, 49, 72 à 108, 152, 161, 176, 194, 208, 340, 385, 457, 552, 561; lutte pour l'— et lutte pour les Lieux-Saints, 471 et suiv.

Hémiplégie, hémiplégique, 326, 567; — du chef (rapports avec le dévouement), 455, 467; — du chef (rapport avec l'hiérogamie), 502; — en rapport avec la danse sur un pied, 551 et suiv., 565.

Heng-chan (pic cardinal du Nord), 313, 317, 472; nom du S.-E. dans une rose à 24 vents, 313.

Heng-fou, ancêtre de Ts'in, 368 et suiv.

Heou-t'ou (Chef de la Terre, génie du Centre), 255, 264, 294, 361; — fils de Kong-kong, 361, — grand-père des 12 années, 361.

Heou-tsi (Prince des Moissons), 286, 294, 367, 369, 377, 429, 583; triple exposition de —, 286; — né du Pas d'un géant, 294, 429, 468, 574; mort de — sur (par l'effet d') une montagne, 468; tombe de —, 524; — noyé dans le Grand Marécage, 468, 524; — exposé sur un marais glacé, 468.

Héraut, 173, 174, 275, 296, 340, 578, 579; rôle du — dans la succession, 402, 405 et suiv., 422 à 428, 580, 615, 617; le — fait l'annonce du règne, 421; le — organise le tribut, 421; le

I

K

L

M

N

P

Q

Quatre, 97, 98, 114, 118, 190, 210, 211, 236, 241 à 273, 420, 616 et suiv.; — espèces de Barbares, 110, 111; — avec la valeur de *tous*, 98, 114; — portes, voir portes; — orients, voir orients; — seigneuries = le Royaume, 110, 233; — régions, 233, 278, 420; — bannis, 238-273; — maléficiences, 178; — monts polaires, 248, 257; — mers, 259; — yeux de métal jaune, 269, 270, 301; — acolytes (danseur entouré de), 269, 270.

Quatre comtes, 249, voir — montagnes.

Quatre-montagnes (titre ou personnage), 244-250, 276, 278, 312, 408, 482; — identifié à Po-yi. ancêtre de Ts'i, 367.

Quatre-vingts, 210.

Quatre-vingt-un, 354 à 357, 606.

Queue. — de hibou, 531, — de poisson, 531.

Quinaire. Rythme — 251; théorie, —, 279.

Quinze, 118, 313; — ans, âge théorique de la puberté, 300, 329; demi-mois de — jours, 313.

R

Randonnée. Parenté de la — héroïque et de la — extatique, 562.

Rappel de l'âme du mort, 156, 159.

Récolte. Rapport des idées de bonne — et de bonheur, 337.

Récompenses. Distribution de —, 113, 120, 386; génie des —, 358.

Reconduire. Indifférenciation des rites par lesquels on — et par lesquels on va au-devant, 299 à 334; — l'eau dans sa demeure originelle, 302; — le vieux, 299; — à son foyer d'origine une force devenue nocive, 302, 316, 455; — une force nocive dans un milieu hostile, 315, 316.

Reddition. Rites de la —, 129 à 136.

Régence. Rapport des thèmes de la —, du bannissement et du dédévouement, 402 et suiv.; rapport de la — et de l'interrègne (deuil), 422 et suiv.

Réincarnation. — opérée sur les eaux au moment du dégel, 334; — opérée à l'aide d'un don de fleur, 449; — d'ancêtres maternels, 13, 449, 587; — d'ancêtres à intervalles réguliers, 371 et suiv.

Remontrances, 80, 168, 181, 182, 184, 188, 197, 383, 395, 540; tambour des —, 549.

Renard. Tête de — nom de chant, 115, 116; tête de —, nom de masque, 327, 328; pas du —, mesure spéciale,   ; — court (démon, maléfice), 310; Grand- —, tué par Yi l'Archer, 513; Grand- —, nom de famille, 513; —, à neuf queues, 342, 378; chasser

S

T

U

V

W

X

Y

Z

TABLE DES MATIÈRES.

INTRODUCTION.

PREMIÈRE PARTIE.

SACRIFICES DE DANSEURS ET DE CHEFS.

CHAPITRE PRÉLIMINAIRE.

LA CRÉATION DU PRESTIGE AU TEMPS DES HÉGÉMONS.

CHAPITRE PREMIER.

CAPTIFS SACRIFIÉS.

CHAPITRE II.

CHEFS SACRIFIÉS.

CHAPITRE III.

DANSEURS SACRIFIÉS.

DEUXIÈME PARTIE.
LA CRÉATION D'UN ORDRE NEUF.

CHAPITRE PRÉLIMINAIRE.
LE RÔLE DES CATÉGORIES.

CHAPITRE PREMIER.
LES MONSTRES BANNIS.

CHAPITRE II.
DANSES MASQUÉES.

CHAPITRE III.
DRAMES RITUELS.

TROISIÈME PARTIE.

SACRIFICE DU HÉROS ET DANSE DYNASTIQUE.

———

CHAPITRE PRÉLIMINAIRE,

LES FONDATIONS DE DYNASTIES.

CHAPITRE PREMIER.

LE DÉVOUEMENT DU DUC DE TCHEOU.

CHAPITRE II.

DANSE ET DÉVOUEMENT DE L'ANCÊTRE DES CHANG.

CHAPITRE III.
DANSE ET DÉVOUEMENT DE L'ANCÊTRE DES HIA.

DÉPENSE, SACRIFICE, PRESTIGE.

CONCLUSION.

IMPRIMERIE NATIONALE. — Octobre 1925.